Gunthard Weber
Helm Stierlin

In Liebe entzweit

Ein systemischer Ansatz zum Verständnis und zur Behandlung der Magersuchtsfamilie

Rowohlt

1. Auflage März 1989

Schutzumschlag- und Einbandgestaltung
von Nina Rothfos
Satz aus der Bembo auf Linotron 202
Gesamtherstellung Clausen & Bosse, Leck
Printed in Germany
ISBN 3 498 07317 6

Inhalt

Danksagung

Dieses Buch hätte nicht geschrieben werden können ohne die fortwährende Ermutigung durch Gunther Schmidt, Fritz Simon und Arnold Retzer. Als Mitglieder unseres Heidelberger Teams waren sie in vielen der Familientherapien Ko-Therapeuten und Beobachter, ebenso wie Bernd Schmid und Angelika Hahn in Wiesloch. Der intensive Austausch mit Luigi Boscolo und Gianfranco Cecchin war und ist uns eine ständige Bereicherung. Maria Syska und Helene Michel danken wir besonders für ihre unermüdliche Arbeit beim Erstellen des Manuskriptes. Karl Eugen Graf half Arnold Retzer bei der statistischen Auswertung, Hans Hoffmann bei der graphischen Darstellung der Ergebnisse. Danken möchten wir aber auch unseren Frauen, Nele Weber-Jensen und Satu Stierlin, die uns nicht nur fachlich berieten, sondern es uns auch durch ihren Einsatz ermöglichten, uns Zeit zum Schreiben dieses Buches zu nehmen. Hermann Gieselbusch hat als Lektor sehr dazu beigetragen, den Text zu «verflüssigen».

Und nicht zuletzt gilt unser Dank den betroffenen jungen Frauen und ihren Familien dafür, daß sie bereit waren, mit uns zusammenzuarbeiten und uns soviel lernen zu lassen.

Heidelberg 1988

Gunthard Weber
Helm Stierlin

Vorwort

Wußten Sie schon, daß Familien Türen haben? Nein?! Dann beginnen wir besser mit Vertrauterem, mit Türen, die Zimmer in Häusern miteinander verbinden. Zimmertüren ermöglichen uns auf zweierlei Weise eine Beziehung zu unserer Umwelt. Wir können die Türen schließen, um uns abzugrenzen, oder sie öffnen, um Kontakt aufzunehmen. Wie mit Türen umgegangen wird, soll uns im folgenden als Metapher dienen für die Beziehung von Autonomie und Gemeinsamkeit, in der wir das zentrale Thema dieses Buches sehen.

Das Beziehungsklima einer Familie wird weitgehend dadurch bestimmt, wie sich ihre Mitglieder zwischenmenschliche Türen vorstellen und wie sie damit umgehen. Es macht einen großen Unterschied, ob eine Familie Türen für überflüssig hält und sie aushängt, oder ob sie die zwischenmenschlichen Türen gut abschließt und mit Riegeln und Schlössern sichert. Es macht auch einen Unterschied, ob die Türen beidseitig Griffe haben oder nur an einer Seite, ob man anzuklopfen pflegt, bevor man eintritt, oder ob jeder zu jedem jederzeit Zutritt hat. Von solchen Unterschieden handelt dieses Buch.

Wir betrachten magersüchtiges Verhalten als einen aktiven Versuch der Selbstheilung: Mit ihrem Hungerstreik versuchen diese Mädchen und jungen Frauen, Grenzwände aufzubauen, wenn sie zuviel Einmischung erlebten, oder Gemeinsamkeit herzustellen, wenn Trennung drohte oder sie sich ausgeschlossen fühlten. Das Tragische ist, daß sie sich dabei einmauern und die Tür von innen zuzuhalten versuchen. So halten sie sich alle eigenen Bedürfnisse, die Familienmitglieder und die

Außenwelt vom Leibe. Was wie ein Versuch erscheint, einen notwendigen Konflikt zu wagen, wird nun in einer Weise in Szene gesetzt, die die angestrebte Entwicklung gerade erschwert. Es entwickelt sich dann häufig ein andauernder Kampf um diese Tür. In ihrer Besorgtheit und Angst versuchen die Familienmitglieder meist vergeblich, sich Zugang zu verschaffen, und nach einer Weile ist kaum noch zu entscheiden, wer Täter und wer Opfer ist. Stemmen sich die Mädchen von innen gegen die Tür, weil jemand von außen eindringen will? Oder versucht jemand von außen mit immer stärkerem Druck, die Tür zu öffnen, weil sich innen ein Mensch zunehmend gefährdet? Ob das ein goldener Käfig ist (wie Hilde Bruch ihr Buch über die Magersucht nannte), sei dahingestellt.

Das Tragische daran ist aber auch, daß in diesen Familien gerade so wesentliche und sinnspendende Fähigkeiten wie gegenseitige Einfühlung, Loyalität und Fürsorge mit den Boden bereiten für ein Dilemma, dem alle Mitglieder ausgesetzt sind, wenn die Töchter heranwachsen. Die Liebe vereint dann nicht mehr; sie entzweit.

Ein weiterer Aspekt dieses Dilemmas kommt in den Blick, wenn wir uns mit der Bedeutung der Außen-, der Haustür befassen. Erlebt man die Außenwelt als gefährlich und feindselig, so wird die Haustür wahrscheinlich doppelt und dreifach gesichert und fest verschlossen gehalten. Gilt die Regel, daß es nur zwei Möglichkeiten des Verhaltens gibt – entweder man sieht sich der Hausgemeinschaft für immer verbunden und bleibt, oder man geht, und es gibt kein Zurück –, wird man eher Angst haben, das Haus zu verlassen. Einer unserer Kollegen äußerte einmal, unabhängiger sei oft, wer die Haustür beim Fortgehen leise schließt und sich erlaubt, von Zeit zu Zeit zurückzukehren.

Dieses Buch handelt auch von der Verschiedenheit solcher «Beziehungstüren», von Sich-gegenseitig-Einladen und Sich-Abgrenzen, von Eindringen und Sich-Isolieren, von Türklingeln und Alarmanlagen. Es handelt auch von dem Bestreben der Familientherapeuten, vorhandene Türen zu respektieren sowie von ihrem Bemühen, weder offene noch geschlossene

Türen einrennen zu wollen. Therapeuten laufen oft Gefahr, sich als außenstehende Experten zu fühlen und zu schnell (vermeintlich) zu wissen, welche Ein- und Ausgänge eine Familie besitzt und welche benutzt werden sollten. Zu schnell nehmen sie sich dann ein Zugangsrecht oder eine Eintrittserlaubnis heraus und wundern sich, wenn sie als ungebetene Gäste behandelt werden.

Wir üben uns heute eher darin, gemeinsam mit den Familien, die zu uns kommen, viele mögliche Eingänge und Auswege anzuschauen, einschließlich der Feuerleitern, der Notausgänge und der Falltüren. Oft entdecken wir zusammen neue, bisher unsichtbare Türen. Wir lassen im Gespräch die Familie probeweise diese neuen Türen benutzen, um zu sehen, was jenseits davon liegen könnte. Manchmal gelingt es uns auch, gemeinsam passende Dietriche zu entwickeln, die der Familie neue Zugänge und Bewegungsräume erschließen.

Unsere Arbeit bestärkte uns mehr und mehr in der Überzeugung, daß diese Familien und insbesondere die magersüchtigen jungen Frauen eine erstaunliche Vielfalt von Fähigkeiten, Begabungen und Möglichkeiten besitzen, und oft durften wir sehen, wie sie diese wahrnahmen und verwirklichten. Und nun möchten wie Sie einladen, uns durch die erste Tür zu folgen, um selbst zu sehen, wohin sie führt.

KAPITEL I

Eine Familie mit einer magersüchtigen Tochter

Jede Familie hat ihre unverwechselbare Geschichte und spezifischen Traditionen. Jede Familie hat auch ihren je eigenen Kontext, in dem sich Beziehungen entwickelten und die «inneren Landkarten» – die Grundannahmen, Regeln und Werte der Mitglieder – sich ausprägten und noch ausprägen. Und doch lassen sich, betrachten wir die Familien, in denen magersüchtiges Verhalten auftritt, genauer, bei aller Unterschiedlichkeit wiederkehrende und ähnliche Beziehungskonstellationen, Interaktionsmuster und von den Familienmitgliedern geteilte «innere Landkarten» aufzeigen.

Der bestehenden Unterschiede klar bewußt, versuchen wir im folgenden, das Wiederkehrende in den «Magersuchtsfamilien» zu beschreiben. Der Leser muß beurteilen, ob das, was sich für uns herauskristallisierte, auch für ihn wiedererkennbar und therapeutisch nützlich ist oder werden kann. Wir werden nicht umhinkönnen, problematische einengende Muster und Faktoren aufzuzeigen, die das Auftreten gerade dieser Störung begünstigen könnten. Deshalb ist es uns wichtig, von Anfang an die in diesen Familien vorhandenen positiven Kräfte und Möglichkeiten anzuerkennen: die starke gegenseitige Fürsorge, den ausgeprägten Familiensinn, die ethische Betroffenheit und Sensibilität der magersüchtigen Patientinnen.

Es entspräche nicht unserer Einstellung zu den von uns behandelten Familien, wenn sich Betroffene nach der Lektüre dieses Buches abgewertet, pathologisiert oder schuldig fühlten. Wir sehen einerseits das schicksalhafte So-geworden-Sein jedes einzelnen im Fluß der Ereignisse und in sich entwickelnden Beziehungen. Andererseits versuchen wir aber auch, der persönlichen Verantwortungsfähigkeit und Verantwortungsbereitschaft ihren Platz zu geben.

Wenn wir also in den ersten Kapiteln typische Konstellationen und Prozesse beschreiben, betrachten wir diese nicht als unveränderbare Gegebenheiten. Vielmehr wollen wir ja gerade im anschließenden Therapieteil darlegen, wie sich die Spielräume für selbstverantwortliche Entscheidungen erweitern und vorhandene Entwicklungspotentiale aktivieren und fördern lassen.

Die Familie Landmann

Zu Beginn versuchen wir eine von uns behandelte Familie zu beschreiben und möglichst wenig zu interpretieren. Natürlich sagt aber die Auswahl dessen, was wir beschreiben, schon etwas aus über unsere Blickrichtungen und Sichtweisen. Später werden wir dann auf therapeutische Überlegungen und das, was in der Therapie u. E. geschah, ausführlicher eingehen.

Das Genogramm

Die Familie Landmann ist eine Familie des gehobenen Mittelstandes und besteht aus sechs Mitgliedern:

Herr Landmann, 50 Jahre, von Beruf Regierungsdirektor, ist ein sehr exakter und ordentlicher Mann und «pflichtbewußter Bürger», der viel arbeitet und versucht, Probleme vernünftig und sachlich zu lösen und sich nichts zuschulden kommen zu lassen.

Frau Landmann, die Mutter, ist 48 Jahre alt und als Chemikerin halbtags in einem Labor tätig. Sie sieht etwas verhärmt aus. Den großen Haushalt versorgt sie allein, weil sie dann weiß, daß alles in Ordnung ist. Auch über ihre Haushaltspflichten hinaus kümmert sie sich aufopferungsvoll um die ganze Familie. Solange ihr Mann sie habe, könne er nicht zusammenbrechen. Sie macht Dinge eher mit sich selbst aus und neigt dazu, sich in schwierigen Situationen zurückzuziehen.

Die 22jährige Tochter Jutta ist vier Jahre zuvor aus dem Elternhaus ausgezogen und studiert in Köln sehr ehrgeizig und erfolgreich Kunstgeschichte. Sie hat einen Freund, lebt sonst aber ohne viel Kontakt zur Außenwelt. Einsam fühlt sie sich jedoch nicht. «Ich war nie Mittelpunkt, ich bin mein eigener Mittelpunkt und möchte unabhängig sein.» In Konfliktsituationen schaltet sie oft «den Kühlschrank hoch». Sie will nicht heiraten und keine Kinder haben. Wenn sie so weiterlebe wie bisher, wäre das treffendste Motto für ihr Leben: Der einzige Mensch, dem man sein Leben lang trauen kann, den man immer hat, ist man selbst.

Die 19jährige Petra ist die *identifizierte Patientin.* Sie reagiere emotional und habe «Hausmütterchen-Qualitäten». Dafür sei sie aber nicht so zielstrebig. Sie habe oft gute Vorsätze, halte diese aber nicht durch. Als wir sie kennenlernten, hatte sie ihr Abitur absolviert, sich aber noch nicht für einen Beruf entschieden.

Zur Familie gehören außerdem noch die beiden Großmütter, die in getrennten Wohnungen im Haus leben. Die 82jährige Mutter des Vaters leide seit einiger Zeit an Gedächtnisverlust, Verfolgungswahn und krankhafter Eifersucht. Sie müsse versorgt werden. Die Großmutter mütterlicherseits, 85 Jahre alt, sei bei hinreichend guter Gesundheit, eine Person mit «Integrationskraft».

Das dargebotene Problem

Die Familie wird von einem befreundeten Arzt als dringender Krisenfall angemeldet. Petra leidet seit 3 Jahren an Magersucht und wurde kürzlich nach einer erfolglosen, 9 Monate dauernden stationären Behandlung in einer psychosomatischen Klinik mit einem Gewicht von 32 kg bei einer Größe von 1,69 m entlassen. Wieder zu Hause, seien die alten Auseinandersetzungen um Petras Eßverhalten, besonders zwischen dem Vater und ihr, erneut in alter Schärfe ausgebrochen. Diese liefen oft nach einem eingefahrenen Muster ab: der Vater gehe davon aus, daß das Problem mit «Energie und Willen» zu lösen sei.

Genogramm der Familie Landmann
(Zum Zeitpunkt des Familien-Erstinterviews)

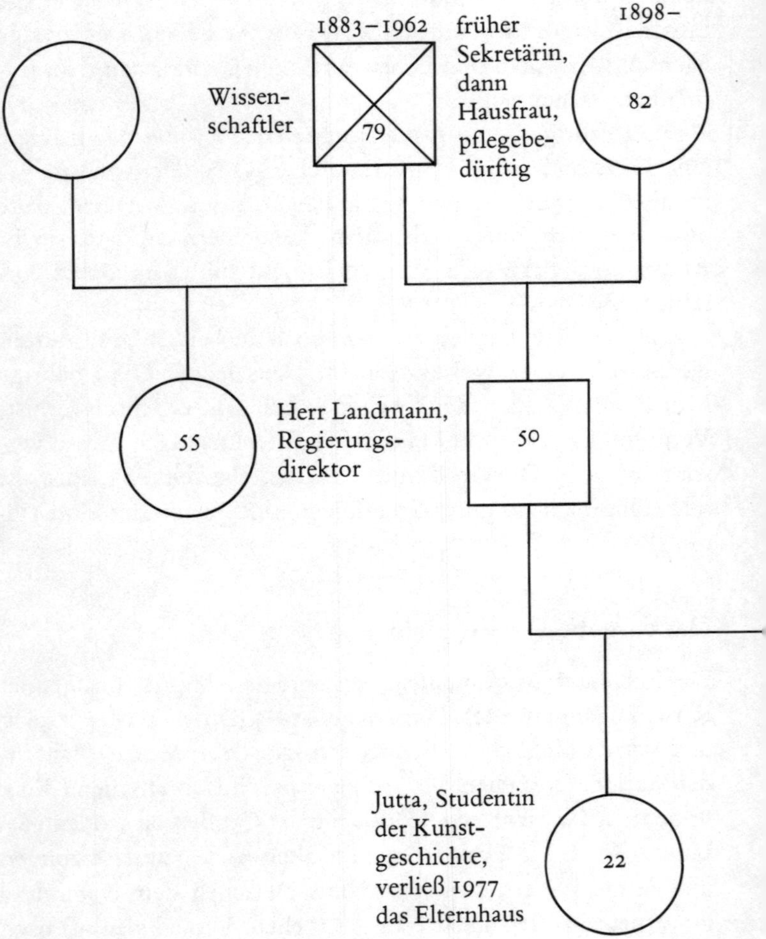

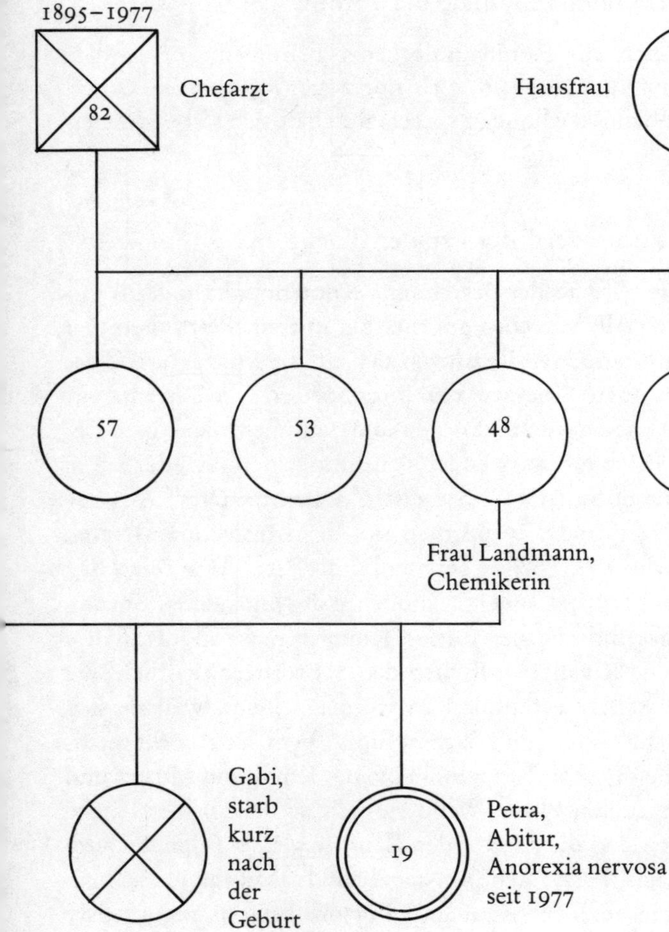
1895–1977
82
Chefarzt
Hausfrau
85
57
53
48
46
Frau Landmann,
Chemikerin
Gabi,
starb
kurz
nach
der
Geburt
19
Petra,
Abitur,
Anorexia nervosa
seit 1977

Er ermahne Petra in wechselnder Schärfe, sich mehr zusammenzunehmen und mehr zu essen. Die Mutter hingegen meine, Petras Verhalten habe «Krankheitswert», und versuche, sie zu schützen und sie «im Guten» davon zu überzeugen, daß sie mehr essen müsse. Wenn Jutta zu Hause sei, unterstütze sie eher die Auffassung des Vaters.

Die Beziehungen innerhalb der Familie

Obwohl sich *alle* Familienmitglieder bemühen, niemandem weh zu tun, und deshalb auch nur zögernd über die Unterschiede in den Beziehungen sprechen, schält sich folgendes heraus:

Die Beziehung der Eltern zu den Töchtern

Die Mutter wird als der Beziehungs-Knotenpunkt in der Familie gesehen. Alle sprechen am meisten mit ihr. Petra sieht hier eine Art «Pyramide»: alle stützen sich auf die Mutter, und diese geht in das obere Stockwerk zu ihrer Mutter. Der Vater meint, seine Frau habe zu dem «Sorgenkind» zur Zeit die engste Beziehung. «Meine Frau wendet sich immer dem zu, der sie in der konkreten Situation am meisten braucht.» Diese Aussage impliziert, daß man, wenn man mit der Mutter intensiveren Kontakt wünscht, Sorgen bereiten muß. Petra daraufhin: «Ich denke darüber total anders, nämlich daß Mutti einen Sprung gemacht hat und sich, seit Jutta in Köln ist, mehr an Jutta hält.» Es wird eine Rivalität zwischen den Schwestern deutlich, die von Petra stärker akzentuiert zu werden scheint, weil sie sich oft ausgeschlossen und mißachtet fühlt. Wenn sie zu dritt seien, laufe sie, Petra, nebenher wie ein kleines Kind, und Mutter und Jutta schmiedeten Pläne. Wenn sie sich zu dritt in der Küche unterhielten und die Mutter den Raum verlasse, folge ihr Jutta sofort und sie, Petra, stehe wieder allein da. Mit Jutta habe man zum Beispiel auch den Kauf einer Eigentumswohnung intensiv besprochen, während sie nur nebenbei und zufällig davon erfahren habe. Ihr Vater spiele dabei keine so große Rolle, weil er viel arbeite und deshalb oft fort sei. Er habe immer eine engere Beziehung zu Jutta gehabt. Vater: «Jutta und ich haben eine größere gemeinsame Interessenbasis.» Früher hingegen habe die Mutter eine engere Beziehung zu Petra gehabt, da diese sie oft bei der Hausarbeit unterstützt habe.

Die ganze Familie bestätigt eine allgemeine Tendenz: Wenn zwei Familienmitglieder zusammen sind, geht es gut, kommt ein drittes hinzu, entwickeln sich leicht Spannungen.

Die Beziehungen der Schwestern zueinander

Petra und Jutta hätten früher wenig Interesse aneinander gezeigt. Beide seien unterschiedliche Wege gegangen und hätten andere Bezugsgruppen gehabt. Petra: «Gut miteinander ausgekommen sind wir nur, solange du die Göttin warst und ich versuchte, dein kleines Ebenbild zu sein, und solange ich alles gemacht habe, was du wolltest.» Und: «Also ich sehe Jutta nicht als die Professorin, die man nicht von ihrer Arbeit weglocken darf. Um Gottes willen, die arme Jutta, die hat so viel zu tun! Das geht mir echt nicht in den Kopf...» Nach Auskünften einer Geigenlehrerin haben beide schon im Latenzalter miteinander stark rivalisiert. Was die eine hatte, wollte auch die andere. Da Jutta fleißiger und ehrgeiziger gewesen sei, habe sie bessere Noten mit nach Hause gebracht. Die Eltern hätten Jutta Petras Bravheit, ihr Liebsein und ihre Mithilfe vorgehalten, und Petra Juttas Leistungen und Intelligenz. Petra: «Bei mir ist viel Neid dabei. Wenn ich weniger neidisch wäre, könnte ich ruhiger sein.» Sie habe Jutta auch immer beneidet, weil sie schlanker gewesen sei und ein zierlicheres Gesicht habe.

Die Beziehungen der Eltern zueinander

Frau Landmann äußert, daß sie und ihr Mann nur sehr wenig Zeit füreinander hätten. Wegen der Sorge um ihre Eltern hätten sie nur einmal einen längeren gemeinsamen Urlaub verbracht.

Herr Landmann: «Ich bedaure, daß die Sorgen meiner Frau um die Eltern unser Privatleben so einschränken.»

Herr und Frau Landmann lernten sich kennen, als sie 18 bzw. 16 Jahre alt waren. Die Heirat, acht Jahre später, sei eine Liebesheirat gewesen. Jedoch sei Frau Landmann in der Familie ihres Mannes nicht sehr freundlich aufgenommen worden. Der Vater sei ärgerlich gewesen, daß der Sohn geheiratet habe, anstatt seine Energie auf die Promotion auszurichten. Seine Mutter habe auf die Bildung und Berufsausbildung ihrer Schwiegertochter eifersüchtig reagiert.

Die Beziehungen zu den Großeltern

Die Großmutter väterlicherseits lebt seit dem Tod des Großvaters vor 18 Jahren in der Familie. Die ganze Familie sei in das Haus der mütterlichen Großeltern gezogen, als diese älter geworden seien. Beide Eltern hätten sich immer intensiv um ihre Eltern gekümmert, besonders aufopferungsvoll aber, nachdem diese sich nicht mehr eigenständig versorgen konnten. Von den Enkelinnen habe Petra eine innigere Beziehung zu den Großmüttern als Jutta. Jutta absolviere eher «Pflichtbesuche».

Die Beziehungsveränderungen, die dem Auftreten von Petras magersüchtigem Verhalten vorausgingen

Frau Landmann faßt die Auslösesituation zusammen, indem sie bestimmte Ereignisse auf eine eindrückliche Weise zeitlich kondensierend darstellt: «Am Tage, an dem mein Vater starb, zog Jutta nach Köln (Anmerkung: Juttas Auszug war schon vorher geplant); da begann Petras Hungern.» Der Großvater sei der «ruhende Pol» der Familie gewesen. Alle hätten ihn geschätzt und geliebt; besonders sie, die Mutter, habe sehr an ihm gehangen und ihn nach seinem Tod auch sehr vermißt. Nach seinem Tode habe sie sich oft telefonisch an Jutta gewandt und auch intensiv mit dieser korrespondiert. Der Tod des Großvaters und die gleichzeitige Ablösung Juttas vom Elternhaus scheinen für diese gebundene Familie schwer zu bewältigende Ereignisse gewesen zu sein, obwohl alle betonen, beide Trennungen seien ja zu erwarten gewesen.

Positive, auf die Symptomatik zurückführbare Veränderungen

Vor dem Auszug Juttas hätten vor allem bei gemeinsamen Mahlzeiten die Spannungen zugenommen. Der Vater sei oft «wie ein Vulkan» explodiert, die Mutter habe alle tagelang mit Schweigen gestraft und nicht gekocht. Während die Mutter ausdrückt, sie kenne keine Wut, und Jutta äußert, ihr seien negative Gefühle fremd, meint Petra: «Die Aggressionen laufen bei ihnen hintenherum», bei der Mutter über Schweigen und Rückzug und bei Jutta über scheinbar harmlose, aber giftige Sticheleien. Sie selbst, Petra, sei eher wie der Vater, habe aber Angst, daß, wenn sie aggressiv reagiere, bei den Eltern die Rolläden heruntergingen und sie dann kein Zuhause mehr habe. Früher habe sie deshalb oft «lustig und lachen» gespielt.

Petras magersüchtiges Verhalten habe dazu geführt, daß die Eltern mehr Kontakt miteinander pflegten. Auch Jutta und Petra hätten sich dadurch besser kennengelernt und seien sich nähergekommen. Die Mutter habe über die Sorge mehr Austausch mit Petra, und der Vater explodiere seit drei Jahren nur noch sehr selten, die Spannungen hätten sich stark reduziert. Es bestünde nun aber, so Petra, die Gefahr der «Totenstille». Wenn sie nichts erzähle, entstehe zu Hause oft eine Sendepause. «Ich möchte mich aber nicht nur offenbaren, und die anderen sind bis obenhin zu.»

Die Zeit um Petras Geburt

Ein Kollege hinter dem Einwegspiegel machte uns darauf aufmerksam, daß wir eine beiläufige Bemerkung während der Sitzung nicht beachtet hatten. Als wir uns das Videoband noch einmal anschauen, hören wir Petra sagen: «Über Gabile soll ja nicht gesprochen werden.» Wir fragen in der nächsten Sitzung danach. Petra sagt zum Vater: «Du hast gesagt, du willst das mit Gabile nicht ansprechen, weil du nicht weißt, wie die Mutter darauf reagiert, und du willst nicht, daß sie heult. Also läßt du's ganz weg, obwohl du auch jedes Jahr an dem Tag dran denkst.»

Gabi war ein Siebenmonatskind, das wegen einer Nierenerkrankung der Mutter zu früh geboren wurde und an Juttas erstem Geburtstag starb. Nur die Mutter sah das Kind. Es kam nach dem Tod auf Rat der Ärzte in die Pathologie und wurde nicht beerdigt. Herr Landmann: «Meine Frau leidet immer, wenn der April naht. Alle denken daran. Meine Frau weiß, daß ich daran denke, wir sprechen aber nicht darüber. Man muß ja nicht über alles sprechen. Es soll unsere Kinder auch nicht belasten.» Wir erfahren auch, daß Petra eine Puppe hatte, die sie Gabile nannte. Es sei doch verständlich, meint die Mutter, daß man nicht noch einmal ein Kind verlieren wolle. Auch Petra sei, als sie ein Vierteljahr alt gewesen sei, lebensbedrohlich an einer Infektion erkrankt und nur mit großem Einsatz gerettet worden. Zwei Kinder eines Kollegen seien an dieser Infektion gestorben. Petra sei danach im ersten Lebensjahr noch zweimal im Krankenhaus gewesen, weil die Eltern bei Durchfällen sehr besorgt gewesen seien. Außerdem habe Frau Landmann in diesem Jahr noch eine Bauchhöhlenschwangerschaft gehabt.

Herr Landmann habe mit den kleinen Kindern wenig anfangen können. Er sei kein «Bilderbuchvater» gewesen. Für ihn seien Kinder erst interessant, wenn sie sprechen könnten. Eßprobleme hätten sie eher mit Jutta gehabt, die nach Meinung der Mutter oft zu wenig gegessen habe. Anhand von Fotos hätten sie jedoch später festgestellt, daß sie durchaus wohlproportioniert gewesen sei. Petra sei als Kind unkompliziert, lieb und etwas pummelig gewesen. Da sie oft der Mutter im Haushalt geholfen habe, habe man sie «Hausmütterchen» genannt.

Als es in einem Gespräch um Tod und Trauer geht, erfahren wir noch, das Sterben beider Großväter sei dadurch überschattet worden, daß die Familie in beiden Fällen über das Aussetzen lebensrettender Maßnahmen (Abschalten der Herz-Lungen-Maschine und Absetzen von kreislaufstützenden Mitteln) habe entscheiden müssen. Beide litten an Krebs.

Die Herkunftsfamilien der Eltern

Herr Landmann ist einziges Kind aus der zweiten Ehe seines Vaters. Petra: «Die erste Frau ist mit einem Schauspieler ins freie, wilde Leben durchgebrannt.» Die Tochter sei anfangs beim Vater geblieben, dann aber zur Mutter gegangen, als diese sich wieder verheiratet habe. Zu dieser Stiefschwester habe er später durch Vermittlung von Jutta eine bessere Beziehung bekommen. Sie sei Patin von Jutta und ihr Vorbild. Sie sei dreimal verlobt gewesen, habe aber nie geheiratet, um ungebunden zu bleiben. Männer seien ihr zu anspruchsvoll. Nach dem Tod ihrer Mutter lebe sie zurückgezogen mit ihren Hunden.

Herrn Landmanns eigene Mutter ist 15 Jahre jünger als der Vater und war dessen Hilfskraft. Sie habe ihn wohl eher aus Respekt und Bewunderung geheiratet als aus Liebe. Der Vater selbst sei wesentlich zugänglicher gewesen als die Mutter. Diese habe er eher als abweisend und kühl erlebt. Ein herzliches Verhältnis habe er zu beiden Eltern nicht gehabt, es aber auch nicht vermißt. Er habe wohl seinen Vater enttäuscht, da er nicht Germanistik studiert und promoviert habe. Der Ehrgeiz des Vaters sei wahrscheinlich auf Jutta übergegangen. Strahlend bekennt er, diese wäre die ideale Tochter für seinen Vater gewesen.

Von Frau Landmanns Herkunftsfamilie erfahren wir wenig. Sie schützt ihre Familie, schildert die Beziehungen als harmonisch und betont, daß es dort keine Mißgunst und Eifersucht, keinen Neid und keine Bevorzugung gegeben habe. Eine Schwester, die an Asthma litt, habe aber der besonderen Aufmerksamkeit der Mutter bedurft. Körperliche Zuwendung habe es in ihrer Familie nicht gegeben, aber das Verhältnis sei dennoch herzlich gewesen. Alle vier Schwestern absolvierten ein Studium mit Hochschulabschluß.

Als Petra, die am ehesten aufzeigt, wo sie in der Familie Konflikthaftes wahrnimmt, berichtet, daß der Vater die Mutter mehrmals habe verlassen und ausziehen wollen, weisen diese das empört zurück.

Familienwerte

Herr Landmann vertritt in seiner Familie vor allem die Werte der Ordentlichkeit, Sparsamkeit, des Pflichtbewußtseins und der beruflichen Leistung. Er holt sich zum Beispiel die Wochenzeitung am Kiosk und die Bankauszüge bei der Bank ab, um das Geld für wirklich nützliche Sachen zu sparen. Er kann erbost reagieren, wenn die Töchter sich extravagant anziehen («Hau ab, ich will dich nicht mehr sehen»). Er spricht die Sprache und hat die Lebenseinstellung eines tüchtigen deutschen Beamten.

Frau Landmann steht eher für Opferbereitschaft, Familienbindungen, Dasein für andere, Verzichtleistung. Herr Landmann betont hingegen, Verzichtsideale seien nicht die seinen. Die Töchter stimmen zu, daß der Vater lebenslustiger sei als die Mutter. Als wir einmal in einer Frage implizieren, die Mutter habe auch ein Recht, mehr für sich selbst zu sorgen, reagiert diese ärgerlich: «Ich bin doch nicht auf der Welt, um für *mich* dazusein.» Päckchen, die sie bekommt, blieben manchmal tagelang ungeöffnet. Wie die Großmutter mütterlicherseits könne die Mutter anderen gegenüber sehr großzügig sein, aber sich selbst gönne sie wenig. Jutta übe Verzicht, indem sie sich selbst disziplinierе und eine asketische Haltung vertrete. Petra schränke sich auch ein, quäle sich aber nach dem Motto «Soll ich, soll ich nicht?»

Sich-Beherrschen wird allgemein großgeschrieben. Der Vater ist noch am ehesten jemand, der sich auch einmal «gehenläßt». Beispiel: Die Eltern und Petra besuchen nach dem Abendessen das Theater und anschließend ein Restaurant. Der Vater bestellt ein Steak. Die Mutter reagiert gekränkt: «Gab's nicht genug, bist du nicht satt geworden?» Und mit einem langen Gesicht: «Dann bestelle ich mir auch einen Salat.» Der Vater bestellt sein Rumpsteak wieder ab. Petra, obschon zwiespältig, versucht zu vermitteln. Sie findet das Verhalten des Vaters einerseits egoistisch, andererseits soll er aber zu seinen Bedürfnissen stehen.

Die Mutter wolle nichts verlangen und fordern und auch andere nicht belasten. Sie denke zum Beispiel manchmal an Selbstmord, spreche aber nicht darüber. Sie fühle sich in alle anderen ein. Mutter zu Petra: «Ich fühle mich schlecht, wenn du dich schlecht fühlst, das ist doch klar.» Und: «Das ist seit dreißig Jahren so bei uns: Jeder weiß, wo der andere ist. Wir gehören zusammen und teilen alles.» Herr Landmann gibt dem Leben seiner Frau folgende Überschrift: «Sie war für andere da, ihr Leben gehörte den anderen.»

Auf einen «Bruder Leichtfuß» in der Familie, einen Verwandten des Vaters, schaut man herab. Der Vater: «Er hat alle Fehler dreimal gemacht und ist auch daran gestorben. Er hat gespielt, geraucht und getrunken und hat drei Ehen aufs Spiel gesetzt.» Auch eine Schwester der Mutter, die gerne viel esse, sich habe scheiden lassen und ein großes Auto fahre, betrachtet man – so ist zu erschließen – mit vorsichtiger Distanz.

Über das Thema Sexualität kann im Beisein der Eltern nur oberflächlich gesprochen werden. Lustfreundlich ist das Klima in der Familie auf keinen Fall. Petra sagt über Jutta, sie sei «innerlich eine alte Kuschelkatze, aber äußerlich wie eine alte Jungfrau». Trotz ihrer Attraktivität könne sie durch ein Prostituiertenviertel gehen, ohne daß sie von einem Mann angesprochen werde. Sie halte sich diese mit Blicken vom Leibe. Sie selbst, Petra, könne zwar schmusen und habe immer jemanden gesucht, in den sie hineinkriechen könne, der ihr alles abnehme, aber das «bissel zwischen Schmusen und Sexualität» sei schwierig für sie.

Nach dieser Skizze einer Familie mit einer Tochter, die magersüchtiges Verhalten zeigt, wollen wir einige Überlegungen zu dem größeren sozialen Kontext anstellen, in dem diese jungen Frauen und ihre Familien leben. Dabei wird uns die Frage interessieren, welche Verknüpfungen und gegenseitigen Beeinflussungen es zwischen den Normen und Werten, die diese Familien entwickeln, und heute herrschenden Normen und Werten der Gesellschaft im großen gibt.

KAPITEL 2

Gesellschaftliche Aspekte

Wir unterscheiden heute eine Trias von Eßstörungen: die Magersucht (Anorexie), die Freßsucht (Bulimie) und die Übergewichtigkeit oder Fettsucht (Adipositas). Davon ist die Magersucht am längsten als Krankheit erfaßt. Sie wurde zum erstenmal um die Mitte des vorigen Jahrhunderts beschrieben.* Die Bulimie, auch Bulimia nervosa, Hyporexia nervosa und Bulimarexie genannt, machte ihr Debüt 1980 im DSM III, dem Diagnoseleitfaden der amerikanischen psychiatrischen Gesellschaft. Seit 1985 sind besonders in den USA Bestrebungen im Gange, auch der Fettsucht den Status einer eigenständigen Krankheit zu verleihen. Pläne, sie schon im DSM III – R (American Psychiatric Association, 1987) so zu deklarieren, wurden jedoch nicht verwirklicht. (Siehe auch Feighner et al., 1972; Garfinkel, Moldofsky und Garner, 1980)

Die genannten Eßstörungen unterscheiden sich wesentlich voneinander. Von Magersucht sprechen wir, wenn die Betroffenen (in der großen Mehrzahl junge Mädchen oder Frauen) ihre Nahrungszufuhr so weit kontrollieren, daß sie mindestens 15 Prozent unter dem Gewicht bleiben, das für ihr Alter und

* Gull (1873) und Lasègue (1873) in Frankreich veröffentlichten zur gleichen Zeit recht vollständige Beschreibungen des Bildes der Anorexia nervosa, das von Internisten, Kinderärzten und Psychiatern seither mehrfach neu entdeckt und mit den verschiedensten Bezeichnungen versehen wurde. Einen guten Überblick über die historische Entwicklung liefert H. Thomae (1961). Die seitherige Entwicklung skizzieren H. Bruch (1985) und Beumont et al. (1987)

ihre Körpergröße zu erwarten wäre. Von Bulimie ist die Rede, wenn es zu wiederkehrenden Heißhungeranfällen, einhergehend mit Sich-Übergeben und/oder dem Gebrauch von Abführmitteln kommt, das Gewicht jedoch normal (oder leicht subnormal) bleibt.* Von Übergewichtigkeit sprechen wir, wenn das Normalgewicht mit mindestens 20 Prozent über-

* Der revidierte Diagnoseleitfaden der amerikanischen psychiatrischen Gesellschaft DSM-III R (1987) nennt die folgenden diagnostischen Kriterien für die Klassifikation anorektischer und bulimischer Eßstörungen (aus Fichter [1988]):

307.10 (Anorexia nervosa)

A Starke Angst, dick zu werden, selbst bei Untergewicht.

B Störungen im Erleben des eigenen Körpergewichtes und der Figur, d. h. sich «zu dick fühlen», selbst bei bedrohlichem Zustand die Überzeugung haben, daß eine Körperregion «zu dick» ist, selbst wenn im Gegensatz dazu Untergewicht besteht.

C Weigerung, das Körpergewicht als ein für Alter und Größe normales Gewicht zu erhalten, d. h. Gewichtsverlust, der zur Erhaltung eines Körpergewichts, das 15 % unterhalb des Erwartungsgewichtes liegt, führt; die während der Pubertät erwartete Gewichtszunahme erfolgt nicht und führt dazu, daß das Körpergewicht 15 % unter dem Erwartungswert bleibt.

D Bei Frauen ausbleibende Menstruation für mindestens drei aufeinanderfolgende Zyklen entgegen allen sonstigen Erwartungen (primäre und sekundäre Amenorrhöe).

308.51 (Bulimia)

A Wiederholte Episoden von Heißhungeranfällen (rascher Verzehr einer großen Nahrungsmenge in einer relativ kurzen Zeit, gewöhnlich weniger als 2 Stunden), während der «Freßattacken» besteht das Gefühl, keine Kontrolle mehr über das Eßverhalten zu haben.

C Regelmäßiges selbst herbeigeführtes Erbrechen oder Mißbrauch von Laxantien oder rigorose Diäten oder Fasten, um die Effekte der «Freßattacken» zu reduzieren.

D Ein durchschnittliches Minimum von 2 «Freßattacken» pro Woche über mindestens 3 Monate.

E Persistierende Zentriertheit auf die eigene Körperfigur.

schritten wird und sich damit, so wird angenommen, die Anfälligkeit für Krankheiten wie Hypertonie, Diabetes, Herzinfarkt etc. erhöht.

Zwischen den drei Eßstörungen gibt es Beziehungen und Übergänge. Viele Anorektikerinnen etwa schränken nicht nur ihre Nahrung ein, sie erleben auch Heißhungeranfälle, induzieren bei sich Erbrechen und gebrauchen Abführmittel. Wir sprechen dann von «bulimischen Formen der Anorexie». Bestimmte Fettleibige lassen sich dagegen als inkompetente Bulimiker (d. h. als solche, die die Kunst des selbstinduzierten Erbrechens und Abführmittelgebrauches nicht beherrschen und daher resignieren) bezeichnen.

Gehen wir davon aus, daß es notwendige – bewußte wie unbewußte – Kontrollen oder Regulationen der Nahrungsaufnahme gibt, dann zeigen sich die genannten Störungen des Eßverhaltens als Störungen solcher Kontrollen. Bei der Anorexie schießen sie über das Ziel hinaus: Die Betroffenen entscheiden sich zu hungern, sie magern ab, erleiden in der Folge verschiedenartigste körperliche Störungen (etwa solche des Hormon- und Elektrolythaushaltes, aber auch des Hirnstoffwechsels), bringen sich nicht selten in Todesgefahr. Bei der Bulimie zeigen sich die Kontrollen zwar wirksam – das gewünschte Normalgewicht wird letztlich gehalten –, aber die Betroffenen erleben sich nicht als kontrollierende, vielmehr als machtlos ihren Freßanfällen ausgelieferte Personen. Bei der Übergewichtigkeit scheinen schließlich alle Kontrollen zu versagen. Auch hier herrschen daher Gefühle von Machtlosigkeit, Scham und Resignation vor.

Eßstörungen stellen uns vor grundsätzliche – wenn man will: philosophische – Fragen: Wieviel kann ich / soll ich mich beherrschen oder gehenlassen? Wie kann ich / soll ich mich zu meinem Körper und seinen Bedürfnissen einstellen? Welchen Wert haben Körper und Nahrung für mich? Wieweit leiten mich bei solcher Bewertung eigene, wieweit fremde Vorstellungen und Erwartungen? Kurzum: wieweit kann ich / muß ich – in meiner Beziehung zu mir selbst und zu anderen – autonom sein?

Wann, wem und wie sich diese Fragen stellen, hängt großenteils von der historischen und gesellschaftlichen Situation ab. Das Problem von Kontrolle und Autonomie stellt sich im Hinblick auf das Essen nur dort, wo Nahrung reichlich vorhanden ist. Folglich gibt es bei den Armen der Dritten Welt keine Hinweise auf Anorexie oder Bulimie. Und in den Ländern der Dritten Welt (wie auch noch in vielen Ostblockstaaten) gilt Fettleibigkeit häufig nicht als Krankheit, sondern als Statussymbol. Nur in Überflußgesellschaften sind Bürger herausgefordert, angesichts eines Nahrungsüberangebotes Kontrolle zu üben und Autonomie zu bezeugen.

Westliche Gesellschaften sind aber nicht nur konsum-, sie sind auch leistungsorientiert, pluralistisch und einem sich beschleunigenden Wandel unterworfen. Damit verschärfen sich für ihre Bürger die Probleme der Selbstkontrolle, Autonomie und Abgrenzung. Denn sie finden sich nunmehr widersprüchlichsten Anforderungen und Erwartungen ausgesetzt. Diese verdeutlichen sich gerade in der Weise, wie Körper, Nahrung und Gesundheit als Werte (oder Unwerte) dargeboten und aufgefaßt werden. So werben die Medien einerseits für kalorienhaltige Nahrungs- und Genußmittel, andererseits verklären sie Schlankheit, körperliche Attraktivität und Fitness und, damit einhergehend, Selbstkontrolle und Selbsteinschränkung. (Mit diesem Thema haben sich viele Autoren auseinandergesetzt, z. B. Boskind-Lodahl, 1976; Vandereycken & Pierloot, 1983. Eine ausgezeichnete Beschreibung von Dilemmata, mit denen Frauen heute konfrontiert sind, und die möglicherweise zur Entwicklung von Eßstörungen beitragen, findet sich auch bei Wynne und Wynne, 1987.)

Es ist kein Wunder, daß Frauen sich von solchen Widersprüchen am stärksten betroffen zeigen. Einerseits verschafft ihnen die moderne Industriegesellschaft mehr Möglichkeiten, sich eigenständig in vielen, bisher überwiegend Männern vorbehaltenen Berufen zu verwirklichen: Sie sind damit gefordert, sich vermehrt zu entscheiden, sich von den Zielen und Erwartungen ihrer (überwiegend männlich geprägten) Umwelt abzugrenzen und sich im Konkurrenzkampf durchzusetzen. Andererseits sind sie vielschichtigen – offenen und verdeckten – Erwartungen ausgesetzt, sich sowohl fraulich und mütterlich einfühlend und gebend als auch erotisch anziehend und begehrenswert zu zeigen. Sie geraten somit in Dilemmata, die – das hat kürzlich Susie Orbach (1978, 1984, 1986) ausgeführt – verständlich machen könnten, warum eine immer größere Zahl von ihnen in einen – sowohl gegen sich selbst wie auch gegen die Gesellschaft gerichteten – Hungerstreik tritt.

Allerdings: Viele Frauen ringen heute mit diesen Dilemmata, aber nur ein kleiner (wenn auch wachsender) Prozentsatz von ihnen zeigt das Bild einer ausgeprägten Anorexie oder Bulimie. Die Frage ist daher: Welche Faktoren müssen hinzukommen, damit die genannten gesellschaftlichen Gegebenheiten im konkreten Fall zu einer Anorexie oder Bulimie führen?

Diese Frage lenkt den Blick zunächst auf den betroffenen einzelnen, auf seine Erlebniswelt, seine Motivationsdynamik, seine inneren Konflikte, und das heißt auch, auf seine spezielle Weise, gesellschaftliche Angebote, Modelle, Zwänge, Erwartungen und die sich darin offenbarenden Widersprüche wahrzunehmen, zu verinnerlichen und damit umzugehen. Inzwischen gibt es eine kaum mehr übersehbare Literatur (Zusammenfassungen in Bruch, 1973, 1978 und Orbach, 1986), einschließlich einer Reihe von Selbstdarstellungen Betroffener (u. a. Valère, 1978; MacLeod, 1981; Graf, 1985; Madelung, 1985; Margolis, 1985), die das Problem der Magersucht unter diesem Gesichtspunkt betrachtet.

Die obige Frage nach den hinzutretenden Auslösefaktoren für Anorexie und Bulimie lenkt den Blick weiter auf die Familie. Der einzelne wird durch die Familie (oder was manchmal an deren Stelle tritt) entscheidend geprägt und sozialisiert. Was immer die Gesellschaft an Werten, Erwartungen, Modellen, Widersprüchen anbietet, wird durch die Familie vermittelt, aber auch gefiltert und abgewandelt. Jede einzelne Familie zeigt sich als ein Szenarium, worin die «innere Landkarte», das Selbstwertgefühl, die Verhaltensmaximen, die Erwartungen, Rechte und Pflichten der Mitglieder auf vielfältige Weise verinnerlicht, festgeschrieben oder abgewandelt werden.

Wir meinen, daß Eßstörungen – im folgenden geht es uns um die Magersucht – sich erst verständlich machen und (in der Mehrzahl der Fälle) effektiv behandeln lassen, wenn wir dieses Szenarium, diesen Kontext einbeziehen. Und wir meinen weiter, daß diese Störungen bevorzugt in ganz bestimmten Familien – die eingangs beschriebene Familie Landmann ist ein Beispiel – auftreten, die sich von anderen (gestörten wie nicht gestörten) Familien unterscheiden. Einen Rahmen, um das für uns Wesentliche an diesen Familien zu erfassen, liefert das Konzept der *bezogenen Individuation*.

KAPITEL 3

Bezogene Individuation

Was Magersuchtsfamilien kennzeichnet und von anderen Familien unterscheidet, offenbart sich uns vor allem innerhalb einer Perspektive, die uns fällige familiale Veränderungen und Entwicklungen ins Blickfeld bringt. Das heißt: Die Familie zeigt sich uns als ein System, das sich, paradox ausgedrückt, immer wieder verändern muß, um als System Bestand haben zu können. Die jeweils notwendigen Veränderungen ergeben sich aus den unterschiedlichen Anforderungen des individuellen und familiären Lebenszyklus: Die Kinder wachsen heran, lösen sich ab; die Eltern, die vor dem leeren Nest stehen, müssen sich neu arrangieren, möglicherweise für die eigenen, älter werdenden Eltern mehr Verantwortung übernehmen. Daneben können Krankheiten, Ortswechsel, Arbeitslosigkeit, politische und gesellschaftliche Umwälzungen oder andere unvorhergesehene Ereignisse Veränderungen bewirken. Man kann sagen: Die Funktionalität oder, wenn man will: Gesundheit einer Familie zeigt sich darin, wie erfolgreich ihre Mitglieder mit solchen vorhersehbaren wie unvorhersehbaren Veränderungen dadurch fertig werden, daß sie ihre Beziehungen immer wieder umgestalten, sich immer wieder neu anpassen und selbst ändern.

Allerdings: Veränderung bedeutet nicht notwendigerweise Entwicklung. Von Entwicklung sprechen wir, wenn bei den Mitgliedern einer Familie auch eine fortschreitende Individuation stattfindet.

Unter Individuation verstehen wir im wesentlichen

1. die Fähigkeit und Bereitschaft, differenzierende innere

und äußere Grenzen zu bilden, also etwa *meine* Wahrnehmung, *meine* Wünsche, *meine* Phantasien, *meine* Rechte, *meine* Pflichten (insbesondere auch solche, die sich auf meinen Körper und dessen Bedürfnisse beziehen) von den Wahrnehmungen, Wünschen, Phantasien, Rechten, Pflichten anderer abzugrenzen.

2. verstehen wir unter Individuation die Fähigkeit und Bereitschaft, eigene Ziele zu definieren und durchzusetzen, die sich von denjenigen unterscheiden, welche die Umgebung vorgibt.

3. rechnen wir zur Individuation die Fähigkeit und Bereitschaft, sich eine weite Spanne von widersprüchlichen und zum Teil schmerzhaften Aspekten seiner selbst zu eigen zu machen und die Spannung der Ambivalenz zu ertragen.

4. ist mit Individuation eng verbunden die Fähigkeit und Bereitschaft, Verantwortung für eigenes Verhalten zu übernehmen.

Eine so verstandene Individuation geht typischerweise mit einem Gefühl innerer Freiheit und Autonomie einher. Solche Autonomie schließt jedoch ein Bewußtsein eigener Abhängigkeit – etwa vom eigenen Körper, aber auch von der menschlichen und der nichtmenschlichen Umwelt – ein, so wie ein sich in die Lüfte schwingender Vogel, ein Sinnbild von freier Ungebundenheit, auf Luft, Schwerkraft, Licht, elektromagnetische Wellen usw. angewiesen bleibt, die ihm den freien Flug ermöglichen.

Aber weiter: Von Entwicklung in der Familie läßt sich nur sprechen, wenn Individuation auch bedeutet: Die Mitglieder werden nicht nur eigenständiger, sondern sie gestalten, damit einhergehend, ihre Beziehungen – zu Personen innerhalb und außerhalb der Familie – auch in neuer und in der Regel komplexerer Weise. Entwicklung bedeutet also: Man erreicht immer wieder ein höheres Niveau von Individuation *und* von Bezogenheit. Oder anders ausgedrückt: Entwicklung bedeutet fortschreitende *«bezogene Individuation»* (Karpel, 1976; Stierlin, 1978, 1984; Simon, 1984, 1988; Stierlin et al., 1977).

Diese Entwicklungsanforderung – ein immer höheres Niveau «bezogener Individuation» zu erreichen – gilt in der westlichen Industriegesellschaft naturgemäß in erster Linie für Kinder und Heranwachsende, die sich mit zunehmendem Alter verselbständigen, von der Familie (mehr oder weniger) ablösen, um neue Bindungen, neue Formen der Beziehung mit Partnern außerhalb der Ursprungsfamilie zu entwickeln. Sie gilt auch für die uns hier beschäftigende Gruppe Heranwachsender mit anorektischem Verhalten. Sie gilt für alle Mitglieder des Familiensystems, also für Eltern wie für Kinder. Deshalb sprechen wir auch von der jeweils fälligen familienweiten Ko-Individuation und Ko-Evolution (s. auch Willi, 1985). Allerdings: Eine erfolgreiche Ko-Individuation und Ko-Evolution stellen an Eltern und Kinder unterschiedliche Anforderungen. Die Eltern müssen, damit sich ihr Kind erfolgreich individuieren kann, zunächst eine enge, auf die Bedürfnisse des noch stark abhängigen Kindes sich einstimmende Beziehung unterhalten, in der Verläßlichkeit und Geborgenheit zur Wirkung kommen. Sie müssen auch, solange dies notwendig ist, die Komplexität der Welt des Kindes reduzieren, indem sie klare und verläßliche Regeln, Erwartungen und Werte vorgeben. Jedoch: Sie müssen dem Kind ebenfalls gestatten, sich zunehmend abzugrenzen und, wenn es sein muß, sich auch *gegen* sie zu individuieren, also seine eigenen Wünsche, Werte, Vorstellungen von den elterlichen Wünschen, Werten und Vorstellungen abzugrenzen und, falls notwendig, auch gegen diese durchzusetzen.

Anders ausgedrückt: Eltern wie auch Kinder müssen die Voraussetzung dafür schaffen, daß unvermeidliche Konflikte sowohl benannt als auch ausgetragen und beigelegt werden können. Das verlangt, daß die Beziehungspartner einerseits die Möglichkeit haben, unterschiedliche Ziele, Interessen, Sichten und Werte zu artikulieren und soweit wie möglich auch durchzusetzen. Andererseits dürfen solche Gegensätze der Ziele, Interessen, Sichten und Werte nicht dazu führen, daß der zwischenmenschliche (familiale) Dialog scheitert – sei es in gewalttätiger Auseinandersetzung, sei es durch Auseinanderbrechen der Beziehung. Damit dieser Dialog in der Familie gelingt, müssen die Dialogpartner – in unserem Falle Eltern und Kinder – es immer wieder schaffen, daß sich zumindest ein Grundkonsens herstellt, daß sie sich immer wieder auf eine verbindliche soziale oder Beziehungsrealität zu einigen vermögen (Bateson 1972, 1979; Stierlin 1981a; Wirsching und Stierlin 1982).

Beim Neugeborenen und Kleinkind wird die Beziehungsrealität von den Eltern vorgegeben. In dem Maße jedoch, in dem Kinder heranwachsen und sich individuieren, ist diese Beziehungsrealität zunehmend *zwischen* Eltern und Kindern auszuhandeln. Ob und wie dies gelingt, wirkt sich dann unmittelbar darauf aus, ob und wie Konflikte und fällige Ablösungsschritte bewältigt werden. Gelingt es den Beziehungspartnern, eine von allen Beteiligten akzeptierte Beziehungsrealität auszuhandeln und sich daran zu halten, dann darf man erwarten, daß sich Konflikte und Ablösungsbewegungen als ein *liebevoller Kampf*, als ein partnerschaftliches Ringen um Festhalten und Loslassen zum Ausdruck bringen. Doch läßt sich von einem solchen liebevollen Kampf nur dann sprechen, wenn sich mit dem Wunsch nach und dem Recht zur Selbstbehauptung auf beiden Seiten der Wunsch und die Fähigkeit verbinden, sich auf die Sicht und Interessen des Partners einzustimmen und sich kompromiß- und wandlungsbereit zu zeigen. Diesen liebevollen Kampf mit zu ermöglichen, verlangt gerade von heutigen Eltern viel – nämlich eine immer wieder wechselnde, der Entwicklung des Kindes angepaßte Mischung von Standhaftigkeit auf der einen, Flexibilität und Kompromißbereitschaft auf der anderen Seite.

Die familientherapeutische Erfahrung zeigt nun: Das Finden eines Konsensus, also das Aushandeln einer tragfähigen Beziehungsrealität, die sowohl Voraussetzung als auch Ausdruck und Folge einer erfolgreich fortschreitenden bezogenen Individuation ist, kann im Rahmen bestimmter Szenarien scheitern. Ein solches Szenarium wird uns – das ist unsere zentrale These – von den Familien Magersüchtiger häufig geboten.

KAPITEL 4

Die Familie der Magersüchtigen

Aneinander gebundene Generationen

Wir möchten in dieses Szenarium einführen, indem wir zunächst vom Idealtypus einer Magersuchtsfamilie ausgehen. Ein Idealtypus – so lernen wir von Max Weber (1913), der diesen Begriff schuf – ist ein Kunstprodukt, eine Konstruktion, dazu bestimmt, uns angesichts der Verflochtenheit der sozialen Prozesse und Systeme einen ersten Anhalt für eine vergleichende Betrachtung zu liefern. Ein Idealtypus vermag auch dann noch seinen Zweck zu erfüllen, wenn ihm in der Realität (genauer: in dem, was wir jeweils für Realität halten) kein Fall ganz entspricht – so wie auch die zu Anfang dargestellte Familie Landmann dem Idealtypus der Magersuchtsfamilie in keiner Weise ganz entspricht. Das Wort «Konstruktion» verweist auf den Anteil, den die Konstrukteure – in diesem Falle wir, die Autoren dieses Buches – an ihrem Konstrukt haben: Gerade als Familienforschern und Familientherapeuten wird uns immer wieder bewußt, wie sehr wir selbst durch unsere Erfahrung, unsere Wahrnehmung, unsere Bewertungen und Unterscheidungen von vermeintlich Wesentlichem und Unwesentlichem unser Bild einer Familie mitkonstruieren.

Trotz und wegen unseres Konstruktionsanteils ist das Bild der Magersuchtsfamilie, das wir hier entwerfen, vielschichtig. Ähnlich einem Teleskop, das je nach Stellung, Art und Schärfe der Optik unterschiedliche Phänomenbereiche erfaßt und andere Bereiche ausblendet, erschließt sich auch uns der Gegenstand unserer Untersuchung von unterschiedlichen Einstellungen her verschieden.

Bleiben wir bei dem Bild des Teleskops, dann lenkt unsere erste Einstellung den Blick auf die erweiterte Familie: auf die Generation der Großeltern des Indexpatienten, unter Umständen sogar der Urgroßeltern. Wir legen die Mehrgenerationenperspektive an (Boszormenyi-Nagy & Spark, 1973; Boszormenyi-Nagy & Krasner, 1986; Sperling et al. 1982). Wir meinen: gerade diese Perspektive erschließt uns das, was Magersuchtsfamilien vor vielen Familien auszeichnet, nämlich eine starke und charakteristische, oft über die Generationen zum Zuge kommende *Bindung*.

Wir haben anderenorts verschiedene Spielarten oder Modi von Bindung genauer beschrieben (Stierlin 1975). Hier geht es uns darum, daß eine Bindung im gemeinten Sinne immer dann zustande kommt, wenn bei den Beziehungspartnern bestimmte Gefühle, Grundannahmen und Werte vorherrschen (oder, wie diese meinen, vorherrschen sollten), aus denen sich dann bestimmte Verhaltensmuster ergeben. Diese Verhaltensmuster wiederum wirken auf die Gefühle, Grundannahmen und Werte zurück. Wir haben es mit wechselwirkenden Elementen eines Wirkungsgefüges, nämlich eines Kreisprozesses zu tun, die sich nur schwer voneinander isolieren und getrennt beschreiben lassen. Wir sind trotzdem zu getrennter Beschreibung gezwungen und beginnen mit den oft schon von den Mitgliedern der Ursprungsfamilien geteilten *Grundannahmen*.

Diese zeigen sich uns etwa in folgenden verinnerlichten Verhaltensanweisungen: «Geben ist besser denn Nehmen.» «Wer verzichtet, ist ein wertvollerer Mensch.» «Eigene Ansprüche und Wünsche haben vor denen anderer zurückzutreten.» «Mir geht es nur gut, wenn es auch den anderen gut geht.» «Wir sind eine verschworene, eine Schicksalsgemeinschaft, keiner darf alleine zurückbleiben.» (Zur Verzichtsideologie s. auch Sperling und Massing 1970, White 1983.)

In solcher Verklärung von Familienzusammenhalt, Opferbereitschaft und Verzicht auf eigene Bedürfnisse zeigt sich, das wird sofort deutlich, eine Bindungsdynamik, die fällige Ablösungs- und Individuationsschritte, also die familienweite Ko-Individuation und Ko-Evolution erschweren muß.

Mit Opferbereitschaft, Betonung des Familienwohles und Verzicht auf die Befriedigung individueller Bedürfnisse verbindet sich häufig eine ausgeprägte Impulskontrolle, in der Familie Landmann am deutlichsten durch die Mutter bezeugt. Es gilt die Regel: «Man muß sich beherrschen, darf sich nicht gehenlassen.» Sie gilt sowohl für die Verlockungen, die von der Nahrung, als auch für die, die von der Sexualität ausgehen. Sich beherrschen bedeutet: man muß Gefühle aller Art im Zaum halten, muß sich immer freundlich und kontrolliert zeigen, muß insbesondere feindselige und böse (verletzende, beleidigende, abwertende, wütende, neidische) Gefühle oder Einstellungen unterdrücken. Generell sollte man nicht auffallen, sollte stets den Erwartungen der anderen, der Eltern, Großeltern, Verwandten – aber auch der Nachbarn und der Gesellschaft überhaupt – genügen. Das bedeutet in der Regel Anpassung an die Normen der Umgebung, bedeutet Konformismus, bedeutet die Bereitschaft, mit starken Scham- und Schuldgefühlen zu reagieren, wenn man von diesen Normen abweicht oder abweichen möchte.

Ein solches Bemühen um Anpassung an die herrschenden Konventionen bedeutet oft auch: man verinnerlicht *Leistungsanforderungen* – sowohl Forderungen, die sich von familiären Vermächtnissen und Delegationen (Stierlin 1978), als auch solche, die sich von gesellschaftlichen Erwartungen und Werten herleiten (wobei sich oft beide – familiäre und gesellschaftliche Forderungen – verschränken und gegenseitig verstärken). Und so erweisen sich die Mitglieder gerade solcher «gewissenhaften» und «pflichtbewußten» Familien oft über Generationen hinweg als tüchtige, strebsame und von vielen Menschen geschätzte Bürger ihrer Gemeinde.

Ein weiteres Merkmal dieser Familien ist ihr starker *Gerechtigkeitssinn*. Er setzt sich typischerweise bei Eltern in die Forderung um, alle Kinder gleich zu lieben und gleich zu behandeln: kein Kind darf vorgezogen, keines benachteiligt werden. Dieses von allen Mitgliedern verinnerlichte egalitäre Gerechtigkeitsgebot führte bei einer uns bekannten Familie dazu, daß jedesmal, wenn es zu Mittag einen besonders leckeren Nachtisch gab, ein Ritual ablief: alle Kinder mußten sich an der Wand aufreihen und blind bestimmen, wer welche Portion bekommen sollte. Ein solches Gerechtigkeitsgebot, verbunden mit der beschriebenen Verklärung des Familienzusammenhalts, wirkt insbesondere allen (offenen) Zusammenschlüssen innerhalb der Familie entgegen: Da jeder gleichen Anspruch auf Liebe und Zugehörigkeit hat, darf auch niemand aus der Gesamtgruppe der Familie oder einer ihrer Untergruppen ausgeschlossen oder bevorzugt werden.

Gerade an einer derartigen Gerechtigkeitsforderung zeigt sich, wie sehr in diesen Familien bestimmte Widersprüche, Konflikte und Dilemmata vorprogrammiert sind. Denn so wünschenswert und gebieterisch sich den Mitgliedern eine familienweite Gerechtigkeit auch darstellt, so sehr sie diese als Ideal auch verinnerlicht haben, in der Praxis des täglichen Lebens muß es doch immer wieder zu (wechselnden oder anhaltenden) Vorlieben und Benachteiligungen kommen. Diese müssen aber abgestritten, ja aus dem Familienbewußtsein und -dialog ausgeblendet werden. Das wiederum bedeutet, die Familienmitglieder, besonders die Kinder, sind widersprüchlichen Botschaften ausgesetzt: Die offizielle Programmatik der Eltern und ihr konkretes Verhalten oder die von ihnen in bestimmten Situationen gezeigten Gefühle klaffen auseinander. Ein ehemals anorektisches Mädchen sagte beispielsweise: «Meine Mutter hat immer wieder behauptet, daß sie niemanden unterschiedlich behandeln, keine Ausnahme machen würde. Ich konnte aber täglich beobachten, daß den [drei Jahre älteren] Zwillingen sowohl innerhalb wie außerhalb der Familie ständig mehr Aufmerksamkeit und Zuneigung geschenkt wurde. Sie läßt auch heute nicht von ihrer Behauptung ab. Ich habe mich damit abgefunden, daß die Verhältnisse nun einmal so waren, aber es ärgert mich, daß sie auch heute noch auf ihrem alten Standpunkt beharrt.»

Die extreme Gerechtigkeitsforderung vieler dieser Familien erkennen wir somit als Moment einer Dynamik, welche Bindung verstärkt und bezogene Individuation erschwert. Individuation bedeutet ja, wir sahen es im vorigen Kapitel, das

Wahrnehmen und Tolerieren von Unterschieden und Getrenntheit, bedeutet Wahrnehmung, Tolerieren und Sich-zu-eigen-Machen von Ambivalenz. Ein Familien-Credo, das so hochgradig den Familienzusammenhalt, die Familienharmonie, die gleiche Behandlung aller durch alle verlangt und verklärt, wirkt wie eine Klammer, die sich allen Arten von Trennungs- und Individuationstendenzen entgegenstemmt.

Individuation ist immer Abgrenzung und *Trennung*. Trennung bedeutet aber im allgemeinen Sprachgebrauch gefühlsmäßig etwas Stärkeres und Einschneidenderes als Individuation. Das Wort «Trennung» assoziiert Abtrennung, Zertrennung, Zerreißung und sensibilisiert uns für existentielle Erfahrungen, die die Lebenseinstellung, das Beziehungsklima und die Erwartungen vieler der uns bekannten Magersuchtsfamilien nachhaltig prägten.

In der Tat stieß in vielen dieser Familien die genauere Nachforschung auf ungewöhnlich häufige Erlebnisse von frühen Trennungen und plötzlichen, katastrophalen Verlusten, die sich wie Druckwellen über die Folgegeneration auszubreiten schienen – ohne jemals abzuklingen. Eine Mutter etwa hat als Kind erlebt, wie ihr jüngeres Brüderchen, auf das sie aufpassen sollte, zu Tode stürzte. In anderen Fällen starben Eltern und wichtige nahe Anverwandte plötzlich unter bis heute ungeklärten, aber in der Erinnerung immer wieder beschworenen (oder auch bewußt verschwiegenen oder unterdrückten) Umständen. Sheila MacLeod (1983) weist in ihrer Selbstdarstellung «Hungern, meine einzige Waffe» auf die Bedeutung von Trennungen und Verlusten in ihrer Familie hin. Die Umstände, unter denen es zu Trennungen und Verlusten kam, ließen auch immer wieder die Zweifel aufkommen, ob man bei einem etwas anderen Verhalten, mit etwas mehr Aufmerksamkeit, diesen Tod nicht hätte verhindern können. Mit der nie endgültig geklärten Frage nach der Todesverursachung verbindet sich die (ebenfalls letztlich unbeantwortbare) Frage nach der Schuld. Das griechische Wort «aitía», das etwa in dem Begriff «Ätiologie» auftaucht, bedeutet, daran dürfen wir uns in diesem Zusammenhang erinnern, *sowohl* Ursache *als auch* Schuld.

Dies ist ein Hinweis darauf, eine wie lange Denk- und Sprachtradition uns die Frage nach der Ursache sofort mit der Frage nach der Schuld verknüpfen läßt.

In auffallend vielen dieser Familien hallen auch noch Erlebnisse von tragischen Verlusten, Todesfällen, Entwurzelungen und Trennungen nach, die die Eltern und Großeltern unserer Patientinnen zum Beispiel während des zweiten Weltkrieges und besonders häufig auf der Flucht gegen Ende des Krieges erlitten hatten.

So erweist sich die Allgegenwart von Verlust- und Trennungsängsten als ein weiteres Moment der Bindung, als ein weiterer Antrieb für die Mitglieder, als Familie, koste es, was es wolle, zusammenzuhalten, sich aneinander zu klammern, aber auch sich zutiefst aufeinander zu verlassen, um so in einer unberechenbar gefährlichen Welt zu überleben und sich gegen die Gefahr von Trennung und Tod zu schützen. Das bedeutet aber: die Trennungs- und Verlustängste verwandeln sich in einem solchen Familienklima in *Sorge*, in liebende Fürsorge und ein erhöhtes Gefühl der Verantwortung für die anderen. Und dieses Gefühl der Sorge und Verantwortung gilt häufig in erster Linie der Gesundheit, dem körperlichen Wohlbefinden der nächsten Angehörigen. Insbesondere die Mütter unserer magersüchtigen Patientinnen waren von solcher Sorge bewegt und unablässig mit den ängstlichen Fragen beschäftigt: Sorge ich mich genug um mein Kind? Tue ich alles für seine Gesundheit? Halte ich ihm drohende Gefahren auch wirklich vom Leibe? Und vor allem: gebe ich ihm genug und ausreichend zu essen?

Wir sehen also verschiedene, sich teilweise gegenseitig bedingende und verstärkende Faktoren, die die Bindungen, das Zusammenhalten und Zusammenbleiben dieser Familien begünstigen und das Öffnen der Familientür nach außen erschweren.

Die Ehe der Eltern der Magersüchtigen

Die Eltern der Magersüchtigen zeigen sich durch die beschriebenen Einstellungen, Annahmen und Werte geprägt. Sie wiederum hatten dafür in ihren Eltern Modelle, die diese bereits in den eigenen Herkunftsfamilien vorfanden.

Die Grundlage ist ein starkes Treueband. Es macht Kinder empfänglich für die (offen oder verdeckt) an sie gerichteten elterlichen Hoffnungen, Wünsche, Aufträge. Diese Aufträge können ein Kind überfordern, können ihm eine einseitige Entwicklung nahelegen, können es früher oder später verschiedenartigsten Konflikten und Problemen aussetzen. So fanden wir bei den von uns behandelten Familien häufig, daß die Mutter ihre später magersüchtige Tochter einerseits ängstlich umsorgte, sie aber andererseits in Enttäuschungssituationen als vorzeitig erwachsene (oder sogar «parentifizierte», d. h. in die Elternrolle versetzte) Freundin ins Vertrauen zog und sich mit dieser gegen den vermeintlich oder wirklich «unbeherrschten» Ehemann verbündete.

Allerdings: ob und wie stark Kinder unter elterlichen Delegationsdruck geraten, ob und wieweit sie solchem Druck nachgeben, hängt von vielen Faktoren ab. So können selbst in einer stark bindenden Familie einzelne Kinder eine Nische entdekken, die ihnen eine vergleichsweise unbeschwerte (das heißt, durch elterliche Erwartungen und Aufträge unbelastete) Entwicklung gestattet, so daß sich ihnen zu einem späteren Zeitpunkt doch noch die Möglichkeit bietet, die Anerkennung der Eltern zu finden. Solchen Kindern gelingt es, sich leichter aus der Familienbindung zu lösen und ihre «Rundum-Individuation» voranzutreiben als anderen, die sich für bindende Delegationen eher anboten und/oder dafür als besonders geeignet und empfänglich erachtet wurden.

Die Eltern der Magersüchtigen waren häufig unter ihren Geschwistern diejenigen, die am ehesten bereit waren, die Aufträge der Eltern zu erfüllen, und die folglich am stärksten durch deren Erwartungen und Wertvorstellungen geprägt wurden. Sie sind unter ihren Geschwistern diejenigen, die sich um die älter und gebrechlicher werdenden Eltern am meisten kümmern, diese am bereitwilligsten zu sich ins Haus nehmen und die das Familien-Credo der Opferbereitschaft, der Selbstkontrolle, des Zusammenhalts der Familie und der Gleichbehandlung aller Mitglieder am stärksten verinnerlicht haben. Eine Erfahrung, die wir immer wieder machen, ist: gerade diejenigen versorgen später häufiger ihre Eltern im Alter, die sich als Kind – verglichen mit Geschwistern – zu kurz gekommen fühlten. Solche Bindung an die eigenen Eltern macht auch ein Faktum verständlicher, das uns in unserer klinischen Arbeit immer wieder auffällt: diese Menschen heiraten relativ spät und suchen sich meist einen bestimmten Typus von Partner aus.

Denn in dem Maße, in dem sie sich ihr Familien-Credo zu eigen gemacht haben, vor allem daß man sich nicht gehenlassen darf, daß man sich beherrschen und überhaupt Leidenschaften zügeln muß, ist auch zu erwarten, daß sie früher oder später von romantisch beflügelten, das heißt ungestüm auftretenden, unkonventionellen und sexuell begehrlichen Partnern abgestoßen, enttäuscht sein werden. Mit anderen Worten, sie machen mit solchen ungebundenen Partnern schlechte Erfahrungen, erleben sie als unsolide, unverläßlich, haltlos. Typischerweise entscheiden sie sich (häufig recht spät) nach solchen schlechten Erfahrungen schließlich für jemanden, der Ordentlichkeit, Verläßlichkeit und soziale Sicherheit garantiert. Das heißt, in einer Mischung aus Resignation und Erleichterung entscheiden sie sich häufig für eine Vernunftehe. Da sind Fürsorge, Verständnis und Harmonie wichtiger als Liebesleidenschaften. Eros hat da gegen Agape kaum eine Chance: Das heißt aber nun nicht, daß die Eltern Magersüchtiger keine befriedigenden sexuellen Beziehungen zueinander hätten. Für die Partner ist es jedoch oft wichtiger, gute Eltern ihrer Kinder und gute Kinder ihrer Eltern als für einander gute Liebhaber zu sein. Sie nehmen also ihre Elternpflichten besonders ernst. Und wir finden bei ihnen eher traditionelle Rollenverteilungen: die Mutter ist zuständig für den Haushalt und die tägliche Betreuung der Kinder, der Vater für das Einkommen und für die soziale Respektabilität und Sicherheit der Familie als Ganzes.

Wegen des Verzichts auf starke Leidenschaften, der genannten Bindungskräfte und der beschriebenen eher traditionellen Rollenverteilung erweisen sich solche Ehen auch bei unterschwelligen Spannungen häufig als dauerhafter als viele «modernere» Paarbeziehungen, in denen es mehr offene Konflikte, mehr Erschütterungen, mehr Aufs und Abs und auch mehr Trennungen gibt. In der Tat fällt uns und anderen Forschern immer wieder auf, wie stabil die Ehen der Eltern Magersüchtiger sind, was allerdings für die Ehepaare mit einem bulimischen Kind weniger zu gelten scheint (Minuchin et al., 1978).

Aber mit dieser Ehe-Stabilität in Magersuchtsfamilien verbinden sich häufig gewisse Einschränkungen. Diesen Ehepartnern fällt es meist schwer, mit den unvermeidlichen Entwicklungsanforderungen zurechtzukommen. Auch dafür ist ein entscheidender Grund in den beschriebenen Einstellungen und Mustern zu suchen. Um in einer so schnell sich wandelnden Zeit wie der unseren entwicklungsfähig zu bleiben, müssen Eheleute sich immer wieder voneinander abgrenzen, müssen sie Konflikte austragen, müssen sie Disharmonie und Ambivalenzspannung aushalten und dennoch immer wieder einen konstruktiven Dialog führen können. Doch gerade das wird enorm erschwert oder muß scheitern, wenn als Hauptregel des Umgangs miteinander gilt: Man darf sich nicht gehenlassen, man muß stets Harmonie wahren, man muß Konventionen beachten, und man muß unter allen Umständen zusammenhalten.

Das Bild einer gebundenen Familie: Eine Zwischenbilanz

Nachdem wir uns zunächst den Großeltern, dann den Eltern der Magersüchtigen zugewendet haben, wollen wir nun die Magersüchtige selbst innerhalb ihrer Familie betrachten. Wir möchten jedoch vorher einen Augenblick verweilen, um einige Merkmale dieses Familientypus festzuhalten.

Wir beginnen mit dem auffälligsten Merkmal – ihrer charakteristischen starken (interfamiliär wie transgenerational zur Wirkung kommenden) *Bindung*. Diese Bindung offenbart sich in nahezu allen Prozessen und Strukturen einer solchen Familie. Innerhalb der Familie zeigt sie sich in Tendenzen zur Verschmelzung, zum Abbau, zur Verwischung der Grenzen zwischen den Individuen und Generationen, zum sensiblen Einstimmen auf die Gedanken- und Gefühlswelt der anderen. Nach außen bedeutet solche Bindung dagegen Abschottung gegen die von der Außenwelt drohenden Impulse, Informationen, Anregungen, die die Bindung und Stabilität der Familie gefährden könnten. Mit anderen Worten: diese Familien verschließen sich Impulsen, die eine Ko-Individuation und Ko-Evolution in Gang setzen könnten.

Eine solche Familie gleicht einem Haus, in dem alle Zimmer miteinander verbunden sind und alle Türen offenstehen. Dies ist häufig auch wortwörtlich wahr: Jedes Familienmitglied kann jederzeit unangemeldet in das Zimmer – den privaten Raum – jedes anderen eindringen. Selbst das elterliche Schlafzimmer steht oft weit offen und läßt sich nicht abschließen.

Salvador Minuchin, ein Pionier der Beobachtung und Therapie von Magersuchtsfamilien, beschrieb als erster wesentliche Merkmale solchen Bindens und Gebundenseins, die sich im Familieninterview beobachten lassen. Er bezeichnete als hervorstechende Strukturmerkmale dieser Familien Verstrikkung (enmeshment) – worunter er vor allem die Tendenz zur Verwischung der innerfamiliären und Generationsgrenzen versteht –, Überfürsorglichkeit (overprotectiveness), Starrheit (rigidity) und Konfliktvermeidung (conflict avoidance). Er und seine Mitarbeiter wiesen auch schon früh auf die «nicht geschlossenen Türen» hin (Aponte & Hoffman 1973).

Eine Familientypologie, die ebenfalls wesentliche Merkmale von Magersuchtsfamilien zu erfassen erlaubt, lieferte R. Beavers (Beavers 1977, 1982; Beavers & Voeller 1983). Er entwarf diese Typologie nach dem Gesichtspunkt der jeweils gezeigten Kompetenz, Entwicklungsfähigkeit und Entwicklungsrichtung. Gemäß dieser Typologie fallen die Familien Magersüchtiger in den Bereich der mittel- bis schwergestörten *zentripetalen Familien.* Beavers übernahm das Konzept der zentripetalen Familie von Stierlin (Stierlin et al. 1973), der später zentripetale

Familien als Bindungsfamilien bezeichnete. Wir sprechen daher in diesem Buch von *Bindungsfamilien*.

Nach Kelsey-Smith und Beavers (1981) weisen zentripetale Familien die folgenden Merkmale auf:

a) Starre familiäre Außengrenzen.

b) Autonomie und Trennungsbestrebungen sind eingeschränkt, dem Zusammenhalt wird hohe Bedeutung beigemessen.

c) Die Mitglieder richten ihre Wünsche nach Befriedigung emotional hochbesetzter Bedürfnisse auf die Familie, die Außenwelt wird als bedrohlich erlebt.

d) Konflikte werden vermieden.

e) Die elterliche Koalition ist im Ganzen effektiv. Die Eltern haben Beziehungen nach dem Muster von Dominanz / Unterwerfung.

f) Worte haben einen hohen Stellenwert.

g) Die Familien kommen zur Therapie, neigen aber dazu, die Probleme an die Therapeuten abzugeben.

Bis auf die Aussagen zur elterlichen Koalition und zur hohen Bewertung von Worten scheinen alle genannten Merkmale auf viele Magersuchtsfamilien zuzutreffen.

Diese Merkmale lassen sich zum einen als Folge und / oder als Ausdruck des bereits bei den Herkunftsfamilien und bei den Eltern beobachtbaren Familien-Credos und der sich davon herleitenden Beziehungsmuster verstehen. Sie lassen sich aber auch als Momente in einem bindenden Beziehungsszenarium begreifen, die sich gegenseitig bedingen. So läßt sich etwa Überfürsorglichkeit sowohl als Ausdruck wie auch als Folge einer starken Bindung verstehen. Man kann sagen: sie erwächst aus Bindung und schafft noch mehr Bindung. Das wiederum bedeutet, daß einzelne Mitglieder und Untersysteme innerhalb der Familie – insbesondere die Untersysteme der verschiedenen Generationen – sich immer weniger klar voneinander abgrenzen, vielmehr Verschmelzungstendenzen zeigen. Dem entspricht das allseitige Harmonisierungsbestreben und damit das Vermeiden und Verpönen von Konflikten. In dem Maße jedoch, in dem Konflikte und Gegensätze nicht offen benannt und ausgetragen werden können, werden aufgestaute Aggressionen hinter der nach außen gezeigten Friedfertigkeit verstärkt rumoren. Sie laufen, wie es Petra Landmann formulierte, «hintenherum». Dagegen bedarf es familienweiter Reaktionsbildungen, das heißt, es kommt zu noch mehr forcierten Harmonisierungsbestrebungen und zu noch mehr Überfürsorglichkeit. Das bedeutet aber auch: das System «Bindungsfamilie» muß sich noch stärker gegen jede drohende Veränderung (genauer: gegen jede Information, die eine Veränderung in Gang setzen könnte) abschotten. Also noch festeres Zusammenhalten, noch mehr Bindung, noch mehr Verstrickung, noch mehr Beharren etc.

Diesen Familien fehlt – auch das hat Minuchin als erster beschrieben – eine klare Hierarchie, eine gültige Führungsstruktur – trotz und wegen ihrer bereits beschriebenen Stabilität und der eher traditionellen elterlichen Rollenkomplementarität. So zeigt sich in Krisensituationen, und das heißt vor allem in Zeiten fälliger Veränderungen, ein Führungsvakuum. Die Eltern paralysieren und sabotieren sich gegenseitig insbesondere dort, wo es um die Erziehung der Kinder geht. Sobald etwa ein Elternteil irgendwelche Forderungen an ein Kind stellt, bietet sich der andere Elternteil direkt oder indirekt zu dessen Verteidigung an. Er wirft dem anderen vor, sich ungebührlich streng oder unfair zu verhalten, bezeichnet das Kind als krank, als unfähig, mit der Forderung fertig zu werden, beginnt zu weinen (Minuchin et al. 1978, Selvini Palazzoli 1978). Typischerweise sieht – wie bei den Landmanns – ein Elternteil das Kind eher als schwach oder krank, der andere als unfolgsam oder ungenügend motiviert. Diese Gegensätze können dazu führen, daß die sonst immer gezeigte und beschworene Familienharmonie auf der Strecke bleibt.

Sind Machtverhältnisse undurchsichtig und fehlen klare Führungsstrukturen, besteht die Gefahr, daß um so mehr im Familienuntergrund um Macht gekämpft wird – mit dem Resultat, daß das Führungsvakuum noch zunimmt.

Auch solche Untergrundkämpfe unterliegen Regeln, und diese leiten sich aus dem Kodex der genannten Familienwerte und -regeln ab. Das familienweite «Gebot der Selbstlosigkeit» führt unweigerlich zu einem Wettstreit darum, wer mehr gibt, mehr opfert, sich besser kontrollieren kann, besser die eigenen Bedürfnisse zu unterdrücken vermag. Innerhalb eines solchen Tugendturniers wird Streben nach Autonomie und Selbstverwirklichung als Egoismus gebrandmarkt und in einem sich reziprok verstärkenden Prozeß blockiert. Derjenige, der ein wenig mehr als die anderen nimmt, der vielleicht etwas mehr genießen kann, wird als jemand hingestellt, der sich gehenläßt, es sich bequem macht. Dagegen ist Entsagung der Weg, um in der Familie Prestige und Einfluß zu gewinnen.

Macht gewinnt unter diesen Umständen derjenige, der am meisten gibt, der sich am meisten aufopfert, der eigene Bedürfnisse am meisten zurückstellt. Es ist die Macht, die es dem (in seinen eigenen und anderen Augen) moralisch Überlegenen gestattet, den Hebel der Schuldauslösung am effektivsten bedienen zu können. Somit ist die Bahn frei für einen Wettkampf der Märtyrer oder für ein Opferspiel, dessen Wirken in Magersuchtsfamilien vor allem Mara Selvini Palazzoli (1978) und die anderen Mailänder beschrieben haben.

Allerdings: wo Verbundenheit, Loyalität, Zusammenhalt, Opferbereitschaft so sehr verklärt, propagiert und auch praktiziert werden wie in diesen Familien, müssen auch die Gegenwerte, nämlich Nicht-Verbundenheit, Ausbrechenwollen, Verrat und Egoismus immer als lockende und zutiefst gefürchtete Möglichkeiten präsent sein. Ebenso wie das Opferspiel sind im Bewußtsein dieser Familien Verrat und Ausbruch als existentielle Tatbestände stets gegenwärtig.

Das zeigt sich in einem Bereich, dem Familientherapeuten schon früh Aufmerksamkeit geschenkt haben: bei den Koalitionsbildungen innerhalb der Familie. Auch in klinisch unauffälligen, sich (mehr oder weniger) funktional entwickelnden Familien ist zu erwarten, daß sich einzelne Mitglieder oder Untersysteme enger zusammenschließen. Das gilt etwa für Geschwister, die besonders voneinander angezogen sind, die gemeinsame Interessen und Freunde haben. Das gilt für ein Kind, das bei Mutter, Vater oder Großmutter «einen Stein im Brett» hat. Es ist eine Ermessensfrage, ob man hier von besonderen Affinitäten oder schon von Allianzen/Koalitionen oder von Bündnissen sprechen soll. Von problematischen oder gar pathologischen Koalitionen läßt sich erst dann sprechen, wenn diese zu unüberbrückbaren Spaltungen innerhalb der Familie führen oder sonstwie die fällige familienweite Ko-Individuation und Ko-Evolution behindern. Das ist besonders oft dann der Fall, wenn ein Kind sich mit einem Erwachsenen *gegen* einen anderen Erwachsenen, also gegen einen Eltern- oder Großelternteil verbündet und wenn – was erschwerend wirken würde – dieses Bündnis verdeckt bleibt (Haley 1967; Minuchin und Fishman 1981).

Die beschriebenen Strukturen von Magersuchtsfamilien verbieten bevorzugte Beziehungen. Die wären ja ein Beweis dafür, daß nicht alle von allen gleich behandelt und gleich geliebt werden. Und dennoch gibt es auch in diesen Familien, wie in allen anderen Familien, besondere Affinitäten zwischen einzelnen Mitgliedern, und gibt es damit Abgrenzungen, Vorlieben und Benachteiligungen. Diese müssen aber ebenfalls in den Familienuntergrund gehen, müssen verdeckt bleiben. Und natürlich bedeuten solche Untergrundbündnisse – sowohl in den Augen der Bündnispartner als auch der Ausgeschlossenen – sofort Verrat, Hintergangenwerden, Mißachtung des Familien-Credos.

Noch ein Aspekt dieser Familien wird sich in der Folge als bedeutungsvoll erweisen: nämlich die Tatsache, daß das beschriebene Familien-Credo, welches Geben, Opferbereitschaft und Selbstlosigkeit fordert und verklärt, sich im Laufe der Generationen in einzelnen Mitgliedern offenbar verstärkt oder akzentuiert. Das gilt besonders für die Familien der Mütter. In mehreren uns genauer bekannten Familien zeigte sich schon die Urgroßmutter besonders selbstlos und aufopfernd. Die Großmutter ging dann einen Schritt weiter und wurde zur allzeit helfenden stillen Dulderin. Die Mutter wiederum folgte den Spuren ihrer Mutter: Sie gönnte sich noch weniger, war noch bereiter zum Geben, noch selbstaufopfernder. Die magersüchtige Tochter schließlich scheint das Familien-Credo rigoros auf die Spitze zu treiben, damit aber auch ad absurdum zu führen: Einerseits gönnt sie sich praktisch nichts, kasteit und quält sich durch ihr radikales und konsequentes Hungern noch mehr als alle ihre Vorgängerinnen. Andererseits zeigt sie sich unermüdlich um das seelische und vor allem körperliche Wohlergehen der anderen Angehörigen besorgt und übernimmt für diese Mitglieder sehr häufig mit größter Gewissenhaftigkeit gerade die Nahrungsbeschaffung und das Kochen. Michael White (1983) hat diese «kumulative Mehrgenerationen-Dynamik» herausgestellt, die in Deutschland schon früh ähnlich von Ekkard Sperling und Almuth Massing (1970, 1972) beobachtet und beschrieben wurde.

Derjenige, der sich ständig aufopfert, der ständig mehr gibt als er bekommt, erwirbt damit auch – darauf hat insbesondere Ivan Boszormenyi-Nagy (Boszormenyi-Nagy und Spark, 1973) hingewiesen – einen Anspruch auf Rückerstattung, einen Anspruch, der am ehesten von den Mitgliedern der Folgegeneration, also von den eigenen Kindern eingelöst werden kann. «Durch die Blume» der ständig bewiesenen Opferbereitschaft vermittelt eine Mutter ihrem Kinde: Ich habe meiner Mutter, meinen Eltern so viel gegeben, nun ist es an dir, mir dies zurückzuzahlen. Und je mehr das Kind solche Verpflichtungen erlebt, um so mehr wird es diesem (großenteils verdeckt vermittelten) Anspruch selbst zu genügen versuchen. Auch das muß zu Dilemmata führen, die sich in ihrer ganzen Dramatik erst offenbaren, wenn die Familie mit der Magersucht eines Kindes konfrontiert ist.

Die Kindheit der später magersüchtigen Mädchen

Über die Nützlichkeit des folgenden Abschnitts konnten wir uns nicht einigen. Der eine von uns (G. W.), der sich zunehmend damit angefreundet hat, daß alle Wirklichkeiten erfundene sind, nimmt gegenüber Spekulation darüber, wie es in der Vergangenheit «wirklich» war, gegenüber Versuchen, *die* Vergangenheit zu rekonstruieren, und gegenüber Mutmaßungen über mögliche Verknüpfungen von bestimmten zurückliegenden Geschehnissen und Erlebnissen mit später gezeigten Symptomen eine dezidiert skeptische Haltung ein. Er ist überzeugt, daß beim Verfassen und Lesen von Romanen solche Beschreibungen sehr anregend sind. Wenn es um Leiden und um Therapie geht, erscheint ihm die Gefahr zu groß, daß man indirekt – auch wenn unbeabsichtigt – nahelegt, es gäbe hier geradlinige Ursache-Wirkungs-Ketten. Zu groß erscheint ihm auch die Gefahr, dabei in alte Gewohnheiten zurückzufallen und einseitig auf solche Hinweise zu achten, die anzeigen, daß damals doch etwas nicht in Ordnung war. (Cave! Mögliche Pathologieorientierung!) Dieser warnt die Leser und fordert besonders die Betroffenen und ihre Familien (vor allem die Mütter) auf, darauf zu achten, wie sie sich nach dem Lesen dieses Abschnitts fühlen und zu welcher Sicht sie sich eingeladen empfinden. Die Erklärungen von Experten erweisen sich oft als nicht nützlicher als die Erklärungen, die Laien sich geben.

Der andere von uns (H. S.) hält es für legitim und auch für nützlich, den Lesern/Leserinnen die folgenden Erwägungen dennoch mitzuteilen. Als Verfechter der bezogenen Individuation baut er auf die Kritikfähigkeit und Autonomie der Leser/innen, die, so meint er, mit dem Gelesenen sowieso nur das machen, was *sie* wollen.

Hier nun die Retrospektive:
Im Rückblick zeigt sich uns das Kind, das später einmal magersüchtig wird, häufig besonders elterngebunden. Versuchen wir jedoch, aus den Schilderungen des Mädchens selbst, aus denen seiner Geschwister, Eltern und Großeltern, seine Kindheit genauer zu rekonstruieren, kompliziert sich das Bild: Schon die Zeit um die Geburt war für die Eltern oft streßvoll. Bereits während der Schwangerschaft zeigte sich die Mutter ängstlich. Und diese Ängstlichkeit hatte, wie wir sahen, ihre Gründe: die Erinnerung an plötzliche Todesfälle und Verluste, an Katastrophen infolge vermeintlicher Unachtsamkeit oder Nachlässigkeit. Auch in der Familie Landmann gab es einen solchen Verlust: Gabi, das Siebenmonatskind, wurde wegen einer Erkrankung der Mutter zu früh geboren und starb an

Juttas erstem Geburtstag. Es ist typisch, daß über diesen Tod nicht gesprochen, die Angst, Erschütterung und Trauer, die die Eltern, besonders die Mutter, erlebten, nicht gemeinsam getragen werden konnten und gerade dadurch im Erleben der Familie präsent blieben.

So mobilisiert verständlicherweise das neue Kind die Angst der Mutter, es könne wieder etwas Schlimmes passieren, wenn sie als Mutter nicht genügend aufpaßt. Dementsprechend erlebt sie das Kind als eine Herausforderung, sich als Mutter zu bewähren, sich ihm gegenüber als besonders gebend, schützend, liebend zu erweisen. So erscheint sie vor allem (vor allen?) um dieses Kind bemüht und besorgt, ja sie scheint es – soweit dies mit dem familiären Gleichheitsideal überhaupt in Einklang zu bringen ist – besonders zu lieben. Aber dieser Eindruck trügt. Bei genauerer Betrachtung entdeckt man, daß sie diesem Mädchen gegenüber häufig von Anfang an eine ungewöhnlich starke Ambivalenz verspürt hat. Diese verpuppt sich in eine ängstlich gefärbte Überfürsorglichkeit und Betulichkeit, in das Bemühen, das Kind zu verwöhnen, zu beschützen und ausreichend zu ernähren. Es gilt: «Ich zeige dir meine Liebe, indem ich dir gut zu essen gebe, und du beweist mir deine, indem du gut ißt und dich als braves Kind zeigst.»

Nicht selten bestand ein Bubenwunsch, der – obschon nicht offen ausgesprochen und schon gar nicht im Familienkreise diskutiert – durch die Geburt eines Mädchens bitter enttäuscht wurde. Und noch eine weitere Enttäuschung bahnte sich früh an: Der (ambivalente) Wunsch der Mutter, endlich einmal nicht die ständig Gebende sein zu müssen, sondern endlich ihrerseits etwas zu bekommen, wird ebenfalls enttäuscht: Sie findet sich wieder einmal zusätzlich belastet.

Diese Enttäuschung darf sie sich jedoch nicht eingestehen. Das würde zu sehr ihren Normen widersprechen. Sie muß sie abspalten, verleugnen, kann aber nicht verhindern, daß die Enttäuschung sich in ihrem Verhalten doch ausdrückt. Vielmehr teilt sie in ihrem Verhalten Ausstoßungswünsche mit. Averbal läßt sie erkennen: Es wäre mir viel wohler, wenn ich das Kind nicht hätte oder zumindest, wenn das Kind nicht eine solche Last wäre. Dem Kinde selbst aber entgehen solche Wünsche nicht – es sind unausgesprochene Verwünschungen. Je sensibler das Kind auf seine Mutter eingestimmt ist, um so mehr wird es auch deren Ambivalenz registrieren, wird es sich fragen, ob es wirklich ohne Wenn und Aber, nur um seiner selbst willen, geliebt und hochgeschätzt wird. Diese Frage wird das Kind nicht mehr loslassen, sie wird sich aber wohl nie eindeutig beantworten lassen. Denn eine klare Aussage könnte bedeuten, die (an sich verständliche) Ambivalenz, die Ausstoßungswünsche seiner Mutter hinnehmen zu müssen. Das Kind müßte erkennen, daß es in seiner Sicht der Dinge nicht wirklich geliebt wird. So hat auch das Kind, ebenso wie die Mutter, ein Interesse daran, die Antwort im Unklaren zu lassen. Solange jedoch diese existentielle Frage nicht klar gestellt und beantwortet werden kann, ist der Boden für ein Drama bereitet, das sich erst später – beim Auftreten der Magersucht – in all seiner Macht entfaltet und dem Blick eröffnet.

Wir erkennen: Der Bindung, der wir in Magersuchtsfamilien begegnen, sind fast immer massive Ambivalenz, Ausstoßungs- und Ausbruchswünsche und, damit einhergehend, Angst- und Schuldgefühle beigemischt. Aber während die Mutter *ihre* Ambivalenz- und Ausstoßungswünsche zu meistern sucht, indem sie sich besonders gebend, liebend und beschützend zeigt, versucht das Mädchen, mit *seiner* Ambivalenz, seinen Besorgnissen und seinen inneren Zweifeln fertig zu werden, indem es sich als Musterkind an die (offen gezeigten) Erwartungen der Eltern anpaßt. Und das scheint häufig zu gelingen: Über eine solche Patientin hören wir immer wieder, sie sei als Kind besonders brav gewesen, habe durch sportliche und schulische Leistungen geglänzt und – oft im Gegensatz zu den «problematischeren» Geschwistern – keinen Anlaß zur Klage gegeben. Auch Petra Landmann, so hörten wir, sei unkompliziert, lieb und etwas pummelig gewesen. So zeigt die Tochter eine Verleugnungsarbeit und Reaktionsbildung, die zu derjenigen der Mutter komplementär ist. Allerdings: Im Untergrund der sich häufig problemlos, ja vorbildlich zeigenden Mutter-Tochter-Beziehung existieren – davon dürfen wir ausgehen – intensive

Spannungen und Rivalitäten. (Ende des unterschiedlich eingeschätzten Abschnitts.)

Die Geschwisterbeziehung

Das später anorektische Mädchen ist – das zeigen eigene wie fremde Beobachtungen – nicht selten ein Einzelkind. Häufiger hat es aber eine ihm im Alter nahestehende Schwester. In mehreren uns bekannten Fällen ist diese Schwester ein Zwilling. Wir wissen heute, insbesondere durch die Untersuchungen von Walter Toman (1965), daß die Position eines Kindes in der Geschwisterreihe Auswirkungen auf dessen Motivations- und Ablösungsdynamik sowie dessen spätere Beziehungen hat. In Magersuchtsfamilien verschränken sich diese Auswirkungen mit solchen, die sich von dem Familien-Credo und von der damit sich verbindenden Bindungs- und (latenten) Ausstoßungsdynamik herleiten.

Ist die später Magersüchtige ein Einzelkind, so steht zu erwarten, daß sich die beschriebenen unterschwelligen Ambivalenzen und Spannungen in der Mutter-Tochter-Beziehung intensivieren. Die Mutter hat ja nur dieses eine Kind, an dem sie sich als gebende und schützende Elternpersönlichkeit bewähren kann, aber auch nur dieses eine, von dem sie (verdeckt) Rückerstattung ihres für die eigene Mutter und eigene Familie geleisteten Einsatzes erwarten kann. Und sie hat nur dieses eine, das sich für eine nahe, vertrauensvolle Beziehung anbietet, eine Beziehung, die meist bald viel enger wird als die zu dem (nun mehr und mehr isolierten) Vater.

Hat die später Magersüchtige eine Schwester in annähernd gleichem Alter, so ist zu erwarten, daß sich auch zu dieser ein besonders spannungsgeladenes, ambivalentes Verhältnis entwickelt – im Sinne einer starken Zuneigung wie auch einer starken Rivalität. Da das Familien-Credo Harmonie verlangt und Neid und Mißgunst verbietet, wird zwar versucht, die Beziehung zur Schwester als harmonisch, freundschaftlich, problemlos zu definieren. Dabei entwickelt sich jedoch (neben der intensiven Zuneigung) eine intensive Rivalität, wie sie auch für die Beziehung der Schwestern Landmann charakteristisch ist. Typischerweise besteht eine starke Geschwisterrivalität schon über mehrere Generationen hinweg. Auch in den vorangegangenen Generationen dürfte sie wesentlich dadurch angestachelt worden sein, daß sich ein Geschwisterteil von den Eltern ungerecht behandelt, nämlich benachteiligt fühlte. Dies scheint besonders häufig für die Familien der Mütter zu gelten. Von mehreren Müttern unserer Patientinnen hörten wir Äußerungen wie: «Alles, was mir versagt blieb, wurde ihr [der Schwester] nachgeworfen. Sie hat sich alles geholt.» Andere Mütter betonten die Gleichbehandlung in ihrer Familie, ohne jedoch die untergründige, gegen die Geschwister gerichtete rivalisierende Aggressivität verleugnen zu können. Dabei stellten wir häufig fest, daß das später magersüchtige Mädchen mit der vorgezogenen Schwester der Mutter identifiziert wurde: «Sie könnte die Tochter meiner Schwester sein.» Oder: «Sie versteht sich besonders gut mit meiner Schwester.»

Insgesamt scheint die später Magersüchtige ständig mit der Frage beschäftigt, ob ihre Schwester, die (zumindest in den Augen der Patientin) weniger tat und tut, die sich weniger anstrengen mußte, nicht doch mehr geliebt und geschätzt wurde und wird als sie selbst. Hier geht es um die Frage der gleichen und gerechten Behandlung, aber auch um die Möglichkeit von Betrug und Verrat.

Der Beginn der Symptomatik

Der Beginn der Magersucht fällt meist in die Zeit der Pubertät. Warum gerade in dieser Entwicklungsphase? Eine erste Antwort darauf lautet: Weil gerade diese Phase einschneidende Änderungen bringt und verlangt und weil es gerade diesen Mädchen und ihren Familien schwerfällt, solche Veränderungen in einer Weise zu bewältigen, die bezogene Individuation ermöglicht.

Was sich am sichtbarsten verändert, ist der Körper der Pubertierenden: Er scheint unaufhaltsam zu wachsen, weibliche Rundungen bilden sich aus, die Monatsblutung stellt sich ein.

Diese Mädchen sind darauf (zumindest emotional) nur selten vorbereitet. Aber mit dem Körperwachstum, mit dem veränderten Körperbild, mit der Ausbildung der sekundären Geschlechtsmerkmale, mit der Umgestaltung von Hormonhaushalt und Stoffwechsel erwachen neue Gefühle. Auch intellektuell kommt es zu enormen Entwicklungsschritten. Das Mädchen gewinnt neue Reflexionsmöglichkeiten, gewinnt das, was Piaget (1950) die Fähigkeit zu reversiblen Operationen genannt hat. Allerdings: Die solcherart ermöglichte und im Verlauf der Pubertät noch aktivierte Reflektivität führt nicht notwendigerweise zu größerer Klarheit über das, was man will, was man tun darf oder sollte. Trotz und wegen ihrer intensiven Beschäftigung mit sich selbst bietet die Pubertierende nur allzu häufig ein Bild extremer Ambivalenz, Orientierungslosigkeit und Widersprüchlichkeit. Dazu gibt es inzwischen eine kaum mehr übersehbare Literatur (z. B. Blos 1962, Lorand & Schneer 1962, Caplan & Lebovici 1969).

Aber der Körper und die emotionale und geistige Innenwelt bilden nur die eine «Front», an der die Jugendliche mit Veränderungen zu kämpfen hat. Die andere Front, die natürlich eng mit der ersten verbunden ist, sind ihre Beziehungen: die zu den Eltern und der eigenen Familie wie auch die zu den Gleichaltrigen, den «peers».

Wir möchten mit der Beziehung zu den Gleichaltrigen beginnen, um uns von dorther wieder der Eltern- und Familienbeziehung zuzuwenden. Gerade im Hinblick auf die fällige Individuation läßt sich die Bedeutung dieser Beziehung zu Gleichaltrigen kaum überschätzen. Die Gleichaltrigen bilden ein zwischenmenschliches Lern- und Experimentierfeld: Man lernt (im günstigen Falle), sich zu streiten und wieder zu vertragen, Solidarität zu erfahren und sich doch abzugrenzen. Man lernt in den Beziehungen zu Gleichaltrigen, sich mit den Augen der anderen zu sehen, sich ihrer Kritik zu stellen und dabei doch ein Gefühl der eigenen Identität, des eigenen Wertes auszubilden und zu bewahren. Man lernt auch, besonders wenn es um sexuelle Erfahrungen geht, Nähe und Distanz zu regulieren, den Forderungen der Situation und den eigenen

Wünschen entsprechend ja oder nein zu sagen, die Spannung der Ambivalenz zu ertragen.

In solchen Prozessen bahnt sich dann auch die Ablösung vom Elternhause an. Die Loyalitäten zur eigenen Familie lokkern sich, solche zu Freunden und Partnern außerhalb der Familie bilden sich neu, verstärken sich. Man wird für neue Werte, neue Zielsetzungen, neue Informationen empfänglich, die nunmehr zu einer Auseinandersetzung mit dem Familien-Credo oder, wie wir es beschrieben haben, zu einer Individuation *gegen* die Eltern herausfordern (Stierlin 1983). In der Begegnung mit den Gleichaltrigen erlebt die Jugendliche den stärksten Anreiz zu ihrer Individuation.

Solche während der Pubertät sich anbahnenden Veränderungen müssen nun gerade in den Familien Magersüchtiger massivste Ängste sowie angestrengteste Stabilisierungsversuche hervorrufen. Je mehr die Mitglieder einer solchen Familie deren Credo verinnerlicht haben, je stärker sie dadurch aneinander gebunden sind, um so mehr werden sie eine Krise erleben und versucht sein, die Familie zu einer Wagenburg zu machen, die angesichts all der Veränderungen anregenden Kräfte und Informationen Schutz verheißt.

Es ist vorauszusehen, daß eine solche Wagenburg wenig nützt, ja daß sie, indem sie fällige Veränderungen verhindert, die Krise verschärft und die Lösung der anstehenden Probleme erschwert. Es ist aber noch nicht ohne weiteres verständlich, warum die vorauszusehende Krise sich im Szenarium einer Magersucht entwickelt. Um das besser verstehen zu können, betrachten wir jetzt einige weitere Aspekte der Situation des betroffenen Mädchens und seiner Familie etwas näher.

Warum gerade magersüchtiges Verhalten?

Wir beginnen wieder bei den Beziehungen zu Gleichaltrigen: Früher oder später bekommt das scheue und unbeholfen wirkende Mädchen von diesen etwa zu hören: «Dein Popo ist ja ganz schön dick. Du könntest auch mal abspecken.» Oder es hört, wie man die Schlankheit und das sportliche Aussehen einer Mitschülerin im Kreise ihrer Klassenkameraden hervorhebt. Solche Erlebnisse bringen das Mädchen zu dem Entschluß, konsequent und eventuell gemeinsam mit Freundinnen abzunehmen – sei es durch planmäßige Einschränkung der Nahrung, sei es durch verstärkte, Kalorien verbrauchende sportliche Betätigungen, sei es (das ist der häufigste Fall) durch eine Kombination von beidem.

Bis dahin unterscheidet sie sich kaum von vielen gleichaltrigen Mädchen, die – ebenfalls meist im Kontext ihrer Beziehungen zu Freunden und Rivalen – mit der Schlankheitsideologie der Gesellschaft konfrontiert werden. Der Unterschied besteht lediglich darin, daß die anderen den Entschluß zum Abmagern weniger konsequent und weniger radikal in die Tat umsetzen als sie.

Die Motive für solche Konsequenz und Radikalität sind komplex: das vielleicht wichtigste ist, daß sie, die bisher als das angepaßte Musterkind dastand, plötzlich eine Möglichkeit entdeckt hat, Autonomie zu erleben und diese sich und anderen zu beweisen. Sie tut dies, indem sie sich quer zu den Familienwerten stellt, die körperliches Umsorgen und reichliches Geben von Nahrung als die Währung der Liebe ausweisen. Indem das Mädchen seine Nahrung einschränkt und hungert, verweigert es diese Währung, stellt es einen zentralen Bestandteil des Familien-Credos in Frage, individuiert es sich gegen die Eltern. Es beweist aber nicht nur Autonomie gegenüber seinen Eltern, es beweist sie auch gegenüber seinem Körper. Der Körper mit seinen Versuchungen und Begierden ist nunmehr der Widersacher, den es zu bekämpfen, in Schranken zu halten gilt. Und früher oder später erleben viele dieser Mädchen hierbei in der Tat den Triumph ihres Willens. Wir hören nicht selten von einem Leichtigkeits-, Sieges- und Glücksgefühl, das ähnlich von Menschen beschrieben wird, die erfolgreich gefastet haben. Dieser Triumph im Kampf gegen das Verlangen zu essen hat jedoch seinen Preis. Mit dem Gewichtsverlust kommt es häufig zu Veränderungen im Hormon- und Elektrolythaushalt, die sich wiederum auf Hirnstoffwechsel und Hirntätigkeit auswirken. So erklären sich zumindest Experten wie Hilde Bruch

(1973), daß der Wirklichkeitsbezug dieser Mädchen mit der Zeit leidet oder sich in den Augen anderer als abnorm darstellt. Das zeigt sich etwa darin, daß sie ihr Untergewicht, ihren zum Skelett abgemagerten Körper als normal, gesund, ja ästhetisch schön wahrnehmen und definieren und eine Zunahme um nur ein Pfund als absolut unannehmbar und verabscheuenswert bewerten. Kein Wunder, wenn hier Außenstehende eine Realitätsverkennung psychotischen Ausmaßes registrieren.

Bei näherer Betrachtung zeigt sich, daß der Triumph des Willens niemals gesichert ist. Der Körper mit seinen Bedürfnissen, vor allem mit seinem Bedürfnis nach Nahrung, drängt sich dem Bewußtsein dieser Mädchen doch immer wieder auf. Das bedeutet: das Thema Nahrung beschäftigt, ja verfolgt sie ständig und bestimmt auch weiter einen großen Teil ihres Handelns. Das Handeln kann sich etwa darauf richten, die Eltern und andere Familienangehörige mit sorgfältig ausgewählter Nahrung zu versorgen und zu bekochen, während man selbst darbt. Somit erweist sich das, was auf den ersten Blick als Fortschritt an Individuation und Autonomie imponierte, bei genauerem Hinsehen als ein Verlust von Autonomie und Freiheitsspielraum. Das ist eine der vielen Paradoxien, die uns das Drama der Magersucht vor Augen führt.

Weitere Paradoxien werden erkennbar, wenn wir fragen, wie sich überhaupt fällige Ablösungs- und Individuationsschritte des Mädchens, die ja alle die Gefahr einer Veränderung und Umstrukturierung heraufbeschwören, auf die Familie auswirken. Diese Familie besitzt ja bis zu diesem Zeitpunkt wenig Training, um flexibel auf Veränderungen zu reagieren. Sie ist auf das Drama der Trennung und Umstrukturierung, das mit dem Erwachsenwerden der Kinder eingeleitet wird, nicht vorbereitet. Dazu kommen oft noch andere erschwerende Faktoren: Die Eltern sind noch häufig ihren eigenen Eltern in besonders enger Abhängigkeit verbunden. Diese altern in diesem Zeitraum, werden vielleicht pflegebedürftig und sterben schließlich. Gerade die Mitglieder solcher Familien neigen dazu, die zusätzlichen Pflegeaufgaben pflichtbewußt und bis zur Selbstaufopferung zu übernehmen. In einer Zeit, in der sich die eigenen Kinder abzulösen versuchen, binden sich die Eltern nun noch stärker an *ihre* Eltern und empfinden deren Tod schließlich um so schmerzhafter. Die Eltern sind dann noch mehr auf die Stützung durch ihre Kinder angewiesen – auch wenn sie ihre Wünsche nach Stützung oft nicht offen zu erkennen geben.

Beim Zusammenwirken all dieser Krisenfaktoren gerät eine derartige Familie in einen Alarmzustand: Der Familienzusammenhalt, die Stütze aller und damit die allseitige Sicherheit und Geborgenheit erscheinen aufs höchste bedroht. Zugleich laufen die Eltern Gefahr, ihren Lebensinhalt, nämlich die Fürsorge für ihre Eltern und ihre Kinder, zu verlieren. Sie müssen sich fragen: Können wir noch einmal neue Inhalte und Gemeinsamkeiten als Ehepaar finden? Dasselbe fragen sich die Kinder, die sich ängstlich um die Eltern sorgen und auf deren Not einstimmen. Eine einstmals magersüchtige Patientin erinnert sich deutlich, wie entsetzt und traurig ihr Vater war, als sich in einem gemeinsam angeschauten Fernsehfilm zwei Sechzehnjährige von ihren Eltern trennten. Sie hatte sich damals entschieden, so berichtete sie, ihre Eltern niemals zu verlassen. Die Eltern wiederum beäugen die Freunde und Freundinnen der Kinder prüfend, vor allem die vom anderen Geschlecht: Sie seien für ihre Kinder oft nicht der richtige Umgang oder hätten auf die eine oder andere Weise einen ungünstigen Einfluß auf sie. Auch hierbei stehen die offenen Äußerungen der Eltern – zum Beispiel: «Wir wollen natürlich, daß du mit Gleichaltrigen viel unternimmst, daß du mit ihnen eine gute Zeit hast» – mit ihren verdeckten und averbalen Botschaften im Widerspruch. Die folgenden Beispiele verdeutlichen, wodurch Familien Magersüchtiger, die mit Trennungen und fälligen Umstrukturierungen konfrontiert waren, aus dem Gleichgewicht gerieten:

In einer Familie wurde eine Tochter magersüchtig, als sich ihre ältere Schwester verloben wollte. In einer anderen trat die Magersucht auf, als die Mutter, die bereits einen Sohn durch tragische Umstände verloren hatte, den zweiten geliebten Sohn wegen seines Studiums aus dem Hause lassen mußte, während im gleichen Zeitraum ihre Mutter starb. In einer weiteren Familie erkrankte die Mutter einer magersüchtigen Patientin an Krebs, nachdem deren Mutter und Bruder zwei Jahre vorher an Krebs gestorben waren. In einer anderen plante die Mutter die Trennung von ihrem Mann, nachdem sie über zehn Jahre lang dessen unfallbedingte regressive Abhängigkeit und Hilflosigkeit ertragen und gefördert hatte. In einer Familie hatte die Mutter aufopfernd nahe Verwandte des Mannes, einschließlich dessen Eltern, bis zu deren Tod gepflegt. Beim Sterben der eigenen Mutter drohte sie dann zu dekompensieren. Und von Frau Landmann war zu hören: «An dem Tage, an dem mein Vater starb, zog Jutta nach Köln, da begann Petras Hungern.»

Wir sehen also: um Auslösung und Entwicklung einer Magersucht verständlicher werden zu lassen, bedarf es einer vielschichtigen Beschreibung oder, um bei unserem früher gewählten Bild zu bleiben, unterschiedlicher Einstellungen unseres Teleskopes.

Die Einstellung, der wir uns jetzt zuwenden wollen, bringt uns vor allem einen oft familienweit ausgetragenen Kampf um Macht, um Wichtiggenommenwerden und um Zuwendung ins Blickfeld. Dieser Kampf muß in solchen Familien besondere Formen annehmen: Macht gewinnt hier derjenige, der das Familien-Credo am radikalsten befolgt, der sich also am meisten aufopfert, die eigenen Bedürfnisse am meisten zurückstellt. Das tut die Magersüchtige, indem sie hungert und sich weniger als alle anderen gönnt. Somit ist sie strategisch plaziert, um den Hebel der Schuldauslösung am effektivsten zu bedienen. Und sie kann dies um so wirksamer tun, als sie von sich selbst und wichtigen anderen nicht als Herrin eigener Entschlüsse, sondern als willenloses Opfer eines krankhaften Geschehens gesehen wird. Solche Sicht zu ermöglichen oder zu erzwingen, ist in ihrem Falle vielleicht nicht so einfach wie in Fällen, wo sich auf eine «richtige» Krankheit pochen läßt. Denn am Anfang ihrer «Magersucht» stand ja immer eine eigene Entscheidung, ein Entschluß. Aber, wie schon das Wort Mager*sucht* nahelegt, läßt sich dieses Faktum, nicht zuletzt mit der Hilfe ärztlicher Autoritäten, bald so weit aus dem Familienbewußtsein verdrängen, daß sich das Mädchen in der Wahrnehmung aller Beteiligten eben nicht als eine zum Hungerstreik entschlossene selbstverantwortliche Person, sondern als eine Kranke, eine Süchtige darstellt, die Nachsicht und Verständnis verdient.

Dem außenstehenden Beobachter zeigt sich, daß unterhalb der weiterhin gezeigten familienweiten Harmonie und Fürsorge füreinander massivster Trotz und auch sich gegenseitig aufschaukelnde Wut existieren. Die früher häufig gezeigte Komplementarität schläft ein, und symmetrische Interaktionen nehmen einen immer größeren Raum ein. Mara Selvini Palazzoli (1978) hat einen solchen sich aufschaukelnden Machtkampf auch als «symmetry of sacrificial escalation», als einen symmetrisch eskalierenden Machtkampf um die Position des opferbereitesten Mitgliedes beschrieben.

Dafür gibt es nicht selten einen besonderen Anlaß: das Erleben von Betrogenwerden und «Verrat». Wie seinerzeit die Mutter oder der Vater selbst hatte sich das magersüchtige Mädchen über lange Zeit zurückgesetzt gefühlt und hatte dann durch Ehrgeiz und Leistungsbeweis immer wieder versucht, doch noch die Anerkennung der Eltern, insbesondere aber der Mutter, zu finden. Aus dem Gefühl heraus, nur ambivalent geliebt zu werden, hatte es sich besonders bemüht, den hohen Erwartungen der Eltern zu entsprechen, hatte es sich besonders anhänglich und angepaßt, eben als ein «Musterkind» verhalten. Die Hoffnung aber, dafür schließlich doch den Platz des Lieblings bei dem umworbenen Elternteil einnehmen zu können, wird nun endgültig enttäuscht. So kommt das Mädchen definitiv zu der Überzeugung, daß die Schwester, die sich (in seinen Augen) immer viel weniger anstrengen mußte, die sich gleichsam in seinem Windschatten freier und unbeschwerter entfalten konnte, von den Eltern mehr geliebt und geschätzt wird als die Magersüchtige selbst, das den Eltern nunmehr ständig Sorgen und Irritationen bereitende Problemkind (Boscolo und Cecchin 1981).

So entwickelt sich unter Umständen eine *Rachedynamik*: Die Mädchen sind überzeugt davon, daß all die Opfer, die sie gebracht haben, um den Erwartungen der Eltern zu genügen, umsonst waren. Typischerweise können sie ihren Rachedurst am wirkungsvollsten dadurch befriedigen, daß sie nun durch ihr magersüchtiges Verhalten, durch ihre Symptome ihre Eltern als Versager hinstellen: sie liefern gleichsam den lebenden, für alle sichtbaren Beweis für deren Schlechtigkeit und Versagen als Eltern.

In einem Brief schreibt eine jetzt dreißigjährige, mit ihren Eltern verclinchte Frau: «Ich war mit 18 Jahren hübscher als meine Schwester, hatte ein glänzendes Abitur und war lediglich ärztlich gesehen zu dünn. Es hat mich extrem enttäuscht, als ‹krank› angesehen zu werden, und fast ganz entmutigt halte ich mein Rachebedürfnis wach, da ich es wichtig finde, nicht aufzugeben, ‹gegen› Familie, Medikamente, Ärzte...» Im Teufelskreis solcher Rachedynamik intensiviert das Mädchen noch einmal seine Anstrengungen: Es nimmt sich noch mehr zusammen, leistet noch mehr und schränkt eventuell die Nahrungsaufnahme noch einmal so sehr ein, daß sein Leben ernsthaft bedroht wird. Dabei leitet es die Erkenntnis: «Die Eltern mögen mich durch ihre Fürsorglichkeit noch so sehr unter Druck setzen und zu lenken versuchen, ich selbst komme ihnen darin zuvor, indem ich das Essen verweigere.» Sein ganzer Trotz und seine Frustration heizen den Machtkampf – die symmetrische Eskalation – noch einmal an: «Es geschieht euch ganz recht, daß ich mir nicht helfen lasse!» Oder mit den Worten einer Patientin: «Meine Ratlosigkeit ist nicht so groß wie die meiner Eltern.»

Je länger dieser Machtkampf andauert, je mehr das Opferspiel eskaliert, um so mehr wächst die Macht der Tochter, um so mehr gewöhnt sie sich an diese Macht und um so weniger scheint sie bereit, sie aufzugeben – trotz und wegen all der Leiden, denen sie sich selbst und ihre Familie aussetzt.

In diesem Drama steigert sich nun jener Konflikt auf seinen Höhepunkt, der schon von Anfang an in der Beziehung zwischen Tochter und Mutter angelegt war. Was immer das Hungern der Tochter im einzelnen ausgelöst haben mochte, welche zusätzlichen Motivationen auch immer ins Spiel kamen und kommen, die Tochter thematisiert nun durch ihr Verhalten:

«Ich hungere, ich brauche Nahrung.» Gleichzeitig teilt sie aber durch ihren Hungerstreik und ihr Erbrechen mit: «Das, was ihr mir gebt, nämlich Nahrung, ist nicht das, was ich brauche, wonach ich mich sehne. Ich brauche vielmehr Anerkennung, Liebe um meiner selbst willen, eine nicht an Leistung und Vorleistung gekoppelte Zuwendung und Bestätigung.» Die Eltern sehen jedoch keinen Weg, diese indirekt und widersprüchlich gesendete Botschaft zu entschlüsseln. So reagieren sie auf die Abmagerung, indem sie sich noch intensiver als bisher um die Ernährung und das körperliche Wohl ihres Kindes kümmern. Und darauf reagiert die Tochter, indem sie sich vermehrt weigert, diese Fürsorge anzunehmen.

Oder anders ausgedrückt: Durch ihre schließlich lebensgefährliche Abmagerung bekommt sie zwar die Aufmerksamkeit der ganzen Familie, nach der sie sich vielleicht lange gesehnt hat. Dennoch kann sie dessen nicht froh werden: Sie bekommt zwar mehr Zuwendung und wird in der Familie immer wichtiger, muß sich aber fragen, ob ihr nur das Symptom dies einbringt. Nur durch die Aufgabe des Symptoms könnte sie feststellen, ob sich in der Familie etwas geändert hat und ob ihr die vermehrte Zuwendung und Wichtigkeit auch ohne Symptom zukämen. In der Regel scheint sie sich aber zu entscheiden: «Lieber nehme ich die zwiespältige Zuwendung durch das Symptom, als daß ich riskiere, erneut ‹betrogen› zu werden und meine Macht und das Gefühl von Selbstwert zu verlieren.»

All diese Vorgänge werden oft nicht bewußt gesteuert. Die «positiven» Effekte und Wirkungen des magersüchtigen Verhaltens erschweren jedoch sein Aufgeben.

So zeigt sich uns schließlich die Magersüchtige als jemand, der sich zu einem symmetrisch sich anheizenden Kampf auf zwei Ebenen getrieben, entschlossen und berechtigt fühlt: Sie kämpft sowohl gegen ihre körperlichen Bedürfnisse als auch gegen ihre Familienangehörigen, sie kämpft gegen deren Aufforderungen, mehr Nahrung zu sich zu nehmen, und gegen die Fürsorge vor allem der Mutter, aber vor allem kämpft sie gegen sich selbst.

Wir dürfen jedoch nicht die (zumindest in den Augen der Familienmitglieder) positiven Funktionen übersehen, die das Abmagern der Tochter oft auch für die Familie erfüllt: Töchter, die mit Eintreten ihrer Pubertät weibliche Rundungen bekommen, aktualisieren in diesen Familien das Thema der Sexualität in einer für den Familienzusammenhalt gefährlichen Weise. Die Väter, die sich von ihren Frauen, denen häufig keine sehr guten Erfahrungen mit ihrer Sexualität ermöglicht wurden, nicht selten zurückgezogen haben, finden nun an ihren aufblühenden Töchtern einen erotisch getönten Gefallen. Die Töchter wiederum erwidern ihr Werben und halten es mit kindlichem Verführungsverhalten in Gang. Damit geraten sie aber wiederum in einen Konflikt. Denn sie haben die Warnung der Mutter im Ohr, Männer (und das bedeutet: auch Väter) seien (sexuell) unbeherrscht und ließen sich gehen. Gelegentlich fühlen sich die Töchter auch von ihren Vätern betrogen, nämlich wenn sie den Eindruck gewinnen, daß die Väter sich ihnen nicht nur uneigennützig zuwenden, sondern vor allem selbst Bestätigung, Anlehnung und Stützung suchen. Mit ihrem Abmagern vermeidet die Tochter die Auseinandersetzung mit dieser Problematik. Indem sie dünn bleibt, keine Monatsblutung mehr bekommt, bringt sie weder sich noch andere auf «dumme Gedanken».

Aber vielleicht noch wichtiger: Das Symptom und die Aufmerksamkeit, die die Magersüchtige dadurch bekommt, führen die Familie wieder zusammen. Von Loslösung kann keine Rede mehr sein. Die Eltern haben wieder eine gemeinsame Aufgabe und Sorge. Die Spannungen, die schon geraume Zeit vor Auftreten der Magersucht die Familie bedrohten, lassen sich jetzt als Irritationen definieren, die die Symptomträgerin und ihr Verhalten verursachten. Ja, selbst wo der Kampf ums Essen extrem eskaliert, dürfen wir annehmen, daß dadurch möglicherweise andere Auseinandersetzungen, die eine noch größere Sprengkraft hätten, vermieden werden. Das Symptom lenkt auch von anderen Schwierigkeiten ab: Alles bleibt beim alten, und die Familie ist wieder im Lot. So läßt sich verstehen, daß manche dieser Familien sich oft auch dann noch erstaunlich wenig beunruhigt zeigen, wenn angesichts eines dramatischen

Gewichtsverlustes das Leben der Magersüchtigen in Gefahr ist. Theander (1970, 1983) berichtet nach Nachuntersuchungen über eine Mortalitätsrate von 18 Prozent, bei einer von Morgan und Russell (1975) untersuchten Gruppe waren es 5 Prozent (Eine ausführliche diesbezügliche Übersicht ist bei Hsu [1987] zu finden.). Von den 62 jungen Frauen unserer Follow-up-Studie waren zwei (3,2 Prozent) gestorben. Eine von beiden kam nach Überwindung der Magersucht bei einem unverschuldeten Motorradunfall ums Leben.

Aus dem Gesagten dürfte verständlich werden, warum es diesen Mädchen so schwerfällt, aus dem beschriebenen Zirkel auszutreten und einfach zu sagen: «Ich gehe, ich suche mir woanders, was ich brauche, macht euren Dreck alleine»: Schulddruck, Trotz und Loyalitätsbande halten sie in der Familie fest, und dies um so mehr, als sie einerseits auf ein Leben alleine außerhalb der Familie unvorbereitet sind, andererseits dadurch die in der Familie gewonnene Wichtigkeit aufgeben müßten. Aber ebensowenig erscheinen die Eltern auf ein Leben zu zweit oder auch alleine vorbereitet. Familientherapeuten werden sich bei solcher Sichtweise davor hüten, nun gleich anzunehmen, die Eltern brauchten einen Dritten – ihre magersüchtige Tochter –, um ihre Beziehung zu stabilisieren und ihr Leben mit Inhalt zu füllen und damit lebenswert zu machen.

KAPITEL 5

Magersuchts- und andere Familien: Gemeinsamkeiten und Unterschiede

Erkennen bedeutet: Wir weiten unseren Blick, wir vergleichen, wir erfassen Gemeinsamkeiten und Unterschiede. Daher möchten wir im folgenden über die Magersuchtsfamilie hinausschauen und diese kurz vor dem Hintergrund anderer «Problem-Familien» betrachten. Auch für eine solche vergleichende Betrachtung gilt, was wir bereits im Hinblick auf den Idealtypus sagten: Wir benutzen Konstrukte (Modelle, Bilder, Schemata, Kriterien), die durch unsere Einstellungen, unsere Forschungsinteressen und familientherapeutischen Erfahrungen mitgeprägt sind und nicht beanspruchen, ein genaues Abbild der Realität zu liefern.

Die Frage: «Was haben Magersuchtsfamilien mit anderen Familien gemeinsam, was unterscheidet sie von diesen?» stellt sich zuallererst im Hinblick auf die Bulimie. Da sie sich erst vor kurzer Zeit von der Magersucht abzuheben begann, wird es nicht verwundern, daß Magersuchts- und Bulimie-Familien viel Gemeinsames aufweisen*.

Aus therapeutischen Gründen ist im Einzelfall die Unterscheidung zwischen Magersucht und Bulimie sinnvoll und nützlich. Überschaut man aber eine größere Anzahl von Familien, in denen magersüchtiges und bulimisches Verhalten auftrat, sieht man auch viele Überschneidungen und Übergänge beider Erscheinungsbilder. An dem einen Pol des breiten Ver-

* Zum Erscheinungsbild und zur Differentialdiagnose der Bulimie siehe Casper et al. 1980, Lowenkopf 1983, Ziolko 1985, Habermas und Müller 1986, Johnson & Flach 1985 und Yager et al. 1987.

haltensspektrums dieser Eßstörungen sehen wir die ihre Nahrungsaufnahme extrem einschränkenden und untergewichtigen jüngeren Mädchen (etwa 12 bis 17 Jahre). Ihr Fasten löst in ihren Familien vielfältige Reaktionen aus und gewinnt eine große interaktionelle Bedeutung. An dem gegenüberliegenden Ende des Verhaltensspektrums plazieren wir die (fast) normalgewichtigen jungen Frauen (im Alter von meist über 20 Jahren) mit Heißhungeranfällen und anschließendem Erbrechen, die mit einem Partner zusammenleben, deren Monatsblutung regelmäßig vorhanden ist und die ihr bulimisches Verhalten lange Zeit erfolgreich geheimhalten. Im Mittelbereich könnten dann die etwa 15 bis 19 Jahre alten Mädchen mit einer bulimischen Anorexie eingeordnet werden, die noch in ihrer Herkunftsfamilie leben. Diese regulieren ihr Gewicht meist so, daß es weder über das Idealgewicht steigt noch in einen lebensbedrohlichen Bereich absinkt. Sie pendeln zwischen Freßattacken mit anschließendem Erbrechen und Fastenphasen, zwischen Vater und Mutter, und beschwören mit ihrem Verhalten (etwa dem Ausplündern von Kühlschränken) Konflikte und Aufruhr in ihren Familien herauf.

Nach unserer Erfahrung können wir Robert Beavers (1985) nicht zustimmen, der die Familien, in denen magersüchtiges und bulimisches Verhalten auftritt, beide zu den zentripetal orientierten Familien zählt. In den meisten Bulimie-Familien, die wir sahen, ist der Zusammenhalt der Familie viel häufiger durch lang andauernde Konflikte bedroht. Diese werden meist offen und lautstark ausgetragen und nehmen unter Umständen einen mörderischen Charakter an. In diesen Familien fühlen sich die Kinder dann auch eher aufgerufen, auszugleichen oder Partei zu ergreifen. In den Magersuchtsfamilien hingegen wird eher versucht, die Konflikte zu vermeiden; vorhandene Konflikte äußern sich dort eher als diffuse Spannungen, die aber letztlich durch funktionierende Kontrollmechanismen in Schach gehalten werden.

So ist es auch verständlich, daß sich in den Bulimie-Familien die Eltern viel häufiger trennen oder scheiden lassen.

Diese Spaltungen bringen einen weiteren Unterschied ins

Blickfeld: Die bulimischen Mädchen und jungen Frauen waren in ihrer Kindheit oft «Vater-Töchter». Damit ist nicht gemeint, daß sie besonders nahe Beziehungen zu ihrem Vater unterhielten. Sie waren eher die Kronprinzessin ihres perfektionistischen Vaters und bewunderten diesen ihrerseits, versuchten, es ihm recht zu machen und ihm zu gefallen. Dem Vater und seinen Prinzipien bleiben sie oft auch dann noch in tiefer Loyalität verbunden, wenn dieser gestorben ist oder sich von der Mutter getrennt hat.

Das symptomatische Verhalten der bulimischen Mädchen tritt meist später auf. Nicht nur deshalb sind die bulimischen Mädchen in ihrer psycho-sexuellen Entwicklung oft weiter fortgeschritten als die magersüchtigen. Während die letzteren eher im Clinch mit ihrer Mutter liegen und mit Geschwistern wetteifern, rivalisieren die bulimischen Mädchen oft mit ihrer Mutter um die bevorzugte Stellung beim Vater. Da sie jedoch auch mit der Mutter häufig in einer schwesterlich anmutenden Beziehung verbunden sind und den Eindruck haben, die Mutter sei dem Vater unterlegen oder wurde von diesem unterdrückt, geraten sie auf eine andere Weise in einen Konflikt. Sie würden einerseits gerne die Stelle der Frau beim Vater einnehmen, bekommen aber wegen der erotischen Tönung der Beziehung Angst. Andererseits möchten sie auch die Mutter unterstützen und ihr helfen, sich gegen den Vater durchzusetzen und sich zu emanzipieren. Hin- und hergerissen zwischen Gefallen- und Lieb-sein-Wollen, ängstlicher Kontaktvermeidung und rebellischem Verhalten, zeigen sie viel größere affektive Schwankungen als die meist sich trotzig zurückziehenden Magersüchtigen, die sich blind entschlossen ihrem Hungerstreik widmen. Die bulimischen Mädchen wirken oft eher orientierungslos und unschlüssig, wenn es darum geht, Entscheidungen hinsichtlich einer eigenen Lebensgestaltung zu treffen.

Die äußere Erscheinung und der gesellschaftliche Erfolg sind in Bulimie-Familien besonders wichtig. In Magersuchts-Familien konzentriert man sich mehr auf die Sorge um die Gesundheit und auf rechtschaffene Leistung.

So könnte man sich erklären, warum bulimische Mädchen

eine schlanke Figur und Attraktiv-Sein anstreben, die magersüchtigen aber ihren abgemagerten Körper demonstrativ zur Schau stellen.

Mit dem Konzept der Selbstkontrolle plagen sich beide herum. Die Magersüchtigen beweisen triumphierend, wie sie sich beherrschen können und Kontrolle bewahren, während die bulimischen Frauen immer wieder mit Scham- und Schuldgefühlen auf die Freß-«Anfälle» reagieren. Über die große interaktionelle Bedeutung, die das magersüchtige Verhalten erhält, haben wir schon geschrieben. Das bulimische Verhalten scheint viel häufiger der Strukturierung der Zeit zu dienen, die Bulimikerinnen allein verbringen.

In beiden Familientypen finden sich ähnlich extreme und polarisierte «Entweder-oder-Muster» des Denkens, Fühlens und Urteilens. Zum Beispiel: Entweder man beherrscht seinen Körper, oder man wird von diesem beherrscht; entweder leistet man etwas Besonderes, oder man ist eine Null, ein Versager; entweder man ist der Familie total verbunden, oder man ist ganz draußen. Es gibt keinen dritten Weg, keine Alternative dazu, kein Sowohl-als-auch.

Gemeinsamkeiten weisen beide auch auf, wenn wir deren Beziehung zu der sie umgebenden Gesellschaft betrachten: Sei es aufgrund ihrer inneren Dynamik, sei es aufgrund äußerer Ereignisse, stehen sie in einer besonders spannungsreichen Beziehung zu unserer modernen Leistungsgesellschaft. In vielen Fällen schienen uns die Eltern- und Großeltern-Generationen im Netzwerk einer Großfamilie, in eine dörfliche Gemeinschaft, in ein Gemeinde- und Vereinsleben eingebettet zu sein, das ihnen half, Schmerz und Angst angesichts anstehender Trennungs- und Individuationsschritte zu mildern: Man hatte Brüder, Schwestern, Nachbarn, Freunde und Bekannte in greifbarer Nähe und war damit nicht ausschließlich auf die emotionale Stützung und Bestätigung durch die Mitglieder der Kernfamilie angewiesen.

In dem Maße jedoch, in dem sich eine solche Familie dem Leistungsethos unserer Konkurrenzgesellschaft verschrieb, schnitt sie sich die nährenden und Halt gewährenden Wurzeln ab, isolierte sich mehr und mehr und wurde in dem Bestreben, sich von anderen abzugrenzen, abzuheben und sich gegen diese konkurrierend zu behaupten, überfordert.

Das traf auch auf viele der von R. Schwartz und Mitarbeitern (1985) beschriebenen amerikanischen Bulimie-Familien zu. In Deutschland hat unseres Erachtens die Kriegs- und Nachkriegszeit oft nicht unwesentlich zu solchen Entwicklungen beigetragen.

Magersuchtsfamilien und andere «psychosomatische Familien»

Hier stellen sich gleich zwei Fragen: Gibt es überhaupt so etwas wie «psychosomatische Familien»? Und wenn ja: rechnen die Magersuchtsfamilien dazu? Beide Male ist unsere Antwort ein vorsichtiges Ja. Dabei gilt gerade für den Begriff «psychosomatische Familie», was schon mehrfach betont wurde: Es handelt sich auch hierbei um eine idealtypische Konstruktion, dazu bestimmt, uns einen ersten Anhalt für eine vergleichende Analyse zu liefern – trotz und wegen der vielen Übergänge, Mischtypen, Wechselbeziehungen, die sich dem Familientherapeuten zeigen.

Immerhin: Nachdem Minuchin und seine Mitarbeiter die für sie hervorstechenden Merkmale der Magersuchtsfamilie – Verstrickung, Überfürsorglichkeit, Starrheit, Konfliktvermeidung – beschrieben hatten, wurden diese vielfach als pathognomonisch für psychosomatische Familien überhaupt angesehen. Minuchin und Mitarbeiter (1978) selbst beobachteten solche Merkmale in der Folge auch bei Familien mit asthmatischen und bestimmten diabetischen Kindern, andere Forscher beobachteten sie an Familien, deren Mitglieder etwa an Colitis ulcerosa, Morbus Crohn, Magenulcera, allergischen Dermatiden und anderen, als psychosomatisch angesehenen Leiden litten (Literatur bei Wirsching und Stierlin 1982).

Inzwischen hat sich das Bild kompliziert: Einerseits wurde die Grenzziehung zwischen psychosomatischen Leiden einerseits und «richtigen» organischen Krankheiten andererseits immer schwieriger, zum anderen erschien es in dem Maße immer problematischer, von *der* psychosomatischen Familie zu sprechen, als weitere Familiengruppen miteinbezogen, längere Verläufe beobachtet und unterschiedliche und genauer differenzierende diagnostische Instrumente verwendet wurden. So fanden Wirsching und Stierlin (1982), daß nur etwa die Hälfte ihres Samples von 55 genau untersuchten Familien mit schwer chronisch psychosomatisch erkrankten Jugendlichen dem von Minuchin und Mitarbeitern gezeichneten Bild einer psychosomatischen Familie entsprach.

Unsere eigene klinische Arbeit hat uns jedoch immer wieder davon überzeugt, daß die Familien vieler Magersüchtiger in der Tat große Gemeinsamkeiten mit einem weiten Spektrum von Familien aufweisen, in denen gehäuft und über mehrere Generationen hinweg chronische psychosomatische Leiden, genauer vielleicht: solche Leiden auftraten, bei denen (in unserer Sicht) psychosoziale Faktoren eine wesentliche Rolle spielten. Dazu rechnen nicht nur Familien mit «etablierten» psychosomatischen Leiden wie Asthma bronchiale, Bluthochdruck, Migräne, Colitis ulcerosa, sondern auch solche, in denen gehäuft und chronisch schwere Krebs-, Kreislauf- und metabolische Krankheiten zu finden waren. Das heißt, wir fanden auch in diesen Familien immer wieder ein ähnliches Familien-Credo und ähnliche Beziehungsmuster, wie wir sie bei Magersuchtsfamilien beschrieben haben. Auch waren wir immer wieder davon beeindruckt, wie häufig solche Leiden in den von uns behandelten Magersuchtsfamilien sowohl in der Generation der Eltern wie auch der Großeltern vorkamen.

Und doch gibt es auch Unterschiede zwischen Magersuchts- und anderen psychosomatischen Familien. Der zentrale Unterschied: Am Anfang einer Magersucht steht immer ein Willensakt, der Entschluß eines Mitgliedes zur Nahrungseinschränkung, zum Hungern. Deshalb bleibt es auch von Anfang an zwielichtig, ob eine «Krankheit» im üblichen Sinne vorliegt. Es ist zum Teil eine Konsequenz dieses Entschlusses, daß das folgende Geschehen eine so dramatische Qualität bekommt, die sich in anderen chronisch psychosomatischen Familien kaum je findet. Anstatt eines sich zuspitzenden Dramas gibt es dort eher Mattigkeit und Dumpfheit des Ablaufs, ein Szenarium der stillen Verzweiflung, ein Klima von Ausweglosigkeit und Hoffnungslosigkeit, das nicht dazu angetan ist, spektakuläre (von innerhalb oder außerhalb der Familie kommende) Interaktionen in Gang zu setzen. Man kann sagen: In dem Drama der Magersucht bringen sich Energien und Kräfte in einer Stärke zum Ausdruck, die die Prognose auf kraftvolle Lebensbewältigung und gelingende Individuation günstig erscheinen läßt.

Magersuchtsfamilien im Vergleich mit schizo-präsenten Familien

Auch schizo-präsente Familien – das haben wir an anderer Stelle ausgeführt (Simon und Stierlin 1987) – lassen sich als stärkstens gebundene Systeme verstehen, deren Ko-Individuation und Ko-Evolution blockiert sind. Hier geschieht dies mit den Anzeichen für eine übermäßig aufgeweichte Beziehungsrealität: Die Familienmitglieder vermeiden es, sich über gemeinsame Grundannahmen, Werte, Erwartungen zu einigen. Es entsteht ein Familienklima der Doppelbödigkeit, der ständigen Disqualifikation der Botschaften des anderen, des ständigen Konstellierens von Double-binds, von Beziehungsfallen. Solche Aufweichung der Beziehungsrealität verhindert vor allem das, was wir «Individuation gegen» genannt haben: die klare und verläßliche Abgrenzung von den Positionen, Erwartungen, Gefühlen der anderen Mitglieder, eine Abgrenzung, die Voraussetzung einer jeden gelingenden bezogenen Individuation ist.

Obgleich Mara Selvini Palazzoli und ihre Mitarbeiter darauf hingewiesen haben, daß auch Mitglieder von Magersuchtsfamilien dazu neigen, die Botschaften anderer Mitglieder zu entwerten, hat solches «Entwerten» in unserer Sicht eine andere Qualität als das Disqualifizieren der Botschaften und die Verhinderung des fälligen Einigungsprozesses, wie wir dies in schizo-präsenten Familien beobachten. Vielmehr zeigen sich

Magersuchtsfamilien – wie psychosomatische Familien überhaupt – durch das Vorherrschen einer übermäßig erhärteten Realität gekennzeichnet: Nicht ein ständig verwaschenes, verunklartes, sondern eher ein schneidend hartes Familien-Credo stellt das Problem dar.

Immerhin: Wir haben erlebt, wie schizo-präsente Familien im Laufe einer Familientherapie sich gleichsam vor unseren Augen in psychosomatische Familien verwandelten, und wir haben auch feststellen können, daß bestimmte Magersuchtsfamilien sich dem Spektrum schizo-präsenter Familien annäherten. Das dürfte vielleicht auch verständlicher machen, warum ein kleiner Prozentsatz von Magersüchtigen (auch) eine mehr oder weniger stark ausgeprägte schizophrene Symptomatik zeigt (s. auch Hsu et al. 1981). (Das galt allerdings noch mehr für die relativ kleine Zahl männlicher Magersüchtiger, mit denen wir in Kontakt kamen.)*

* Das Gesagte macht deutlich, daß es sich bei den genannten Idealtypen von Familien wie Magersuchtsfamilie, schizo-präsente Familie etc. nicht um typische Familien, sondern um spezifische Muster von Beziehungsgestaltungen handelt, die sich – unter Umständen schnell – ändern können, wenn andere Regeln, Werte und Beziehungskonstellationen andere Weisen der Interaktion mit sich bringen.

KAPITEL 6

Einführung in die Prinzipien und Vorgehensweisen der systemischen Therapie

Wir werden im folgenden immer wieder auf die Prinzipien und Vorgehensweisen der systemischen Therapie Bezug nehmen. Daher müssen wir sie hier kurz zusammenfassen, auch wenn einige Leser/innen sie gut kennen. Etwas ausführlicher behandeln wir das zirkuläre Fragen, da dies sich zu unserem wichtigsten therapeutischen Instrument entwickelt hat.

I. Die Grundannahmen

Die systemische Therapie beruht auf Erkenntnissen der modernen Systemwissenschaften wie Kybernetik, System- und Regelungstheorie, Informations- und Kommunikationstheorie sowie der Spieltheorie. Vor allem die Palo Alto-Gruppe (Bateson 1972, 1981; Haley 1963, 1976; Watzlawick et al. 1974; Fisch et al. 1987) und die Mailänder Gruppe (Selvini Palazzoli et al. 1978, Boscolo et al. 1987) machten diese Erkenntnisse für die therapeutische Praxis nutzbar. So wurden herkömmliche Grundannahmen in Frage gestellt, psychische Störungen neu verstanden und neue therapeutische Vorgehensweisen entwikkelt.

Die im folgenden dargestellten Grundannahmen der systemischen Therapie sind nicht vollständig. Wir greifen lediglich die uns am wichtigsten erscheinenden heraus:

1. Wir betrachten nicht isolierte und durch die Sprache verdinglichte Phänomene, sondern Wechselbeziehungen. Dadurch «verflüssigen» sich individuelle Eigenschaften («Maria *ist* magersüchtig» oder «Maria *hat* eine Magersucht») zu Ele-

menten eines dynamischen Geschehens: Sie zeigen sich als Verhaltensbeiträge zur Organisation eines Systems sowie als Ausdruck und Folge kontextgebundener Etikettierungen und Zuschreibungen. Aus solcher System- oder Beziehungssicht ließen sich dann die in den genannten Eigenschaftszuweisungen implizierten Tatbestände folgendermaßen beschreiben: «Wenn der Vater Maria ermahnt, mehr zu essen, wenn die Mutter sie dann in Schutz nimmt und die Schwester vorwurfsvoll schaut, verweigert Maria weitere Nahrungsaufnahme.»

2. Dem derart auf Wechselbeziehungen gerichteten Blick eröffnen sich neue Zusammenhänge: Wir konstruieren nicht mehr einseitig gerichtete Ursache-Wirkungs-Ketten (verkürzt: lineare Kausalität), sondern versuchen zu beschreiben, wie sich Verhaltensweisen gegenseitig bedingen (wir nennen das verkürzt Zirkularität oder Rekursivität). Ein solches zirkuläres Verständnis von Beziehungsprozessen ergab sich vor allem aus der Anwendung kybernetischen Denkens auf psychosoziale Systeme und verdankt sich insbesondere Gregory Bateson (1972, 1981). Bateson hatte aber auch in Deutschland Vorläufer. Viktor von Weizsäcker (1987), der zuletzt in Heidelberg wirkende Internist und Psychosomatiker, beschrieb schon 1927 einen «Gestaltkreis», das heißt einen «Kreisprozeß, in dem die Kette der Ursachen und Folgen in sich zurückläuft in bezug auf das Gestaltetsein des Vorganges».

Wesentliches Charakteristikum lebender Systeme ist also ihre Selbstreferenz: Annahmen und Verhaltensweisen wirken auf sich selbst zurück. Diese Sicht wirkt nicht nur einem für lebende Systeme unangemessenen linearen Ursache-Wirkungs-Denken entgegen, sie entzieht auch den damit verbundenen einseitigen Schuldzuweisungen den Boden.

3. Wechselwirkendes menschliches Verhalten gerinnt zu Mustern und zeigt sich Regeln unterworfen. Es ist nur aus dem Kontext heraus zu verstehen, in dem es auftritt. Sähe zum Beispiel ein des Fußballspiels unkundiger Mensch einen Film, in dem ausschließlich das Verhalten eines Schiedsrichters während eines Fußballspiels gezeigt wird, so käme er vermutlich zu dem Schluß: Hier übt sich ein Mensch in totaler Irrationalität

(Simon 1985). Erst die Einbeziehung des Kontextes und die Kenntnis der Regeln, denen die Beteiligten folgen, gibt dem Verhalten des Schiedsrichters Sinn. In ähnlicher Weise wird ein als anorektisch etikettiertes Verhalten erst dann verstehbar, wenn wir die Muster und Regeln betrachten, nach denen die jeweiligen Interaktionen ablaufen.

4. Die Erkenntnis von der Vernetztheit der Verhaltensabläufe führt den systemischen Therapeuten nicht zu dem Schluß, daß individuelle Entscheidungsfähigkeit und Eigenverantwortlichkeit aufgehoben sind. Im Gegenteil. Wir gehen davon aus, daß jeder Mensch seine Situation mitgestaltet und nicht (nur) Opfer einer Krankheit, innerer oder äußerer Umstände ist. Wir fragen daher nicht: «Warum bekam Maria ihre Magersucht?», sondern: «Wann hat sich Ihrer Meinung nach Maria entschieden, in einen Hungerstreik zu treten?»

5. Unser Verhalten wird aber nicht nur vom Verhalten anderer beeinflußt, sondern auch von den Ideen und Bedeutungsgebungen, die die Handlungen der Mitglieder eines Systems leiten und koordinieren. Je begrenzter und verdinglichter diese sind, um so enger werden auch die Handlungsspielräume.

6. Auch die Ideen davon, was Realität darstellt, bestätigen, erhalten und verändern sich durch rekursive Prozesse. Sie wirken oft als sich selbst erfüllende Prophezeiungen und führen zu Problemlösungsversuchen, die Probleme aufrechterhalten, anstatt sie zu beseitigen. Je drastischer zum Beispiel ein Elternteil versucht, das trotzige Verhalten einer Magersüchtigen zu ändern, um so wahrscheinlicher wird sich diese dagegen wehren und sich noch trotziger zeigen.

7. Ein System ist das, was ein Beobachter als «geordnete Ganzheit» definiert. Ein Problem ist das, was eine Person als Schwierigkeit oder als Quelle eines Unbehagens definiert. Diese (Problem-)Sicht kann man allein haben oder mit anderen teilen. Wir fragen uns also stets, welches System als behandlungsrelevante Ganzheit zu wählen ist und welche Personen als Problemdefinierer und -mitgestalter in die Therapie einzubeziehen sind. Also: Wer gehört «zum Problemsystem», wer gestaltet es in Sprache und Handeln mit? (Anderson et al. 1986)

Oft erweist sich als nützlich, auch nicht zur Familie gehörende Personen – etwa betreuende Ärzte, Sozialarbeiter, Kollegen am Arbeitsplatz – dem Problemsystem zuzurechnen.

In den letzten Jahren haben Theoretiker mit unterschiedlichem Forschungshintergrund die systemische Therapie beeinflußt. Dazu rechnen Heinz von Foerster (1979, 1985), Humberto Maturana und Francisco Varela (1987). Deren für die Systemtherapie wohl wichtigste Erkenntnis ist, daß es keine vom Beobachter unabhängige Wirklichkeit gibt, daß bereits der Vorgang der Beobachtung das ändert, was beobachtet wird. Man spricht in diesem Zusammenhang von der «zweiten Kybernetik» (Auerswald 1971; Keeney 1983). Der therapeutische Kontext und die Beziehungen zwischen Therapeuten und behandeltem System zeigen sich darin als Elemente, die in jedem Augenblick den therapeutischen Prozeß mitgestalten (Simon und Weber 1987b). In diesem Prozeß geht es wesentlich darum, Wirklichkeiten zu eröffnen oder zu erzeugen, die Wahlmöglichkeiten erweitern und so der Entwicklung (des einzelnen wie der Familie) neue Wege weisen.

Das Setting der systemischen Therapie

Aus den skizzierten Überlegungen und Vorstellungen ergeben sich Setting und Planung der systemischen Therapie. Diese Therapie ist eine Kurztherapie. In der Regel führen wir 1–10 Sitzungen im Zeitraum von 1–2 Jahren durch. Darin gilt das Prinzip des Anstoßens statt des Durcharbeitens*. Das Anstoßen erfolgt während der Sitzungen. Es soll bewirken, daß sich neue Möglichkeiten der Selbstorganisation auftun. Die länge-

* M. Selvini Palazzoli gebrauchte in diesem Zusammenhang das Bild eines Gestrüpps, das einen fließenden Strom blockiert. Gelingt es durch eine therapeutische Intervention, dieses Gestrüpp zu beseitigen, vermag auch der Strom wieder zu fließen, nun können das System und dessen Mitglieder sich wieder verändern und gemäß den Anforderungen des individuellen und familiären Lebenszyklus entwickeln (Barrows 1982).

ren Intervalle (meist 4–8 Wochen) machen es möglich, daß die Anstöße im Leben des Systems in seiner natürlichen Umgebung wirksam werden und Problemlösungen sowie Strukturveränderungen anregen, die sich für das System im Alltag bewähren. Wir vertrauen also auf einen sich selbst vorantreibenden Veränderungsprozeß (mit sog. «Ripple-Effekt»). Dieser Prozeß braucht Zeit. Darüber hinaus macht das Wiederzusammenkommen mit dem System nach längeren Intervallen es den Therapeuten leichter, konkrete Verhaltensänderungen oder Umstrukturierungen zu beobachten.

Die für Exploration und Intervention relevanten Systemebenen und -felder

Insgesamt berücksichtigen wir drei miteinander zirkulär vernetzte Ebenen der Organisation: die Ebene der *Grundannahmen* (Bedeutungsgebungen, «Landkarten»), die Ebene der *intrapsychischen Prozesse* (Wahrnehmen, Denken, Fühlen bis hin zum Handeln) und die Ebene der *interpersonellen Dynamik* (Beziehungsmuster). Während sich psychodynamisch orientierte Psychotherapien vorwiegend auf die intrapsychischen Prozesse konzentrieren, mißt die systemische Therapie der Veränderung von Grundannahmen und Interaktionsregeln mehr Bedeutung zu.

Es hat sich außerdem für uns Therapeuten als nützlich erwiesen, drei Kontextebenen zu unterscheiden: die Ebene des *Umfelds der Therapie* (zum Beispiel die Kontakte und Beziehungen zu Überweisenden, zu anderen ebenfalls involvierten psychosozialen Institutionen), die Ebene des *Kontextes der Therapie* (die Bedingungen, unter denen die Gespräche stattfinden, die therapeutische Beziehung und die Erwartungen der Patienten) und die Ebene des *definierten Klientensystems* (Einzelpatient, Familie, Therapeutenteam).

Die Vorgehensweisen in der systemischen Therapie

Wir skizzieren nun, wie diese Annahmen und Konzepte in therapeutisches Handeln umgesetzt werden. Die Aufteilung in das Bilden von Hypothesen, das Explorieren von Prämissen des Klientensystems und deren Beziehungsdynamik und das «Intervenieren» im System im Sinne von Versuchen, neue Wirklichkeiten zu ermöglichen, nehmen wir hier nur aus didaktischen Gründen vor; beim Handeln geschieht alles dies simultan.

Hypothesenbildung

Anstelle individuumzentrierter Diagnosen, die sich am medizinischen Krankheitsbegriff orientieren und das Individuum als Träger von Krankheiten oder Eigenschaften beschreiben, kreieren wir im Verlauf einer Therapie immer neue Ideen über mögliche Verknüpfungen und Unterschiede (Selvini Palazzoli et al. 1980a). Diese Hypothesen basieren auf einer kybernetisch begründeten Epistemologie. Es sind Annahmen, die nicht nur dazu dienen, Informationen zu gewinnen, sondern auch und vor allem – gerade weil sie den Mitgliedern des Systems in Frageform vorgelegt werden – dazu dienen, Informationen in das System einzuführen. Die Hypothesen orientieren sich immer wieder an den auf die vorausgegangenen Fragen gegebenen Antworten. Die (in die Hypothesen verpackten) Informationen beziehen sich vorzugsweise auf neue Erklärungs-, Denk- und Handlungsmöglichkeiten, die sich von den bisherigen Sichten und Erklärungsgewohnheiten der Klienten unterscheiden. Eine Hypothese erweist sich für uns als therapeutisch nicht mehr relevant, sobald sie zurückgewiesen oder akzeptiert worden ist. Die therapeutische Aufgabe besteht also darin, sich vom Feedback der Familie leiten zu lassen, um immer neue, annehmbare Beziehungshypothesen zu entwickeln, nicht jedoch darin, nach einer «wahren» Hypothese zu fahnden. Es handelt sich hier also nicht um Hypothesen im wissenschaftlichen Sinne, die verifiziert oder falsifiziert werden könnten, sondern um Konstrukte mit möglichst großer therapeutischer Wirksamkeit.

Diese Leitideen dienen uns daneben als Richtfeuer, die es uns ermöglichen, einen therapeutischen Kurs zu halten und uns davor schützen, von Mitteilungen aller Art desorientiert zu werden. Gleichzeitig erschweren diese Leitideen es den Familien, ihre Muster in Szene zu setzen oder uns zur Teilnahme an ihren Mustern zu verführen. Die Kunst des Therapeuten besteht darin, die Klienten einerseits in Vertrautem zu bestätigen und so eine gute Beziehung herzustellen *und andererseits* sie in annehmbaren Dosierungen mit neuen, ihre bisherigen Denk- und Verhaltensweisen in Frage stellenden Informationen zu konfrontieren.

Das zirkuläre Fragen

Das Mailänder Team um Mara Selvini Palazzoli, Luigi Boscolo und Gianfranco Cecchin und Giuliana Prata entwickelte in den Jahren 1975–1980 eine Fragetechnik, die optimal geeignet ist, Informationen gleichzeitig zu erhalten und zu erzeugen, und nannte sie «zirkuläres Fragen» (Penn 1982, Deissler 1985, Tomm 1988a, b). Diese Technik wurde inzwischen nicht nur in Heidelberg, sondern weltweit aufgegriffen und weiterentwickelt. Diesem Vorgehen liegt, wie der Name sagt, die Vorstellung einer zirkulären (rekursiven) Organisation der Interaktion in menschlichen Systemen zugrunde.

Betrachtet man «Information» als «einen Unterschied, der einen Unterschied macht» (Bateson 1972a, Simon 1988), so lassen sich Informationen nur dadurch erzeugen, daß Unterscheidungen vorgenommen werden. Der Therapeut wählt bestimmte Phänomene aus, setzt sie zueinander in Beziehung, vergleicht sie miteinander und grenzt sie gegeneinander ab. Damit die derart gemachten Unterschiede auch bei den Klienten einen Unterschied machen, ist es zunächst nötig, deren Grundannahmen und die sich daraus ergebenden Verhaltenskonsequenzen möglichst genau zu erfassen und sich auf diese einzustimmen. Es läßt sich jedoch nicht voraussagen, ob die jeweils vermittelten Unterschiede tatsächlich eine Wirkung haben, die fällige und wünschenswerte Entwicklungen fördert.

Im einzelnen zielen die (therapeutisch eingesetzten) Fragen darauf ab, Verdinglichungen «aufzuweichen», das Denken in rekursiven Prozessen und Mustern anzuregen, Verhaltensweisen im Kontext in Zeit und Raum sich verändernder Beziehungen zu sehen und überhaupt «Ressourcen», nämlich neue Denk- und Verhaltensoptionen zu aktivieren.

Einige der Fragen, die sich für uns als besonders nützlich erwiesen haben:

Fragen nach Merkmalen von Unterscheidungen

Wird irgendein Begriff (eine Diagnose oder eine Charakterisierung) eingeführt, so fragen wir nach dem Gegenbegriff, wodurch der betreffende Begriff und das ihm zugrunde liegende Verhalten zugleich negiert und relativiert wird.

Beispiel: «Woran merken Sie, wann Maria sich *nicht* trotzig zeigt? Was macht sie dann anders?»

Die «Verflüssigung» von Eigenschaften

Individuelle Eigenschaften verstehen wir als aus Verhaltensweisen abstrahierte und konstruierte Zuschreibungen. Der Begriff «Eigenschaften» suggeriert fixe und dauerhafte Merkmale. Wir versuchen, diese starren Eigenschaftsbegriffe durch Fragen in einen Verhaltenskontext zu überführen und damit zu «verflüssigen».

Beispiele: «Wie muß sich Maria verhalten, damit der Vater sie für widerspenstig hält? Was tut Ihre Frau, wenn Sie sie für depressiv halten?»

Kontextualisierung

Durch diese verflüssigenden Fragen implizieren wir, daß Verhalten kontextabhängig ist. Wir versuchen, gemeinsam mit der Familie einen interaktionellen Zusammenhang herzustellen, in den das symptomatische Verhalten eingebettet ist. In welchen

Situationen wird ein als Problem betrachtetes Verhalten wie stark, wie wenig oder gar nicht gezeigt? Wer ist dann anwesend? Wer reagiert wie? Welches Verhalten hat welchen Effekt? Wie ist der zeitliche Ablauf?

Beispiele: «Was tut die Mutter, wenn Maria nach dem Essen aufsteht und die Mutter denkt, Maria wolle auf die Toilette gehen, um zu erbrechen?» «Was tut dann der Bruder?» «Und wie reagiert Maria dann auf das Verhalten von Mutter und Bruder?» «Wie ändert sich dieser Ablauf, wenn der Vater beim Essen anwesend ist?»

Verdeutlichung des gegenseitigen Bedingens durch Doppelbeschreibungen

Durch Fragen dieser Art stellen wir lineare Interpunktierungen in Frage und legen die Einsicht in eine rekursive Bedingtheit von Verhalten nahe. Jeder der Beteiligten wird als Handelnder definiert: Einem Denken in Täter- und Opferrollen wird so der Boden entzogen.

Beispiele: «Angenommen, Maria, du wolltest, daß dein Bruder die Ansichten eurer Mutter noch häufiger unterstützt und zu ihr hält, wie könntest du das erreichen?» «Gesetzt den Fall, Michael, du wolltest, daß sich Maria noch häufiger mit dir in den Haaren liegt, was müßtest du dann tun?»

«Verflüssigung» von Gegebenheiten (z. B. Eigenschaften) durch Einführung einer zeitlichen Dimension

Die Öffnung einer zeitlichen und geschichtlichen Perspektive relativiert die Vorstellung, daß Menschen dauerhafte Persönlichkeitszüge besitzen.

Beispiel (mit Blick auf die Vergangenheit): «Wann hat die Mutter begonnen, auf ihre eigene Entwicklung zugunsten ihrer Kinder und ihrer Mutter zu verzichten?»

Beispiel (mit Blick auf die Zukunft): «Wie lange wird Ihre Frau die Verwirklichung eigener Ziele und Bedürfnisse noch aufschieben?»

Fragen zu Beziehungen und Beziehungsveränderungen

Um die Vorstellungen und Folgen hinsichtlich gegenwärtiger, früherer und zukünftiger Beziehungsmuster und Beziehungsveränderungen der Familie zu erfahren, lassen sich unterschiedliche Arten von Fragen wählen. Dazu gehören:

Differenzierungen

Dies sind Fragen nach Unterschieden in bezug auf Quantität (mehr oder weniger), Qualität (besser oder schlechter) und Zeit (vorher oder nachher).

Beispiele: «Mit wem versteht sich Michael besser (spricht er häufiger), mit seiner Schwester oder seinem Bruder?» «Wann hat sich Maria der Mutter gegenüber abweisender gezeigt, vor oder nach dem Auszug der Schwester?»

Bildung von Rangfolgen

Dies sind Fragen nach quantitativen Abstufungen in bestimmten Verhaltensweisen oder Einstellungen der Familienmitglieder, die Hinweise über Beziehungsunterschiede geben, ohne daß man diese direkt erfragen muß.

Beispiele: «Wer zeigt sich am meisten, am wenigsten über Marias Abmagern besorgt?» «Wie würdest du das Maß der Besorgtheit aller Familienmitglieder auf einer Skala einordnen, wenn 10 größtmögliche Besorgtheit und 0 gar keine Besorgtheit bedeutet?»

Triadische Fragen

Diese Art des Fragens erleichtert und fördert die Betrachtung von Vorgängen und Beziehungsmustern aus einer Außenperspektive. Eine Person wird über die Beziehung zweier oder mehrerer anderer befragt. Fragen wir einen Dritten über eine Beziehung anderer, erhalten wir die Sichtweise dieser Person und durch die averbalen oder verbalen Reaktionen der anderen Hinweise darauf, ob diese solcher Sichtweise zustimmen oder nicht. Die Nichtbefragten können mit mehr Abstand über die Meinung des Befragten nachdenken. Fragte man sie direkt, würden sie sich wahrscheinlich stärker und unmittelbarer aufgrund der zu erwartenden rekursiven Interaktionsprozesse in Frage gestellt sehen und würden mit größerer Wahrscheinlichkeit ungenauer und ausweichender antworten.

Beispiele: Frage an die Mutter: «Wie sehen Sie die Beziehung Ihres Mannes zu Ihrer Mutter?» Oder Frage an einen Elternteil: «Wie sehen Sie die Beziehung Ihrer Töchter zueinander?» Frage an die Mutter: «Dienen Ihrer Meinung nach die Auseinandersetzungen zwischen Maria und dem Vater mehr dazu, voneinander Abstand zu halten, oder sind diese Ihres Erachtens Anzeichen für eine intensiver werdende Beziehung zwischen den beiden?»

Zustimmungsfragen

Fragen wir ein Familienmitglied, ob es der Einschätzung eines anderen Familienmitgliedes zustimmt, so bekommen wir Informationen über Übereinstimmungen oder über Nichtübereinstimmungen und damit auch über ihre Beziehungen zueinander.

Beispiel: Frage an den Bruder: «Meinen Sie, Maria stimmt eher der Einschätzung des Vaters oder der der Mutter zu?»

Fragen zu individuellen und kollektiven Bedeutungsgebungen, die in der Familie als Erklärungen für das Auftreten von Problemen (Symptomen) dienen

Beispiele: «Wie erklären Sie sich, daß Ihr Vater gerade vor drei Jahren seine Herzbeschwerden entwickelte?» «Wann haben Sie begonnen, sich das so zu erklären?» «Meinen Sie, Ihre Mutter erklärt sich das genauso?»

Fragen zu individuellen und familiären Werten

Es handelt sich hierbei um Fragen zu Unterschieden und Gemeinsamkeiten hinsichtlich moralischer, politischer und anderer Werte und Überzeugungen.

Beispiel: «Wer in der Familie teilt am ehesten die Überzeugung der Mutter, daß man nicht auf der Welt ist, um für sich dazusein?»

Ressourcenbetonende Fragen

Unsere Sprache legt oft dualistische Vorstellungen nach dem Schema entweder / oder nahe. Man sieht sich entweder als passiv oder als aktiv, als entweder gutmütig oder als bösartig, als entweder egoistisch oder als altruistisch. Durch ressourcenbetonende Fragen legen wir nahe, daß das andere, das vorhandene ergänzende Verhalten als Möglichkeit schon vorhanden ist, aber nur noch nicht gezeigt wird.

Beispiele: Der Vater wird als stur angesehen. Dazu die Frage: «Wann hat sich der Vater das letzte Mal entgegenkommend und nachgiebig gezeigt?» Die Mutter sagt von sich selbst, daß sie dümmer sei als ihr Mann. Dazu die Frage: «Wie würde der Vater darauf reagieren, wenn Ihre Mutter ihren eigenen Ideen und ihrer eigenen Klugheit in Zukunft zunehmend mehr traute und sie auch umsetzte?»

Hypothetische Fragen

Diese Fragen werden dem von uns bevorzugten konstruktivistischen Ansatz in einem besonderen Maße gerecht. Durch hypothetische Fragen versuchen wir, alternative Sichtweisen und Handlungsoptionen aufzuzeigen. Sie sind die von uns heute wohl am meisten verwendeten Fragen. Das Durchspielen hypothetischer Situationen relativiert die Bedeutungen und das Gewicht, die vergangenen Ereignissen (im Sinne von Fakten) beigemessen werden, und entwirft Zukunftsbilder, die auf die Gegenwart zurückwirken. Damit mobilisiert es Hoffnung und zielgerichtete Aktivität. Wir fragen etwa, wie sich Beziehungen entwickelt hätten, wenn Situationen in der Vergangenheit anders abgelaufen wären oder wenn andere Prämissen gegolten hätten. Oder wir fragen, wie sich wohl die einzelnen Familienmitglieder angesichts unterschiedlicher Zukunftsszenarien verhalten werden. Da Menschen, die künftige Veränderungen fürchten, in ihrer Ängstlichkeit das Entwerfen konkreter Zukunftsbilder vermeiden, stellen wir gerade über mögliche Entwicklungen möglichst konkrete Fragen. Dies erlaubt den Familienmitgliedern ein Probedenken und Probehandeln und ermöglicht ihnen, die Konsequenzen der Alternativen zu überdenken. Die Zukunftsfragen zielen vor allem in drei Richtungen:

Was wird sein, wenn alles so weitergeht wie bisher?

Was wird sein, wenn sich die Situation verschlechterte?

Wann und wie wären (implizierte) positive Entwicklungen zu erwarten, denkbar und wünschbar?

Beispiele: «Angenommen, in dieser Familie wären keine Kinder geboren worden, wären dann die Eltern heute noch zusammen?» «Angenommen, es gäbe keine Therapeuten auf der Welt, was würde die Familie dann machen?» «Angenommen, die Eltern entschieden sich, sich zu trennen, mit wem würden dann die Kinder gehen?» «Wann, meinen Sie, wird Maria ihre Monatsblutung wieder willkommenheißen?»

Weitere Aspekte des therapeutischen Vorgehens, die für Bindungsfamilien im allgemeinen und Magersuchtsfamilien im besonderen relevant sind, behandeln wir im folgenden Kapitel.

KAPITEL 7

Die Therapie

I. Kontext, Setting, Überlegungen zu Überweisung und Auswahl der Familien

Jeder, der familientherapeutisch arbeitet, muß seine Vorgehensweisen dem jeweiligen Kontext und den Strukturen und Problemen der Familien anpassen. Es macht zum Beispiel einen Unterschied, ob man eine Familie mit einem 12jährigen, nur leicht untergewichtigen Mädchen ambulant in einer Beratungsstelle sieht oder ob man eine 25jährige, seit langem kachektische (ausgemergelte) Magersüchtige, die schon über Jahre wenig Kontakt zu ihrer Herkunftsfamilie hat, in einer Klinik behandelt.

Der Kontext, in dem wir arbeiten

Obwohl wir inzwischen überwiegend systemische Familientherapien durchführen, heißt die Einrichtung, in der wir arbeiten, offiziell «Abteilung für psychoanalytische Grundlagenforschung und Familientherapie». Sie ist Teil der Psychosomatischen Universitätsklinik und in einem Zweifamilienhaus in einem mittelständischen Stadtteil Heidelbergs untergebracht. Aufgabe der Abteilung ist die Forschung, Lehre und Krankenversorgung. Sie ist nicht für einen bestimmten Einzugsbereich zuständig, hat also keinen klar umrissenen Versorgungsauftrag. Damit besteht die Möglichkeit, die zu behandelnden Familien auszuwählen. Die Abteilung hat in Deutschland im familientherapeutischen Bereich eine hohe Reputation. Die dort arbeitenden Therapeuten gelten als Experten und sind auch durch Publikationen zur Behandlung von Magersuchtsfamilien bekannt geworden. Dieser Tatbestand und das Faktum, daß wir Wartezeiten für Familien haben, erleichtern unsere Arbeit insofern, als wir eher motivierte Familien behandeln können. Wir müssen jedoch auch damit rechnen, daß die Familien vermuten, vor allem aus Forschungsinteressen gesehen zu werden. Gunthard Weber gründete 1983 ein Institut in einer mittleren Kleinstadt, wo er als systemischer Therapeut in Privatpraxis arbeitet.

Das Setting

Familien mit magersüchtigen Mitgliedern sehen wir zumeist in Therapeuten-Teams von zwei bis zu vier Mitgliedern (oft mit Einwegspiegel), gelegentlich auch allein. Da wir meist nur höchstens 10 Sitzungen im Abstand von 4–8 Wochen durchführen, ist der Kostenaufwand trotz des Personalaufwands verhältnismäßig gering. Oft werden Video- oder Tonbandaufnahmen von den Gesprächen gemacht. Die zu behandelnden Familien werden, nachdem sie sich angemeldet haben, schriftlich über das Setting, das sie erwartet, informiert. Die Überweisungswege zu uns sind unterschiedlich. Ein recht großer Anteil der Familien findet den Weg zu uns durch unsere Veröffentlichungen oder Hinweise anderer Familien. Immer legen wir Wert darauf, daß ein Familienmitglied vor dem Erstgespräch anruft. Um keine bevorzugten Beziehungen herzustellen, führen wir keine Vorgespräche mit einzelnen Familienmitgliedern durch, sondern sehen von Anfang an die erreichbare Familie. Wenn sich bei dem Abteilungsleiter die Familien privat angemeldet haben, bezahlen sie für die Sitzungen selbst. Kommen sie über die Institutsambulanz, übernehmen die Krankenkassen die Kosten. Familientherapie ist in Deutschland bisher keine Pflichtleistung der Krankenkassen. Immer häufiger übernehmen diese jedoch die Behandlungskosten, da sie feststellen, daß durch die Familientherapie nicht selten teure Klinikaufenthalte vermieden werden.

Die Familien

Aufgrund der genannten Faktoren kommen Familien eines bestimmten Typus häufiger zu uns als andere. Wir haben sicherlich eine größere Erfahrung in der Behandlung gebundener (zentripetaler) Familien, weil diese eher zu gemeinsamen Gesprächen bereit sind. Es wäre zu überprüfen, ob es nicht doch mehr zentrifugale (auseinanderstrebende) Magersuchtsfamilien gibt, als wir annehmen. Es könnte sein, daß Magersüchtige, die aus solchen zentrifugalen Familien stammen, und ältere Magersüchtige häufiger Einzeltherapeuten aufsuchen und öfter als die von uns gesehenen Klienten in Kliniken landen. Ganz überwiegend handelt es sich bei den 81 Magersuchtsfamilien, die wir zwischen 1978 und 1986 behandelt haben, um Familien mit magersüchtigen Kindern, die zu Beginn der Familiengespräche zwischen zehn und zwanzig Jahre alt waren und häufig noch in der Familie lebten. Wir behandelten bisher nur vier Familien mit magersüchtigen Söhnen. Deshalb beschränken wir uns in dieser Darstellung auf Familien mit magersüchtigen Töchtern. Relativ viele von ihnen (etwa 20 Prozent) nahmen Anfahrtswege von über 200 km in Kauf.

In der Bundesrepublik Deutschland entscheidet man sich bei psychosomatischen Symptomen nur selten für die Familientherapie als Behandlungsmethode erster Wahl. So waren den Familientherapien meist mehrere andere Behandlungsversuche, oft auch stationäre Aufenthalte in unterschiedlichen Kliniken, vorausgegangen. Durchschnittlich kamen die Familien erst drei Jahre nach Beginn der Symptomatik zu uns. Dies erschwerte die therapeutische Arbeit oft, da sich bestimmte Interaktionsmuster in dieser Zeit schon fest etabliert hatten.

Warum wir uns für das beschriebene systemische Vorgehen entschieden haben

Das systemische Vorgehen ist dazu angetan, die Verantwortung für Veränderungen und Nichtveränderungen bei der Familie zu belassen. Dazu trägt auch bei, daß die Gespräche relativ selten stattfinden. Die Therapeuten versuchen zwar aktiv, Einstellungs- und Verhaltensänderungen anzuregen, sie fordern und verlangen aber nicht direkt bestimmte Verhaltensweisen. So werden sie nicht so leicht als Eindringlinge erlebt. Sie vermeiden Kämpfe und Diskussionen über richtig/falsch, über normal/nicht normal und über Werte und versuchen, die Äußerungen aller Familienmitglieder gleichwertig zu behandeln und mit ihnen mit einer respektierenden, neugierigen Haltung (Cecchin 1988) in Kontakt zu treten. Sie versuchen, normative Vorstellungen davon, wie eine Familie auszusehen hat – denn natürlich hat auch jeder Therapeut bevorzugte Vorstellungen von einer «guten Familie» – in ihren Fragen nicht wertend durchscheinen zu lassen. Gerade mit hypothetischen Fragen versuchen sie, Vorteile und Konsequenzen möglicher unterschiedlicher Sicht- und Verhaltensweisen der Einschätzung der Familie zu überlassen.

Allerdings: auch Therapeuten, die nach dem Modell der strukturellen Familientherapie (Minuchin & Fishman 1981) arbeiten, das normative Vorstellungen über funktionale Familien vertritt, können sich berechtigt fühlen, ihre Vorgehensweisen zu bevorzugen, die vor allem auf klare individuelle und Generationsgrenzen abzielen und eine klare hierarchische Familienordnung fördern sollen.

Es ist wohl kein Zufall, daß sich bislang besonders systemisch und strukturell arbeitende Familientherapeuten mit Magersuchtsfamilien beschäftigt haben.

Die therapeutischen Strategien

Wir diskutieren zunächst einige Grundsätze und Schwierigkeiten der Behandlung von Bindungsfamilien im allgemeinen und von Magersuchtsfamilien im besonderen. Anschließend beschreiben wir das Erstinterview, Interventionen, Wechselfälle des Therapieverlaufes und schließlich einige ausgewählte Fälle.

Therapeutische Aufgaben und Dilemmata in der Arbeit mit Bindungsfamilien

Bei diesen Familien ist es unsere wichtigste therapeutische Aufgabe, eine fortschreitende bezogene Individuation zu ermöglichen. Individuation, so sahen wir im dritten Kapitel, bedeutet zuallererst Abgrenzung, und Abgrenzung bedeutet wiederum zuallererst, in der Lage zu sein, sich in einer neuen, differenzierteren Weise zu unterscheiden. Dies wiederum verlangt vom systemischen Therapeuten, daß er den Familienmitgliedern ermöglicht, Unterschiede, die einen Unterschied zum Bestehenden machen, wahrzunehmen und zuzulassen. Das heißt, er arbeitet als Spezialist im Erzeugen von Kategorien, die neue Unterscheidungen implizieren (vgl. Simon 1988).

Die therapeutische Herausforderung und Kunst in der Arbeit mit extrem gebundenen oder zentripetal orientierten Systemen besteht somit darin,

gerade dort Unterschiede zu ermöglichen, wo Unterschiede vermieden werden;

gerade dort Individuation zu fördern, wo Sich-voneinander-Abgrenzen als bedrohlich erlebt wird;

gerade dort Auseinandersetzungen zu induzieren, wo Auseinandersetzungen gescheut werden;

gerade dort Realitätskonstruktionen aufzuweichen, wo eherne Grundsätze dazu anhalten, alles beim alten zu lassen;

gerade dort über Beziehungen zu sprechen, wo klare Beziehungsdefinitionen gegen die «guten Sitten» und gegen die Gerechtigkeitsideologie verstoßen;

gerade dort die Öffnung der Familienaußengrenzen zu erreichen – und ein Therapeut ist selbst zuerst auch einer von draußen, der vor der verschlossenen Haustür der Familie steht –, wo die Außenwelt als feindlich erlebt wird.

II. Fragen, die nicht nur Fragen sind

Das «zirkuläre Fragen» erweist sich als ein besonders differenziertes Instrument, um gerade diesen therapeutischen Herausforderungen gerecht zu werden. Viele der vorgestellten Fragekategorien (vgl. Seite 82 ff) führen Unterscheidungen ein und implizieren inhaltlich direkt oder indirekt Deutungen. Dennoch werden sie in der Regel nicht als bedrohlich und zur Stellungnahme herausfordernd erlebt. Den Patienten steht es ja frei, sie zu beantworten oder nicht zu beantworten. Gewöhnlich weisen wir gleich zu Anfang darauf hin, daß wir viele Fragen stellen werden und es den Familienmitgliedern überlassen, nur diejenigen zu beantworten, die sie wirklich beantworten wollen.

Unterschiedsfragen sind im Prinzip Kleinstinterventionen. Wir können die Reaktion darauf direkt beobachten und unsere nächsten Fragen auf diese Reaktion abstimmen.

Bestätigung und Neuheit (Erstmaligkeit)

Ernst von Weizsäcker (1974) führte in einer Untersuchung über Information und offene Systeme aus, daß Informationen, die eine Struktur stabilisieren, überwiegend Bestätigungen enthalten und solche, die destabilisieren, Neuheit oder Erstmaligkeit. Führen die Therapeuten zuviel und zu extrem Neues ein (beispielsweise indem sie zu große Unterschiedsschritte machen, welche die Familienmitglieder nicht nur verblüffen, sondern abschrecken), wird das dazu führen, daß Informationen eher abgelehnt und die therapeutische Beziehung in Frage gestellt wird. Bestätigen sie dagegen überwiegend, so entwickelt sich zwar eine gute Beziehung, es fehlen jedoch verändernde Impulse. Das zirkuläre Fragen erlaubt, Bestätigung und Neuheit fortwährend zu balancieren. Steigt die emotionale Spannung und erleben wir das, was wir «Widerstand» nennen, so lassen sich durch Fragen, die eher bestätigend wirken, die Irritationen dämpfen. Besteht eine gute stabile Beziehung und hat man gleichzeitig den Eindruck, daß es langweilig wird, dann kann man sich provokative Fragen leisten, die Neues anstoßen können. In der Familientherapie haben wir zudem jederzeit die Möglichkeit, eine neue Frage einem anderen Familienmitglied zu stellen und dabei den Fokus zu wechseln.

Wie erwähnt, wollen Bindungsfamilien oft «normal» sein. Fragen wir also ein Familienmitglied zu früh: «Wer traut sich am ehesten einmal, von der Familienlinie abzuweichen?» und fordern dazu auf, eine Rangfolge zu bilden, so kann das bedrohlich wirken und den Verdacht wecken, wir unterstützten abweichendes Verhalten. Stellen wir dagegen eine Frage wie: «Wem ist es in der Familie am wichtigsten, daß diese Familie normal ist und daß man nicht auffällt?» und bitten wir nun um die Bestimmung einer Rangfolge, dann bleiben wir auf der Inhaltsebene im Denkrahmen der Familie und machen eventuell doch auf der Beziehungsebene Unterschiede offenbar. Für Außenstehende ist unser vieles Fragen oft befremdlich. Unsere Erfahrung zeigt uns aber, daß die zu uns kommenden Klienten sich durch sinnstiftende Fragen oft mehr ermutigt und verstanden fühlen als durch Interpretationen und Empathie für ihre Leiden.

«Alle gleich»

Auf Unterschiedsfragen zu besonders tabuisierten Themen erhalten wir in den Sitzungen mit diesen Familien oft ausweichende Antworten, die dahin tendieren, alle Familienmitglieder als gleich zu definieren. Beispiele: «Wer legt den größten Wert darauf, daß die Familie gemeinsam in Urlaub fährt?» Antwort: «Eigentlich alle gleich» oder «Wir fahren immer gemeinsam in Urlaub». Frage: «Wenn eines von den Kindern häufiger mit der Mutter redet als die anderen, wer ist das am ehesten?» Antwort: «Meine Frau behandelt alle Kinder gleich.» Das Gerechtigkeitsideal dieser Familien erlaubt keine Unterschiede und der vorherrschende Wir-Modus keine abweichenden Stellungnahmen in entscheidenden Fragen des Familien-Credos.

Allerdings: Ungeduldiges und starres Beharren der Therapeuten auf Unterschieden führt oft nur dazu, daß der Fokus verschoben und vermehrt ausweichend geantwortet wird. Die Loyalität bindet dann noch zu stark. Wir fragen deshalb nach «kleinen» Unterschieden oder stellen hypothetische Fragen, die nicht wirklich Vorhandenes betreffen und deshalb weniger Schuldgefühle hervorrufen. Beispiele: «Wenn es eine Zeit gab, in der ein Kind einem Elternteil vorübergehend gefühlsmäßig etwas näher war, wann war das?» «Wann, meinen Sie, wird eines der Kinder das erste Mal nicht mehr mit der ganzen Familie in Urlaub fahren?»

Von den Kindern (insbesondere von den «Liberos») in diesen Familien erhalten wir oft klarere Beziehungsinformationen als von den Erwachsenen. Man muß jedoch darauf achten, daß man die Kinder nicht Loyalitätskonflikten aussetzt, besonders wenn sie noch recht jung sind und die Eltern sich durch ihre Antworten beschuldigt oder entthront fühlen könnten. Man merkt das daran, daß die Kinder vermehrt mit «Ich weiß nicht» antworten. Es empfiehlt sich, die Hierarchie der Familie zu respektieren und zuerst die Eltern zu fragen. Äußerungen der Eltern wie «Hannelore [das Kind] kann das noch nicht beurteilen» stellen wir in Frage, da das Kind sie als Abwertung verstehen kann.

Werden die Antworten immer defensiver und unergiebiger, so lassen sich neue Energien mobilisieren, wenn man, wie in anderen Fällen auch, die therapeutische Beziehung zum Thema macht. Beispiele: «Ich habe gerade sehr viele Fragen gestellt. Welche könnte ich noch stellen, damit Peter noch mehr mit ‹Ich weiß nicht› antwortet?» Oder wenn man eher bestätigen möchte: «Ich habe jetzt viele Fragen zu etwas randständigen Bereichen gestellt. Welche Fragen, meinen Sie, sind Ihrem Mann zur Zeit wichtiger und sollten daher noch angesprochen werden?»

Die Angst vor Trennungen

Die Bindungskräfte sind vor allem in den Familien stark, die in der Vergangenheit Trennungen (etwa durch plötzliche Todesfälle) traumatisch erlebt haben und nicht verarbeiten konnten. Das trifft, wie wir sahen, auf viele der hier diskutierten Familien zu. Oft ist bei ihnen die Angst allgegenwärtig, es könnte wieder zu einer Trennung kommen.

In der Arbeit mit gebundenen Familien werden Therapeuten verständlicherweise leicht dazu verführt, die interindividuellen Grenzen stärken und die Verselbständigung heranwachsender Kinder fördern zu wollen. Es kommt zum Tauziehen. Je mehr die Therapeuten in die eine Richtung ziehen, desto sturer wird die Familie, die sich durch Trennungen ja stärkstens bedroht fühlt, sich mit aller Kraft dagegen stemmen. Eine erfolgversprechende Strategie besteht darin, daß der Therapeut, sobald er merkt, zu einseitig in seine Richtung gezerrt zu haben, so daß die Familienmitglieder ihm nun ausweichen und sich wehren, den Gegenzug aufgibt und auf die Seite der Familie hinüberwechselt. Milton Erickson erzählte Jay Haley (1985) einmal eine Begebenheit aus seiner Kindheit: Sein Vater versuchte, ein störrisches Kalb in den Stall zu ziehen. Das Tier sträubte sich und tat keinen Schritt, weder vorwärts noch rückwärts. Als der Vater aufgab, wurde Milton der Situation Herr, indem er das Kalb am Schwanz zog und dieses ihn daraufhin in den Stall schleifte. Auf den Umgang mit symmetrischem Verhalten werden wir noch zurückkommen.

Fragen und Aussagen, die die Kohäsion des Familiensystems bestätigen und sie vielleicht noch betonen, sind oft der einzige Weg, das Sich-Auseinandersetzen (im wahrsten Sinne des Wortes) zu ermöglichen. Beispiel: «Angenommen, Sie, Christine, wollten, daß die Familie noch näher zusammenrückt, wie könnten Sie das am besten anstellen?»

Gelegentlich versuchen wir, den Familienmitgliedern eine Außenperspektive zu ermöglichen, indem wir einen fiktiven Beobachter einführen. «Angenommen, ich fragte einen neutralen Beobachter, der Sie schon lange und gut kennt: Ist diese Familie eine sehr gut zusammenhaltende oder eher eine mit losen Beziehungen? Was würde er antworten?» Antwort: «Eine gut zusammenhaltende.» Frage: «Gerade richtig oder zu verflochten miteinander?» Antwort: «Vielleicht etwas zu eng.» Frage: «Woraus würde er das schließen?» oder «Wie kommt er dazu?» Und dann: «Wenn ich ihn fragte, ob das Zusammenrücken sich eher verstärkt hat oder ob die Familienmitglieder eher auseinandergerückt sind, seit Maria zu fasten begonnen hat, was würde er sagen?» Es fällt den Familienmitgliedern oft leichter, auf solche als auf direktere Fragen zu antworten. Sie brauchen ja nicht selbst Stellung zu beziehen, sondern drücken nur aus, was ein neutraler Beobachter sagen würde.

Die positive Bewertung des Vorhandenen

Leben entfaltet sich dialektisch in Polaritäten. Ein aktiver Mensch kann sich erst dann als aktiv erleben und entsprechend benennen, wenn er im Kontakt mit anderen das erfährt, was «passiv» genannt wird. Als Therapeuten bemühen wir uns, diese lebendige Dialektik anzustoßen, indem wir das jeweils nichtgelebte Moment einzuführen und zu unterstützen suchen. Allerdings: Tun wir das zu direkt oder zu forciert, erreichen wir wieder meist das Gegenteil. Wir vermitteln dann der Familie lediglich: «So wie es bei euch ist, ist es nicht in Ordnung.» An (direkter und indirekter) Kritik – an sich selbst wie an anderen – mangelte es diesen Familien jedoch in keiner Weise, wohl aber an einem anerkennenden Verständnis dafür, daß sie die aus ihrer Sicht und Geschichte heraus bestmögliche Lösung gefunden haben.

Vor diesem Hintergrund müssen wir die *positive Konnotation* – das heißt die *positive Symptomdeutung* – sehen, die das Mailänder Team so stark herausgestellt hat. Oft erlaubt den Familienmitgliedern erst die Bestätigung des Status quo, sich unbedroht und in ihr angemessenen Schritten auf die andere, nichtgelebte Verhaltensseite zuzubewegen. In der Arbeit mit gebundenen Familien, in der es letztlich immer um Ent-Bindung geht, ist es also wichtig, die Bemühungen aller um den Familienzusammenhalt und um Harmonie anzuerkennen, bevor solche Ent-Bindung in Gang kommen kann. Gelegentlich «überholen» wir die Familien, indem wir die positiven Aspekte des Zusammenhaltens noch stärker betonen als sie selbst. Oft versucht uns dann ein Familienmitglied zu überzeugen, daß es bei ihnen gar so harmonisch auch wieder nicht zugeht.

Eine kritische Bemerkung dazu: Das positive Konnotieren ist in den letzten Jahren bei vielen systemischen Therapeuten zu einem automatischen Ritual geworden. Sie lieben es, Interventionsversuche mit Floskeln wie «Wir sind beeindruckt davon, daß Sie...» einzuleiten, und schließen einige allgemeine, beschönigende Aussagen an – und wundern sich dann, wenn solche ohne Liebe garnierten Trosthäppchen den Familien nicht schmecken. Positives Konnotieren stellt auch nur für diejenigen Familien eine neue Information dar, in denen man eher kritisch und abwertend miteinander umgeht. Bei Familien, die schon selbst alles positiv sehen und gegenseitig fast alles positiv konnotieren, kann gerade eine kritische Stellungnahme der Therapeuten einen wichtigen Veränderungsimpuls geben.

Die Wahrung der «Neutralität»

Familientherapeuten berichteten schon früh, daß sie in ihrer Arbeit auf die Dauer nur dann effektiv zu sein vermochten, wenn es ihnen gelang, eine Metaposition zu halten. Dies ist leichter gesagt als getan, da ein Therapeut ja immer auch am Interaktionsprozeß beteiligt ist. Das, was Bindungsfamilien nur selten vermögen: die Beziehungs- und Bedeutungsmuster aus einer Außenperspektive zu betrachten, macht die Kompetenz der Familientherapeuten aus.

Verschiedene Schulen der Familientherapie versuchen, dieses Ziel auf unterschiedliche Weise zu erreichen. Die einen raten den Therapeuten, sich die Bedürfnisse und Positionen aller Familienmitglieder zu eigen zu machen. H. Stierlin spricht hier von Allparteilichkeit (Stierlin et al. 1977), I. Boszormenyi-Nagy (1973) von «multi-directed partiality», einer nach vielen Seiten gerichteten Parteilichkeit. Strukturelle Therapeuten tendieren dazu, die Koalitionen zu wechseln, um so auf Dauer einseitigen Bündnissen zu entgehen (Minuchin & Fishman 1981). Auch die Mailänder Therapeuten sprechen gelegentlich von «sukzessiven Bündnissen» (Boscolo et al. 1987).

Im allgemeinen versuchen systemische Therapeuten sich so zu verhalten, daß die Familienmitglieder aus den Fragen möglichst nicht zu schließen vermögen, welche Vorstellungen und Grundsätze die Therapeuten leiten. Sie versuchen ebenfalls alles zu vermeiden, was den Eindruck erwecken könnte, ein Mitglied werde bevorzugt. Nach G. Cecchin bezeugt sich Neutralität beim Therapeuten in Wachheit und Neugier, ihr Fehlen in Langeweile und dem Aufkommen psychosomatischer Beschwerden (Cecchin 1987).

Neutralität wird oft als ein unbeteiligtes Sich-Draußenhalten mißverstanden. Gerade das trifft für den systemischen Therapeuten nicht zu. Als Mitbeteiligter trägt auch er Mitverantwortung für das, was passiert. Er nimmt sie jedoch anders wahr als die Familien von ihm erwarten. Das Wesen seiner Neutralität verdeutlicht sich uns weiter, wenn wir uns die Idee eines Multiversums im Sinne Maturanas und Varelas (1987) zu eigen machen. Wir können dann sagen: Gebundene Familien legen sich in vielen Punkten auf ein Uni-Versum fest. Dagegen vertritt der systemische Therapeut konsequent die Idee eines Multi-Versums. Damit entzieht er einer Konkurrenz um die bessere oder wahrere Sicht oder das bessere oder wahrere Universum den Boden. Er vermittelt nicht: «Ich weiß es besser als du», sondern: «Es gibt viele Möglichkeiten, etwas zu sehen, zu erklären oder zu verändern.» Eine solche «multiversale Sicht» läßt sich leichter durch Zusammenarbeit im Team als im Alleingang bewahren. Bei vier Personen ist eher zu erwarten, daß sie unterschiedlich interpunktieren und unterschiedliche Ideen entwickeln. Nach unserer Erfahrung wird es jedoch schwierig, wenn Teams aus mehr als vier Mitgliedern bestehen. Dann gestaltet sich der Prozeß der Integration der unterschiedlichen Sichtweisen und Ideen oft langwierig und mühsam. In diesem Falle empfiehlt es sich, Untergruppen zu bilden.

Doch auch in allen Unterscheidungskriterien, die Therapeuten einführen, sind implizit Wertungen enthalten. Statt einer bestimmten Frage mit einem bestimmten Inhalt könnten sie auch andere Fragen mit anderen Inhalten stellen. Entscheidend bleibt, daß sie in der Beziehung zu den einzelnen Mitgliedern als nichtparteilich erlebt werden.

In der Arbeit mit Bindungsfamilien gerät ein Therapeut typischerweise in Neutralitätsdilemmata, wenn er entweder einseitig die Ablösungstendenzen der Heranwachsenden oder die gegenläufigen Kontrollbemühungen der Eltern unterstützt. Ob er die Neutralität verletzt, entscheiden letztlich die Reaktionen der Familienmitglieder.

Schon die Übernahme bestimmter Formulierungen eines Familienmitglieds kann die Neutralität gefährden. Beispielsweise kann der Vater einer Magersüchtigen deren Sturheit als Ursache ihrer Magersucht definieren. Fragt in diesem Falle ein Therapeut: «Seit wann zeigt sich Ihre Tochter so stur?» oder «Wem gegenüber zeigt sie sich besonders stur?», könnte das von der Tochter so erlebt werden, als halte auch er sie für stur. Umgekehrt könnten die Eltern mutmaßen, der Therapeut unterstütze die Tochter, falls er fragt: «Wem gegenüber vertritt Ihre Tochter ihre Eigenständigkeit besonders ausgeprägt?»

Seine neutrale Position gibt der Therapeut aber auch dann auf, wenn er entweder die Konfliktvermeidung der ganzen Familie mitmacht und sich auf einen gemeinsamen Kaffeeklatsch über Nebensächlichkeiten einläßt oder aber vermittelt, es wäre besser, mehr aktives Verhalten zu zeigen.

Insgesamt machten wir in unserer Arbeit mit Magersuchtsfamilien die Erfahrung, daß wir es uns eher leisten konnten, einmal die Neutralität zuungunsten der Eltern zu verletzen. Die identifizierten Patientinnen reagierten typischerweise viel sensibler und oft mit Rückzug, wenn sie sich benachteiligt oder von uns angegriffen fühlten. Besonders zu Beginn der Gespräche ist es wichtig, das Vertrauen dieser Mädchen zu gewinnen.

III. Schwerpunkte der therapeutischen Intervention

Fluch und Segen der Komplementarität

Wir beschrieben im dritten Kapitel Hintergründe und Dynamik des zwischen der Magersüchtigen und ihren Familienangehörigen symmetrisch sich eskalierenden Kampfes. Wie geht man damit therapeutisch um?

Herrscht erst einmal solch ein (offener oder verdeckter) Kampf vor, hat es wenig Sinn, hinsichtlich der Inhalte etwas klären zu wollen. Wirklichkeit steht hier gegen Wirklichkeit. Keiner hört mehr hin, jeder versucht, Kontrolle über die Beziehung zu gewinnen, die Definitionsmacht zu behaupten. In einer derartigen Situation findet sich der Therapeut typischerweise eingeladen zu neutralisieren oder als Dritter zu vermitteln. Geht er darauf ein, hilft das meist nur, solange er anwesend ist. Er läuft jedoch Gefahr, als umworbener Bündnispartner oder als Richter in das symmetrische Spiel einbezogen zu werden.

Angesichts eines sich symmetrisch anheizenden Kampfes stellt sich als vordringlichste therapeutische Aufgabe, nichtsymmetrisches Verhalten zu ermöglichen. Das bedeutet aber nicht, der Therapeut solle versuchen, das magersüchtige Mädchen dazu zu bewegen, sich anzupassen, oder die Eltern dazu, ihre Werte aufzugeben. Vielmehr geht es darum, daß sich die Familienmitglieder in ihrer Eigenart und Individualität gegenseitig anerkennen, ihre unterschiedlichen Vorstellungen, Bedürfnisse und Eigenarten respektieren und ihre Beziehungsrealität aushandeln können.

Symmetrisches Verhalten wird nur möglich, wenn ein anderer opponiert. Das gilt auch für symmetrisches Verhalten in der therapeutischen Beziehung. Verhält sich hier ein Therapeut komplementär, werden auch die symmetrischen Interaktionen mit ihm hinfällig. Er kann sich beispielsweise komplementär verhalten, indem er um Hilfe bittet oder sein Neutralitätsdilemma aufzeigt. Beispiel: «Ich fühle mich jetzt in einer heiklen

Situation. Wenn ich sage, Maria soll selbst bestimmen, wieviel sie ißt, könnten mich die Eltern auf Marias Seite sehen. Wenn ich die Eltern ermutige, mehr zusammenzuhalten und dafür zu sorgen, daß Maria ißt, könnten Sie, Maria, mich für parteiisch zugunsten der Eltern halten. Welchen Rat geben Sie, Maria, mir in dieser Situation?»

Hat er seine Neutralität verloren, kann er eine Pause einlegen und nach seiner Rückkehr Fehler eingestehen. Er kann auch die Möglichkeit einer Eskalation zwischen den Parteien konfrontierend vorwegnehmen. Beispiele: «Angenommen, Sie wollten die Auseinandersetzungen mit Ihren Eltern verschärfen, wie könnten Sie das am besten erreichen?» Oder: «Angenommen, Sie als Eltern wollten erreichen, daß sich Maria noch mehr für den Hungerstreik entscheidet, wie könnten Sie das tun?» Es ist fast immer effektiver, jemanden direkt danach zu fragen, was er tun müsse, um etwas zu verschlimmern, als danach, was er tun könne, um etwas zu verbessern. Wer etwas verschlimmern kann, hat Einfluß auf das Geschehen. Möglichkeiten, wie die Situation zu verbessern wäre, haben meist schon viele andere angeboten – ohne Erfolg. Wir werden noch erörtern, wie wir durch Abschlußinterventionen versuchen, symmetrische Interaktionen zu blockieren.

Krank oder böse (stur, trotzig)

Menschen verfangen sich besonders dann in symmetrischen Interaktionen, wenn sie durch starke Loyalität aneinander gebunden sind und sich vor einer Trennung ängstigen. Gerade in diesen Fällen sind symmetrische Interaktionen meist von gegenseitigen Anschuldigungen und Abwertungen begleitet. In den uns hier beschäftigenden Familien werden die magersüchtigen Mädchen häufig als trotzig, stur und uneinsichtig, also letztlich als böse erlebt, die Eltern dagegen als überfürsorglich, dominierend und fordernd. Damit versperren sich die Wege zu mehr Komplementarität, das heißt zum Aufgeben, Nachgeben und Ja-Sagen noch weiter.

In solchen angeheizten Pattsituationen erweisen sich Ärzte

oft als Autoritäten mit Definitionsmacht. Sie werden zu Rate gezogen und diagnostizieren eine Krankheit: «Anorexia nervosa» oder «Pubertätsmagersucht». Das entspannt die Situation wenigstens vorübergehend: Weder die Eltern noch die Tochter haben nunmehr Schuld. Solange die Tochter an einer unerklärlichen Krankheit leidet, ist beiden Seiten die Verantwortung genommen. Verschlimmert sich der Zustand der Tochter, wird sie gewöhnlich in eine Klinik eingewiesen. Dort setzt sich der Kampf jedoch oft in ähnlicher Weise fort wie in der Familie: Hier versuchen die Ärzte, das Mädchen zum Essen zu bringen, und dieses wehrt sich dagegen auf vielfältige Weise. Bei genauerem Hinsehen erweist sich: die Etikettierung des fraglichen Verhaltens als «Krankheit» wird bald zum Danaergeschenk. Mit der Diagnose «Krankheit» wird das Geschehen verdinglicht und aus dem Kontext gerissen, wird es zum Problem einer einzelnen Person. Diesem Problem ist diese einzelne und diese Familie dann hilflos ausgeliefert. Man kann daher nicht umhin, es den Ärzten oder anderen psychosozialen Helfern zu delegieren. Die Etikettierung als Krankheit versorgt den nachgiebigeren Elternteil zudem mit einem neuen Argument und spaltet so die Eltern noch mehr. Krankheit ist ja gerade in diesen Familien ein Alarmsignal, das vermehrte Fürsorge auslöst. Das magersüchtige Mädchen bekommt nun zwar die ersehnte Zuwendung, aber nicht seinetwegen, sondern wegen der Krankheit.

Angesichts dieser Sachlage stellt sich dem systemischen Therapeuten die Aufgabe, den Mythos «Krankheit» zu relativieren (s. auch Simon und Weber 1988). Auch das geschieht wieder am besten indirekt durch Fragen. Diese Fragen implizieren, daß es allen Beteiligten möglich ist, verantwortlich zu handeln: Wer sich zum Fasten entscheidet, kann auch aufhören zu fasten. Beispiele: «Wie würde die Mutter ihr Verhalten ändern, wenn sie ab heute davon überzeugt wäre, daß Maria nicht krank ist und Einfluß auf ihr Verhalten hat?» Oder: «Ist es deiner Schwester eher recht, wenn die Ärzte sie für krank halten, oder hätte sie es lieber, wenn man ihr eine Entscheidungsmöglichkeit zutraute?» Indem wir beispielsweise fragen: «Wann hat Maria begonnen, in den Hungerstreik zu treten?», betonen wir den Willensakt und gehen wir gegen den Mythos an, die Krankheit sei plötzlich vom Himmel gefallen. Minuchin und Fishman (1981) nennen als krank etikettierte Verhaltensweisen den Familien gegenüber häufig Ungehorsam, Trotz und Rebellion. In unserem eigenen Vorgehen bringen wir durch unsere Fragen solche Benennungen zwar ebenfalls ein, tun dies aber nur hypothetisch. Wir spielen auch mögliche Interaktionssequenzen nur hypothetisch durch und geben keine Hinweise darauf, daß wir uns ein bestimmtes Verhalten wünschen.

Essen und Gewicht: Themawechsel

Wer mit Magersuchtsfamilien gearbeitet hat, weiß, wie schnell man mit ihnen beim Thema Essen und Gewicht landet und wie schnell sich dann die Fronten verhärten. Lassen wir uns dazu verleiten – und verständlicherweise kommt man meist gleich zu Beginn darauf zu sprechen –, auf dieses Thema ausgiebig einzugehen und Vermittlungsversuche zu starten, erleben wir uns bald wie Sisyphus. Bei Hunderten von Familienmahlzeiten haben sich hier starre und sich wiederholende Muster des Verhaltens, der Ermahnung, Anklage und Gegenanklage ausgebildet. Wir vermeiden es also soweit wie möglich, über Essen und Gewicht zu sprechen, nachdem wir die um das Essen sich drehenden und sich wiederholenden Interaktionszirkel erfragt haben. Gelegentlich fragen wir aber hypothetisch: «Was meinst du: würde sich deine Schwester entscheiden, weiter zu fasten oder eher wieder die Verantwortung für eine angemessene Ernährung zu übernehmen, wenn die Eltern sich entschieden, Maria die Verantwortung dafür, wieviel und was sie ißt, ganz zurückzugeben?» Oder wir fragen so: «Wer von den Eltern würde eher ein solches Risiko eingehen und es aufgeben, Maria weiterhin zu drängen, mehr zu essen?» «Könntest du dir vorstellen, daß Maria irgendwann sagen kann: Ich esse, auch wenn *ihr* wollt, daß ich esse?»

Wir vereinbaren auch kein Mindestgewicht, das die Magersüchtige haben soll, um von uns ambulant behandelt zu werden. Dadurch würde lediglich ein Agierfeld eröffnet, in dem man uns zum Handeln und damit zur Aufgabe der Neutralität zwingen könnte. Wir geben vielmehr die Verantwortung an die Eltern zurück, indem wir zum Beispiel fragen: «Wieviel muß Maria noch abnehmen, damit die Eltern gemeinsam die Verantwortung übernehmen und Maria in eine Klinik einweisen lassen oder Maria selbst den Schutz einer Klinik sucht?» Bei beunruhigender Gewichtsabnahme raten wir den Familien, den Körperzustand und die Gefährdung von einem Internisten untersuchen zu lassen.

In manchen dieser Familien wird selbst eine dramatische und bedrohliche Gewichtsabnahme merkwürdig negiert und übergangen. In einem solchen Falle können wir schon einmal fragen: «Maria wiegt jetzt 33 kg. Bei welchem Gewicht würden die Eltern wahrnehmen, daß eine Lebensbedrohung besteht?» Es kommt jedoch immer wieder vor, daß Eltern gerade dann eine Klinikeinweisung ins Gespräch bringen, wenn positive Individuationsschritte der Patientin deutlich wurden und die Therapie den Familienzusammenhalt zu gefährden schien. Wir selbst fühlten uns auch schon einige Male zu einer Gratwanderung gezwungen, nachdem die Magersüchtige mehrmals erfolglos stationär behandelt worden war und so viel abgenommen hatte, daß eine Lebensbedrohung nicht ausgeschlossen werden konnte.

Die Lebensbedrohung: Wie wir damit umgehen

Wir wissen, daß trotz anscheinend sinkender Mortalitätsziffern immer noch ein beträchtlicher Prozentsatz dieser Mädchen an den Folgen des Gewichtsverlustes stirbt. Auch eine unserer Patientinnen starb ein Jahr nach einer abgebrochenen Therapie an einem plötzlichen Herzversagen. Wie wir mit dem Problem der Lebensbedrohung umgehen, muß sich danach richten, ob die Eltern diesbezüglich ein aggravierendes oder bagatellisierendes Verhalten zeigen. Die magersüchtigen Mädchen selbst verneinen in der Regel – zumindest nach außen –, daß eine Todesgefahr besteht. Wird die Lebensbedrohung bagatellisiert, nehmen wir mit unseren Fragen den möglichen Tod des Mädchens häufig vorweg. Zum Beispiel: «Zu wieviel Prozent, meinst du, sieht deine Schwester die Gefahr, daß sie demnächst durch einen leichten Infekt sterben kann?» Oder: «Wenn Maria jemand in der Familie dadurch, daß sie sich immer dünner macht und schließlich sterben läßt, Platz machen wollte, wer wäre das ihrer Meinung nach am ehesten?» Oder: «Könnte es ein gestorbenes Familienmitglied geben, mit dem sich Maria dadurch solidarisieren möchte, daß sie sich selbst langsam umbringt?» Oder eine Frage an die magersüchtige Tochter: «Wie, meinen Sie, würden sich Ihre Eltern verhalten, wenn Sie gestorben wären: Würden sie eher gemeinsam trauern oder sich eher gegenseitig Schuldvorwürfe machen?»

Bei akuter Lebensbedrohung ist natürlich die therapeutische Neutralität aufzugeben und selbst für die Einweisung zu sorgen. Nichtärzte, die Magersuchtsfamilien behandeln, sollten regelmäßige Kontrollen durch einen Internisten oder praktischen Arzt zur Voraussetzung der Gespräche machen.

Die «Erfindung» einer positiven Funktion des Symptoms

Familientherapeuten lieben es, von Funktionen der Symptome zu sprechen. Zum Beispiel: Die Tochter hält mit ihren Symptomen die Familie zusammen. Durch die Symptome stabilisiert sich die Ehe der Eltern. Durch die Symptome vermeidet sie die Auseinandersetzung mit eigenen Entwicklungsaufgaben.

Solche Sicht impliziert einen Zweck, eine Gerichtetheit von Verhalten auf ein Ziel hin. Demgegenüber bleibt festzuhalten, daß sich Verhaltensweisen zwar gegenseitig beeinflussen, daß aber Funktionen etwas sind, das jeweils ein Beobachter einem Verhalten zuordnet. Um ein Beispiel Gregory Batesons zu zitieren: Die Berglöwen fressen nicht Rehe, um das Gras der Hochebene zu schützen.

In vielen Fällen kann es sich therapeutisch als nützlich erweisen, durch Fragen positive Funktionen von Symptomen nahezulegen, und viele Patienten haben für sich auch solche Erklärungen und Zusammenhänge gefunden. Beispiel: Eine 18jährige Patientin erzählt beim Katamnesegespräch: «Meine Mutter hat von mir Dinge erwartet, die sie selbst als Kind nicht bekommen hat, und dadurch habe ich meine eigenen Bedürfnisse stark zurückgestellt und ihr dann unheimlich viel gegeben und von ihr nicht so viel zurückbekommen. Schließlich war das dann nicht nur die Mutterbeziehung, wo ich viel gegeben habe, sondern auch der ganze Freundeskreis. Plötzlich ist mir das dann klargeworden: Wenn ich mal selbst Probleme hatte, war keiner für mich da. So kam es mir wenigstens vor, und dadurch sind dann auch die Depressionen entstanden, weil ein Teil von mir nicht gelebt wurde. Ich habe nie mit Leuten über meine eigenen Probleme gesprochen. Erst als dann die Magersucht da war, da hat sich dann jeder für mich interessiert, und dann war auch wichtig, was ich denke und fühle, und da war das Kümmern auf einmal da, was nie da war, als ich klein war. Da hatte ich immer das Gefühl, mich um andere kümmern zu müssen. Nie hatte ich ein besseres Verhältnis mit meinen Eltern als zur Zeit der Magersucht. Ganz toll. Die waren unheimlich lieb und rührend, und ich war da auch gern zu Hause, was ich jetzt gar nicht mehr bin und was ich früher auch nicht war. In der Zeit hatte sich alles umgekehrt. Da war ich so, wie meine Mutter mich haben wollte. Da war ich unheimlich abhängig und auf sie angewiesen. Da war sie auch wichtig. Das ist das, was sie braucht. Das hat ihr Bestätigung gegeben, sich total um jemand kümmern zu müssen.»

Wir müssen uns klar darüber sein, daß wir dabei nicht von Tatsachen ausgehen, vielmehr uns um Erklärungsmöglichkeiten und Umdeutungsversuche bemühen. Beispiel: «Wurde, als dein Bruder zum Studium fortging und deine Schwester daraufhin das magersüchtige Verhalten entwickelte [beide Ereignisse werden miteinander verkoppelt], der Zusammenhalt der Familie eher geringer oder stärker?»

Der Vater antwortete: «Johann hat sich damals große Sorgen um seine Schwester gemacht und ist häufiger nach Hause gekommen.» Diese Antwort bestätigt indirekt, daß der Zusammenhalt wieder größer wurde. Therapeut: «Wäre Johann ebenso oft nach Hause gekommen, wenn seine Schwester keine Eßprobleme gezeigt hätte?» Vater: «Johann hängt auch noch sehr an der Familie und wollte nicht so weit weg. Ihm ist aber ein Studienplatz in Frankfurt zugewiesen worden.» Therapeut: «Inwiefern ist das eine Antwort auf meine Frage?» Und später: «Angenommen, Johann fände in Frankfurt Freunde oder Freundinnen und käme vier Wochen nicht nach Hause, wer würde ihn dann in der Familie am meisten vermissen?» Auf diese Weise ließ sich das Thema Loslösung und Familienzusammenhalt mit dem Auftreten der Symptomatik verknüpfen.

Manchmal fragen wir auch direkt: «Wahrscheinlich klingt die nächste Frage angesichts der Belastungen, die Sie alle fühlen, für Sie etwas fremd und verrückt. Wir stellen sie trotzdem: Haben Sie, Fred [Bruder der Index-Patientin], Ideen dazu, wie sich vielleicht auch Marias [die I.-P.] Verhalten in irgendeiner Weise positiv auf die Familie ausgewirkt haben könnte?» Gewöhnlich ernten wir auf solche Fragen erst einmal Erstaunen, manchmal Proteste. Wir erwarten auch nicht sofort konkrete Antworten. Wir stellen aber immer wieder fest, daß sich die magersüchtigen Mädchen durch diese Frage für ihren Beitrag, den sie zum Familienzusammenhalt leisten, anerkannt fühlen.

Eine Frage an die identifizierte Patientin wie: «Was meinen Sie, wird sich Ihre Schwester eher befreit oder benachteiligt fühlen, wenn sich die ganze Fürsorge der Eltern nicht mehr auf Sie richten wird?» setzt eine tragfähige Beziehung voraus, weil sie sowohl den Gerechtigkeitsmythos der Eltern attackiert als auch das Problem der Geschwisterrivalität anstoßen kann. Noch risikoreicher sind Fragen, die implizieren, das magersüchtige Verhalten könnte die Beziehung der Eltern stabilisieren.

Vertrauen ist gut, Aufpassen besser

Eltern heranwachsender Kinder müssen sich immer wieder fragen, wieviel Verantwortung sie ihren Kindern geben können oder wie sehr sie diese noch durch Setzen von Grenzen vor gefahrvollen Situationen warnen und bewahren müssen. Die Eltern Magersüchtiger haben oft gute Gründe, besonders wachsam zu sein. Verschiedenste vergangene Ereignisse oder zumindest ihre Sicht davon bestätigen ihnen, daß die Außenwelt gefährlich ist und man daher auf die Kinder in besonderem Maße aufpassen muß. Negative Beispiele gibt es genug: der drogenkonsumierende Vetter, der Onkel, der die Mutter sexuell bedrängte, der Bruder der Mutter, der beim Motorradunfall ums Leben kam, die Verwandte, die Selbstmord beging, als ihre Mutter einen kurzen Einkauf machte. Als Folge solcher Befürchtungen etabliert sich in vielen Familien die Regel: Wir müssen immer wissen, wo der andere ist. Ist jemand unterwegs, muß er sofort anrufen, wenn er angekommen ist und fragen, ob zu Hause alles in Ordnung ist. Am besten begleitet man die Kinder zu allen Aktivitäten und holt sie auch wieder ab. So bleiben diese auch dann noch überfürsorglich bewacht, wenn es schon möglich wäre, ihnen altersgemäße Verantwortung zu übertragen. Die Kinder ihrerseits verinnerlichen die elterlichen Ängste, zeigen sich häuslich und vermeiden den Kontakt zu Gleichaltrigen. Da die magersüchtigen Mädchen besonders zerbrechlich erscheinen und sich in der Regel von allen Geschwistern am meisten für den Familienzusammenhalt zuständig fühlen, wird ihre Individuation am ehesten gehemmt, bleiben sie am stärksten gebunden. Zudem waren sie noch häufig die Vertrauten der Mütter, die ihnen erzählten, wie sehr sie sich von Ereignissen der genannten Art belastet fühlten.

Unsere Fragen zielen daher darauf ab, die Regeln und Glaubenssätze, die die Bindung zementieren, zu relativieren. Beispiele: «Wann hat Ihre Mutter zu glauben begonnen, daß die Welt schlecht und gefährlich und die Familie der einzige Ort ist, an dem man sich sicher fühlen kann?» Oder: «Wann waren Sie das letzte Mal voneinander getrennt, ohne automatisch Ängste zu entwickeln, daß etwas passiert sein könnte?» Oder: «Von welchem Geburtstag an werden die Eltern der Schwester zutrauen, daß sie selbst auf sich aufpassen kann?» «Wie oft müßte Maria noch alleine ausgehen, ohne schlechte Erfahrungen zu machen, bis sie sicher darauf vertrauen kann, daß die Welt vor der Haustür nicht nur gefährlich, sondern auch interessant und anregend ist?» «In welche Situation müßte sie sich begeben, damit die Eltern und sie selbst sich in ihren Befürchtungen bestätigt fühlten?»

Verbote und Erlaubnisse

In diesen Familien zeigt man sich überwiegend an Zielen orientiert, die die Außenwelt vorgibt. Leistung, Triebverzicht und Sichanpassen an tradierte Normen sind dementsprechend wichtige Tugenden: «Geben ist seliger als Nehmen». «Man läßt sich nicht gehen». «Man muß sich beherrschen». «Fall nicht auf». Wer eigene Ziele verfolgt oder genießt, ist egoistisch. Wer von der Familienlinie abweicht, macht der Familie Schande.

Vielleicht machen sich die Mädchen in solchen Familien diese Normen regelmäßig stärker zu eigen, da nach unserer Erfahrung Normen meist von den Müttern und den Familien der Mütter übermittelt werden.

Der Aufweichung, Relativierung und Erweiterung dieser versteinerten Normen kommt in der Therapie dieser Familien zentrale Bedeutung zu. Besondere Aufmerksamkeit schenken wir dem in diesen Familien vorherrschenden Rollenbild der Frau.

Beispiel: «Wer in der Familie würde sich am ehesten als Egoist fühlen, wenn er für sich selbst etwas in Anspruch nimmt?» «Wer vertritt in der Familie am ehesten einmal eine Meinung, die von der Tradition der Familie abweicht?» «Von wem in ihrer Herkunftsfamilie hat die Mutter gelernt, daß es ihr nicht zusteht, das Leben zu genießen?» «Wenn ich Ihre Großmutter mütterlicherseits fragte, wie Männer sind und was eine Frau von der Ehe zu erwarten hat, was würde sie antworten?» «Gibt es in Ihrer Familie eine Frau, die ihre eigenen Bedürfnisse ernstgenommen hat und eigene Lebensbereiche entwickelte?» «Angenommen, Ihre Mutter entschiede sich demnächst, sich beruflich weiterzubilden und anschließend auch berufstätig zu sein, wie würde Ihr Vater darauf reagieren?»

Sexualität ist in diesen Familien häufig ein streng tabuisiertes Thema. Wann immer wir es in den Familientherapien zu früh ansprachen, reagierte man mit Erröten, Beklommenheit, Erschrecken oder eisigem Schweigen. Es ist aber nicht gut, es gar nicht anzusprechen. Dann könnten wir nämlich so verstanden werden, wir teilten die Meinung, man sollte besser überhaupt nicht darüber sprechen. Deshalb nähern wir uns diesem Thema eher vorsichtig. Beispiele: «Wer von den Eltern zeigt dem anderen eher einmal seine zärtlichen Gefühle?» «Wenn Maria [die I.-P.] einen Freund gefunden hat und dann mehr Informationen über Zärtlichkeit und Sexualität braucht, an wen würde sie sich wenden?» «Wenn sich Mutter und Vater demnächst auch offen mehr zärtliche Gefühle zeigen würden, wie würden die Kinder darauf reagieren?»

Wenn die Mädchen über Probleme mit Partnerbeziehungen und Sexualität berichteten und wir den Eindruck gewannen, daß sie sich weder Gleichaltrigen noch anderen Personen anzuvertrauen wagten, wiesen wir sie gelegentlich am Ende der Therapie auf die Möglichkeit hin, einige Gespräche darüber mit einer uns bekannten Therapeutin zu führen. Es ist jedoch unsere Erfahrung, daß viele dieser Mädchen befriedigende Partnerbeziehungen eingehen konnten, sobald ihnen eine Änderung der Muster in ihrer Familie einen etwas größeren Freiraum für die eigene Weiterentwicklung verschaffte.

KAPITEL 8
Das Erstgespräch mit Magersuchtsfamilien

Allgemeine Zielsetzungen

Dem Erstgespräch kommt stets eine besondere Bedeutung zu (Stierlin et al. 1977, Selvini Palazzoli et al. 1977). Fehler, die hier gemacht werden, können dazu führen, daß dieses erste Gespräch auch das (unangenehm erinnerte) letzte bleibt.

Im ersten Gespräch stellen sich dem Therapeuten überwiegend drei Aufgaben, die miteinander verzahnt und nur aus didaktischen Gründen getrennt zu behandeln sind: die möglichst schnelle Gewinnung relevanter Informationen *über* das System, die Einführung von Informationen *in* das System, die Herstellung einer tragfähigen Beziehung *mit* dem System. Besonders das zirkuläre Fragen, unser Mehrzweckinstrument, eignet sich dazu, allen drei Forderungen optimal gerecht zu werden. Dabei kommt – gerade im ersten Gespräch – der Bildung von therapeutisch nützlichen Hypothesen im Sinne von Leitideen besondere Bedeutung zu.

Im folgenden behandeln wir diesen Prozeß zunächst unter dem Gesichtspunkt der Informationsgewinnung. Der Prozeß beginnt bereits vor dem ersten Sichtkontakt mit der Familie mit der Bildung von «Eingangshypothesen».

Die Eingangshypothesen

Wir entwickeln unsere Eingangshypothesen zum einen aus Informationen wie Telefongesprächen, Briefen, Hinweisen von Überweisenden, zum anderen aus Fragebögen, die die Eltern direkt vor dem Erstgespräch ausfüllen. Diese vermitteln uns Fakten wie Geburts- und Sterbedaten, Berufe, Religion, Dauer der Partnerschaft, Krankheiten etc. über drei Generationen hinweg. Aus diesen Daten erstellen wir dann ein Genogramm.

Vor allem durch die bis zu diesem Zeitpunkt gewonnenen Daten lassen sich die Therapeuten nunmehr zu unterschiedlichen Suchrichtungen und Fragen anregen. Eine erste Frage ist:

Wen laden wir zu dem Familienerstgespräch ein?

Diese Frage stellt sich typischerweise bereits im ersten Telefonkontakt mit einem Familienmitglied. Wir erkundigen uns, wessen Idee es war, Familiengespräche durchzuführen, wer die Familie überwiesen hat, was als Problem gesehen wird, wann die Symptomatik und die Schwierigkeiten angefangen haben und was bisher schon alles versucht wurde. Wir informieren uns außerdem darüber, wer alles zur Familie gehört und wer zusammenwohnt. Da wir gelernt haben, daß den Großeltern in Magersuchtsfamilien oft eine wichtige Bedeutung zukommt, fragen wir auch nach diesen. Wohnen sie im Hause oder in der Nähe? Schließlich fragen wir uns: Ist es sinnvoller, von einem Zwei- oder einem Dreigenerationenkonflikt auszugehen?

In den letzten Jahren wurde die Vorliebe vieler Familientherapeuten, in den Grenzen von Familien zu denken, in Frage gestellt. Statt dessen wuchs die Neigung, «Problemsysteme» zu sehen (Anderson et al. 1986). Bei Magersuchtsfamilien ließe sich zunächst an ein dyadisches – von Mutter und magersüchtiger Tochter gebildetes – Problemsystem denken. Erweitern wir das Blickfeld, zeigen sich uns möglicherweise triadische Systeme als relevant wie Vater-Mutter-magersüchtige Tochter oder Mutter-identifizierte Patientin-ihre Schwester oder Vater-Mutter-Mutter des Vaters usw.

Es hat sich für uns zunehmend bewährt, zum ersten Gespräch die Kleinfamilie (Eltern und Kinder) einzuladen, wozu dann auch eventuell die nicht im Hause wohnenden Geschwister zählen. Sicherlich könnte die zentrale Konflikttriade auch nur aus Mutter, Vater und identifizierter Patientin gebildet sein. Lüden wir aber nur diese drei (häufig intensiv miteinander verklammerten) Protagonisten ein, so wäre es voraussichtlich viel schwerer, Informationen sowohl zu gewinnen als auch einzubringen, als wenn wir beispielsweise auch die nicht mehr im Hause lebende Schwester befragen könnten. Sie kann die Vorgänge zu Hause mit etwas mehr Abstand betrachten und sich und uns vielleicht auch eine freiere Meinungsäußerung erlauben.

Erstgespräche unter Einschluß der Großeltern gestalten sich meist schwierig: Großeltern haben häufig sehr feste Vorstellungen darüber, wie etwas zu sein hat, und versuchen oft zu harmonisieren. Laden wir zum Erstinterview nur zwei Generationen ein, betonen wir auch schon dadurch die Grenze zwischen der Eltern- und Großelterngeneration. Allerdings stellen wir oft auch bei Abwesenheit der Großeltern schon viele Fragen, die deren Beziehungen zu den anderen Familienmitgliedern betreffen.

Früher folgten wir insgesamt starreren Regeln: Wir sahen die Familie nur dann, wenn alle Eingeladenen am Gespräch teilnahmen. Dabei bestimmten wir, wer kommen sollte. Heute verhalten wir uns flexibler. Wir legen zwar nahe, daß die Eltern und alle Kinder kommen sollten, und geben der Familie auch zu erkennen, daß das unserer Erfahrung nach am sinnvollsten und erfolgversprechendsten ist. Wir bestehen aber nicht mehr unbedingt darauf. Möglicherweise machen wir zur Bedingung, daß mindestens drei Familienmitglieder anwesend sein sollen. Wer dies ist, lassen wir die Familien selbst entscheiden.

Fallbeispiel zur Hypothesenbildung

Ein konkreter Fall soll uns ein Beispiel für die Bildung von Eingangshypothesen liefern:

Im Mai 1981 ruft Frau Kilian (46 Jahre) an und bittet um ein Familiengespräch. Sie habe von einem Psychologen in einer Beratungsstelle von uns erfahren. Ihre 19jährige Tochter Kerstin leide seit einem Jahr an einer Magersucht mit Erbrechen.

Sie wiege jetzt 35 kg bei einer Größe von 1,68 m. Mehrere kurze Behandlungsversuche bei einer Beratungsstelle, einem Nervenarzt und in der Ambulanz einer psychosomatischen Klinik hätten keine wesentlichen Änderungen bewirkt. Eine zweite, dreizehnjährige Tochter sei gesund. Als die Magersucht schlimmer geworden sei, habe die Tochter ihr 1980 begonnenes Studium abgebrochen und sei nach Hause zurückgekehrt.

Sehr bestimmt teilt sie mit, daß sie ein Geschäft hätten und die Familie deshalb nur freitags abends oder am Wochenende kommen könne. Wir teilen ihr mit, daß wir freitags abends und am Wochenende nicht arbeiten und auch erst in fünf Wochen einen freien Termin an einem Freitagnachmittag hätten, jedoch schon in drei Wochen an einem Mittwochnachmittag einen Termin anbieten könnten. Daraufhin entscheidet sie sich schließlich, mit ihrem Mann und den beiden Töchtern zu diesem Mittwochstermin zu kommen.

Auf der Basis der von den Eltern ausgefüllten Informationsbögen erstellten wir nachfolgendes Genogramm (siehe Seite 116/117).

Wir möchten den Lesern vorschlagen, sich die aus dem Telefongespräch gewonnenen Informationen noch einmal durchzulesen, das Genogramm zu studieren und sich dabei selbst einige Hypothesen zu bilden.

Die Therapeutin und der Therapeut entwickelten vor dem Gespräch folgende Gedanken:

Das magersüchtige Verhalten Kerstins begann 1980. In diesem Jahr absolvierte sie ihr Abitur und verließ das Elternhaus, um zu studieren. Im gleichen Jahr erkrankte der Vater an einer Durchblutungsstörung des Gehirns. Nachdem sie ihr magersüchtiges Verhalten entwickelt hatte, kehrte Kerstin nach Hause zurück.

Unsere Überlegungen konzentrierten sich auf mögliche Zusammenhänge zwischen diesen Ereignissen. Die Magersucht hatte nach ihrem Wegzug von zu Hause eingesetzt. Hatte die Trennung den Zusammenhalt der Familie zu stark bedroht, oder war Kerstin vielleicht zu unvorbereitet in die Selbständig-

Genogramm der Familie Kilian
(Zum Zeitpunkt des Familien-Erstinterviews)

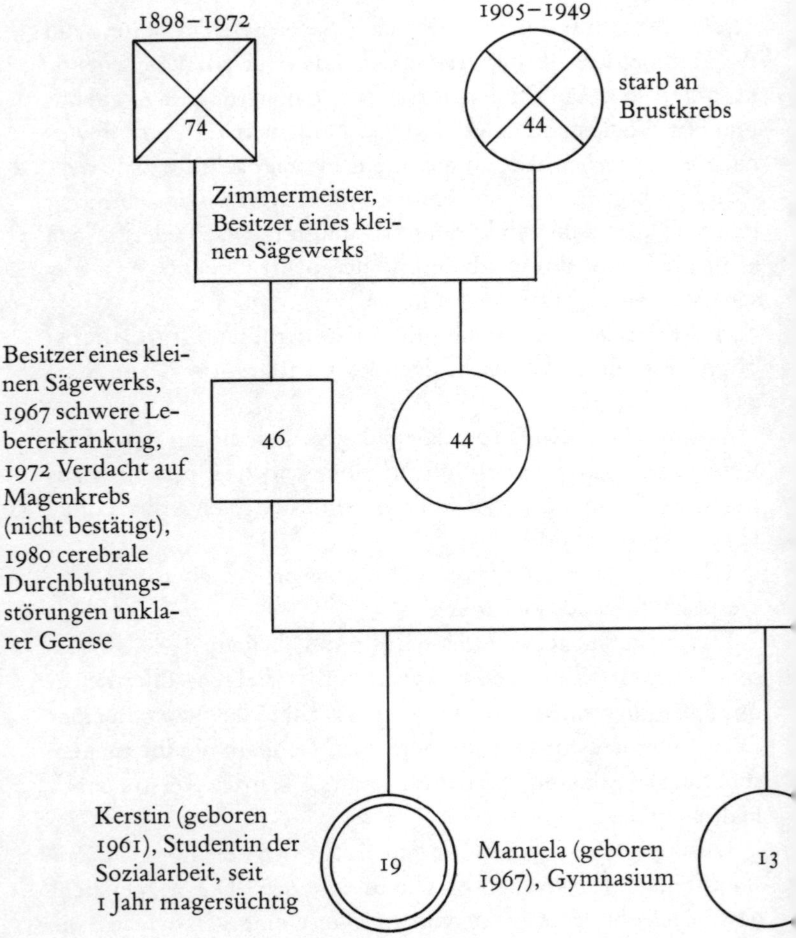

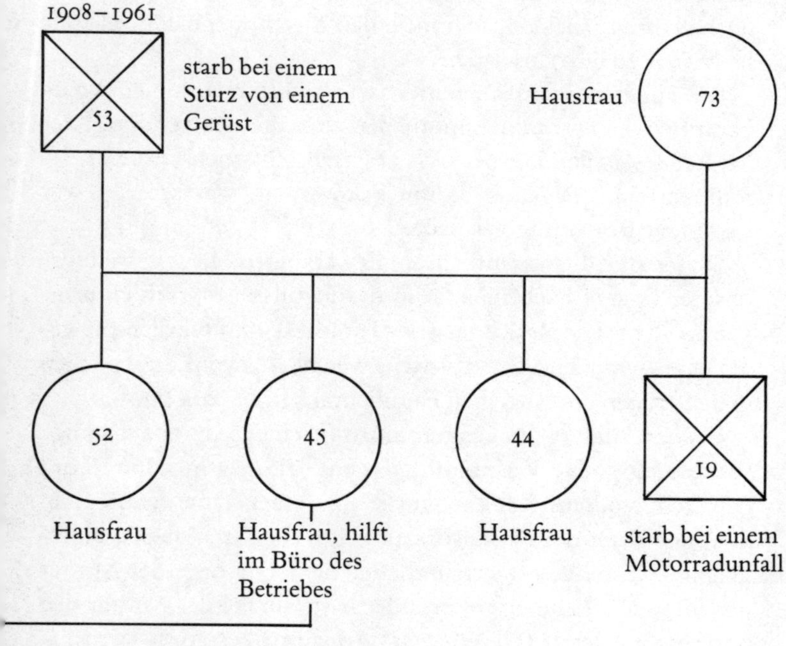
1908–1961
53
starb bei einem
Sturz von einem
Gerüst
Hausfrau
73
52
45
44
19
Hausfrau
Hausfrau, hilft
im Büro des
Betriebes
Hausfrau
starb bei einem
Motorradunfall

keit entlassen worden und mit ihr nicht zurechtgekommen? Bestand vielleicht eine Beziehung zwischen der Erkrankung des Vaters und Kerstins magersüchtigem Verhalten? War der Vater erkrankt, *nachdem* Kerstin ausgezogen war? Hatte Kerstin vielleicht zu Hause als Vermittlerin zwischen den Eltern gefehlt? Oder hatte die Erkrankung des Vaters – er war bereits früher zweimal schwer erkrankt – den Familienzusammenhalt so bedroht, daß Kerstin, legitimiert durch ihre Symptomatik, nach Hause zurückkehrte, um so den Zusammenhalt der Familie wieder zu gewährleisten?

Bei anderen Familien hatten wir nicht selten einen Wettkampf zweier Familienmitglieder um die Zuwendung der Mutter feststellen können. War es vielleicht auch in dieser Familie zu einer Rivalität darum gekommen, wer kränker war und mehr Beachtung verdiente?

Dies waren die wesentlichsten Erwägungen, die wir mit Hilfe unserer Fragen nacheinander in das Familiengespräch einbringen wollten. Die Reaktionen der Familie darauf würden entweder erweisen oder nicht erweisen, welche Relevanz diesen Ideen in den Augen der einzelnen Familienmitglieder zukam.

Bei der Analyse des Genogramms fielen uns aber noch einige weitere mögliche Verknüpfungen auf, die wir im Hinterkopf behalten wollten: Kerstin wurde im selben Jahr geboren, in dem der Vater der Mutter starb. Hatte sie durch dessen plötzlichen Tod die besondere und ängstliche Fürsorge der Mutter um ihr erstes Kind erfahren, oder hatte sie bei der Mutter den Großvater ersetzt? (Diese zweite Annahme bestätigte sich später, als die Mutter äußerte: «Wenn ich Kerstin damals nicht gehabt hätte, hätte ich den Tod meines Vaters nicht verwunden. Ich war monatelang schwer depressiv und mußte deshalb auch psychiatrisch behandelt werden.») 1966 verunglückte der einzige Bruder der Mutter im Alter von 20 Jahren. Kerstin war jetzt 19 Jahre alt. Befürchtete man in der Familie, daß auch ihr in ihrem nächsten, zwanzigsten Jahr etwas passieren könnte?

Auf dem Bogen kreuzte die Mutter bezüglich ihrer Mutter bei der Frage «Lebt im Haus ja/nein?» das Ja an und fügte hinzu: «Die halbe Woche.» Wie kam es zu diesem Arrangement? Wo war die Oma die andere Hälfte der Woche? Stritt man sich um sie, oder war man froh, sie nur die eine Hälfte der Woche betreuen zu müssen?

Auf der Seite des Vaters fiel uns auf, daß seine Mutter starb, als er 14 Jahre alt war. Wer hatte dann die Mutter in seiner Familie ersetzt? Oder versorgten sich Vater, Großvater und Schwester weitgehend selbst? Offensichtlich übernahm der Vater den Betrieb seines Vaters. Was bedeutete das für ihn? Im Jahr, in dem sein Vater starb, erkrankte er mit «Verdacht an Magenkrebs». Hatte der Tod des Vaters damals vielleicht ähnliche Folgen wie Kerstins Auszug? Schließlich müßten wir berücksichtigen, daß bereits drei Behandlungsversuche erfolglos geendet hatten.

Wir sehen also, daß sich selbst aufgrund weniger Informationen vor dem ersten Gespräch viele verschiedene vorläufige Arbeitshypothesen zu einer Familie bilden lassen. Im allgemeinen läßt sich sagen, daß ein Vorgespräch nicht viel länger als eine Viertelstunde dauern sollte. Je länger man Hypothesen erzeugt, um so verwirrender wird auch die Menge der Möglichkeiten, oder die Erkenntnisse beginnen redundant zu kreisen.

Allgemeine Erwägungen zu Erstgesprächen

Zunächst: Als Interviewer haben wir stets die Möglichkeit, die verschiedensten Fragen zu den verschiedensten Bereichen zu stellen. Auf welche Bereiche wir uns im konkreten Fall konzentrieren, hängt von unseren Leitideen und den darauf erfolgenden Reaktionen der Familienmitglieder ab. Es ist nicht ungewöhnlich, daß wir uns die meiste Zeit des Erstinterviews mit der Klärung des Kontextes der Therapie beschäftigen. Es ist aber auch möglich, daß schon in diesem ersten Gespräch die Mehrgenerationenperspektive ins Blickfeld kommt. Das Tempo, mit dem wir den Frageprozeß vorantreiben, hängt stark davon ab, wie sich das Beziehungsklima entwickelt. Manche Familien reagieren sehr abwehrend auf Beziehungsfragen oder sind nicht gewöhnt, zwischenmenschliche Vorgänge differenziert zu verbalisieren. Dann bestätigen wir mehr, machen mit unseren Fragen kleinere Schritte und konzentrieren uns möglicherweise besonders auf Verhaltenssequenzen. Nicht selten laden wir auch eine Familie zu einem «zweiten Erstinterview» ein. In diesem Falle betonen wir, wir bräuchten noch mehr Informationen, ehe wir der Familie etwas raten oder abschätzen könnten, ob Familiengespräche im Augenblick überhaupt sinnvoll wären.

Im allgemeinen versuchen wir im Erstinterview mit unseren Fragen einen Bogen von der Gegenwart zur Vergangenheit und schließlich zur Zukunft zu schlagen. Dabei gehen wir unterschiedlich weit in die Vergangenheit zurück. Wir haben auch schon Familien erfolgreich behandelt, bei denen wir nie weiter als bis zum Beginn des magersüchtigen Verhaltens der Tochter zurückgefragt haben.

Leitlinien für die Befragung bestimmter Bereiche

Aus didaktischen Gründen trennen wir in der Folge bestimmte Bereiche voneinander, die sich in vieler Hinsicht überschneiden. Wir stellen die Fragenkomplexe jedoch so dar, daß sie auch in ihrer Abfolge als Leitfaden für Erstinterviews gelten dürften.

Wie in jedem anderen Gespräch auch, lassen wir die Familienmitglieder im Raum selbst ihre Plätze aussuchen. Aus der sich dann herstellenden Sitzordnung ergeben sich möglicherweise schon erste Hinweise auf die Beziehungen der Mitglieder zueinander. Wir beginnen von Anfang an mit zirkulären Fragen. Fakten werden direkt erfragt.

Erklärung des Settings

Bevor wir jedoch mit unseren Fragen beginnen, geben wir einige Auskünfte: Die Familien, die zu uns kommen, haben ein Recht zu erfahren, was sie erwartet. Teilen wir ihnen zum Beispiel mit, daß ein Gespräch anderthalb bis zwei Stunden dauert, dann kann es uns nicht passieren, daß ein Familienmitglied nach einer Stunde sagt, es habe einen Termin und müsse daher bald gehen. Um nicht den Eindruck zu erwecken, wir hätten mit dem ursprünglichen Anrufer Geheimnisse, teilen wir mit, was wir bereits wissen. Wir bezeichnen das Interview als eine Konsultation oder als ein Informationsgespräch und betonen, daß das nicht automatisch bedeutet, daß weitere Gespräche folgen. Komme es zu weiteren Gesprächen, so würden wir bis zu zehn Sitzungen anbieten. Wir informieren die Familie (falls dies zutrifft) über die Mitarbeit eines hinter der Einwegscheibe sitzenden Beobachters, über die von der Sitzung angefertigten Videoprotokolle und über zu erwartende mögliche Pausen.

Fragen zum Kontext des Gespräches und zur «Therapie»

In den letzten Jahren wurde uns dieser Fragenkomplex immer wichtiger. Es ist ein verhängnisvoller Irrtum zu glauben, die Tatsache, daß eine Familie gemeinsam zu einem Gespräch kommt, bedeute auch schon, daß alle Familienmitglieder gleich motiviert und an einer Änderung interessiert sind. Die Fragen zum Überweisungs- und Behandlungskontext vermitteln den Therapeuten ein Bild davon, in welchem größeren Zusammenhang das Gespräch zu sehen ist und welche Erwartungen die einzelnen Familienmitglieder an die Therapeuten und das Gespräch haben. Dieser Bereich ist vergleichsweise unbedrohlich. Daher können die Mitglieder hier Unterschiede auch leichter zulassen. Auch kann sich die Familie an unsere Art zu fragen gewöhnen.

IV. Der Überweisungskontext

Das Mailänder Team hat zu Recht auf die Bedeutung des Überweisungsmodus hingewiesen (Selvini Palazzoli et al. 1980b). Eine Eröffnungsfrage könnte daher sein: «Wie haben Sie den Weg zu uns gefunden?» Voraussichtlich wird hierauf der Wortführer oder der «Außenminister» der Familie antworten. Wir erfahren dann in der Regel, wer der Familie die Information über die Möglichkeit einer Therapie bei uns gegeben hat. Wir könnten auch fragen: «Wessen Idee war es, gemeinsam zu uns zu kommen?» Diese und ähnliche Fragen versprechen uns Aufschluß darüber, was die Familienmitglieder darüber denken, weshalb der Überweisende Familiengespräche vorgeschlagen hat und warum er gerade bei dieser Familie solche Gespräche für sinnvoll hält. «Angenommen, Frau Dr. X hätte nicht so gedrängt, wäre die Familie auch dann hier?» – «Angenommen, hier geschähe etwas ganz anderes, als Frau Dr. X erwartet, wie würde sie darauf reagieren?» Wir möchten auch wissen, wer in der Familie am meisten und wer am wenigsten Kontakt zu dem Überweisenden hat und welchen Einfluß es auf die Beziehungen zu dem Überweisenden hätte, wenn die Therapie erfolgreich wäre. Wir meinen heute, aus vielen Fehlern, die letztlich auf eine mangelnde Beachtung dieser Zusammenhänge zurückgehen, klüger geworden zu sein.

Beispiel 1:

Eine Psychoanalytikerin, die eine 21jährige junge Frau wegen einer Magersucht fünf Jahre lang behandelt hatte, bat uns, eine Familientherapie durchzuführen. Ihr sei es nicht gelungen, wesentlich zu helfen. Sie wolle derweil die Einzeltherapie fortsetzen.

Grundsätzlich sind wir heute großzügiger mit Vereinbarungen von Familiengesprächen in Fällen, bei denen einzelne Familienmitglieder gleichzeitig in Einzeltherapien stehen. Wir beziehen dann diese Beziehungen, wie auch die Beziehungen zu einem wichtigen Onkel oder einer nahestehenden Tante, in unsere Erwägungen und Fragen mit ein. Da jedoch in diesem Fall die Einzeltherapeutin die Überweisende war, hätten wir aufmerksamer sein sollen. Nach dem dritten Familiengespräch gaben wir der Familie eine systemisch orientierte Verschreibung, die die Mutter sehr beunruhigte. Sie rief einige Tage später die Einzeltherapeutin der Tochter an – wir wußten nicht, daß die Mutter vorher schon öfter mit ihr telefoniert hatte – und berichtete dieser aus ihrer Sicht und vermutlich recht kritisch über unseren Abschlußkommentar. Nach Aussagen der Mutter riet ihr daraufhin die Psychoanalytikerin, unter diesen

Umständen («Das habe ich nicht geahnt, daß...») die Familiengespräche mit uns abzubrechen, was die Mutter dann auch tat. Hierbei handelte es sich um die Patientin, die später starb. Vielleicht wäre es in diesem Falle besser gewesen, Familiengespräche erst nach Beendigung der Einzeltherapie anzubieten.

Beispiel 2:

Eine 19jährige Frau rief uns aus einer Psychiatrischen Klinik an, um eine Familientherapie zu vereinbaren. Sie werde bald entlassen und wolle danach mit ihrer Familie zu uns kommen. Leider ließen wir diesen Kontext weitgehend unberücksichtigt. Erst als die identifizierte Patientin im zweiten Gespräch die Nützlichkeit einer Familientherapie in Frage stellte und wir nachfragten, erfuhren wir, daß die Psychiater die Entlassung aus der Klinik (die Patientin war gerichtlich eingewiesen worden) von der Durchführung einer Familientherapie abhängig gemacht hatten. Die Vereinbarung des Familienerstgesprächs war also die Austrittskarte aus der Psychiatrischen Klinik gewesen. Hätten wir das vorher gewußt, hätten wir zwar voraussichtlich unsere grundsätzliche Bereitschaft auch erklärt, die Gespräche aber erst nach ihrer regelhaften Entlassung anfangen lassen. Hier wäre es möglicherweise auch besser gewesen, den behandelnden Psychiater vorher anzurufen.

Insgesamt nehmen wir aber von uns aus nur selten Kontakt zu überweisenden Ärzten und Psychotherapeuten auf. Einerseits wollen wir am Anfang nicht von deren Einschätzungen beeinflußt werden, andererseits streben wir eine Metaposition an zu allen bestehenden Beziehungen, einschließlich derjenigen zu den psychosozialen Betreuern.

Heute lehnen wir es auch meistens ab, Überweisende die Gespräche durch den Einwegspiegel beobachten zu lassen. Oft steht hinter diesem Anliegen der Wunsch, mehr Kontakt mit uns zu bekommen oder sich fortzubilden. Diese Überweisenden sind häufig auch stark mit den Familien involviert und/oder mit einem Familienmitglied identifiziert und sind dann dem Problemsystem zuzurechnen. Das aber würde bedeuten, daß eine «wichtige Person» hinter statt vor der Scheibe sitzt. Deshalb stimmen wir meist nur dann einer Teilnahme des Überweisenden zu, wenn dieser bereit ist, mit im Gesprächsraum zu sitzen und wir ihm wie allen anderen Anwesenden auch Fragen stellen dürfen, sooft wir es für sinnvoll halten.

Ebenso problematisch erscheint uns der Wunsch etwa einer Ärztin oder eines Sozialarbeiters, die die Patientin oder die Familie aus einem anderen Kontext kennen, an den Gesprächen als Ko-Therapeut teilzunehmen. In seltenen Fällen bekamen wir sogar den Eindruck, daß die Überweisungen «bösartig» waren nach dem Motto: «Ihr redet immer so groß. Nun beißt euch mal an dieser Familie die Zähne aus!»

Warum gerade zu uns?

Es ist oft kein Zufall, wohin eine Familie sich wendet und ob sie eine Familientherapie oder andere Formen der Behandlung wählt. Was auf dem Schild der Institution steht, in der Therapeuten arbeiten, und wie deren Position in dieser Institution eingeführt wird, ist oft relevanter, als vermutet wird. Auch Alter und Geschlecht der Therapeuten können sich als bedeutsam herausstellen. Es ist also gut, diese Bedeutungen zu erfragen, um dementsprechend reagieren zu können. Fragenbeispiele: «Wie war es für den Vater, in eine Suchtberatungsstelle (Psychiatrische Poliklinik, Erziehungsberatungsstelle) überwiesen zu werden?» – «Was schließt er daraus?» – «Wie ist es für die Tochter, hier mit zwei männlichen Therapeuten zu sitzen?»

Wir selbst hatten zu berücksichtigen, daß wir in einer Universitätseinrichtung arbeiten und daß die Klienten eventuell annehmen, als «Versuchskaninchen» zu dienen. Fragenbeispiele: «Was, meinen Sie, hat Ihre Mutter gedacht, als sie auf unserem Schild das Wort ‹Grundlagenforschung› las?» – «Wie würde der Vater reagieren, wenn er vermutete, wir wollten die Familie nur aus Forschungsinteressen sehen?» Da die Abteilung auch überregional bekannt ist, haben wir uns auch zu fragen, ob eine Familie nicht zu der (seltenen) Spezies der Koryphäen-Killer gehört, die nach dem Motto handelt: «Wir waren schon bei Professor X und bei Frau Professor Y. Na, nun zeigen *Sie* mal, was *Sie* können (haha!).»

Warum gerade jetzt?

Viele Familien erleben schon lange Zeit Probleme. Es ist darum wichtig, sich Hypothesen darüber zu bilden, warum sie gerade zum jetzigen Zeitpunkt zu Familiengesprächen kommen. In einem Familienerstgespräch wurde auf diesbezügliche Fragen hin klar, daß die Eltern gerade dann auf ein Familiengespräch drängten, als die Tochter ernsthafte Anstalten machte, aus ihrem Elternhaus auszuziehen. In einem anderen Fall deutete sich ein Zusammenhang zwischen der Idee der Familiengespräche und der kürzlich diagnostizierten Krebskrankheit der Mutter an. Präsentiert wurde uns aber das Problem der magersüchtigen Tochter.

Was wurde schon alles versucht?

Zu ergründen, was die Familie und einzelne Familienmitglieder schon vorher alles versuchten, um die anstehenden Probleme zu lösen, ist in mehrfacher Weise nützlich. Es macht einen Unterschied, ob es sich um den ersten Behandlungsversuch handelt oder ob die Familie nach vielen vergeblichen Anläufen (bei Hausärzten, Psychiatern, psychosomatischen Kliniken, Heilpraktikern usw.) nun auch noch eine Familientherapie versuchen will. Je mehr Behandlungsversuche vorausgingen, um so eher ist zu erwarten, daß Resignation eingekehrt und das Vertrauen in psychosoziale und medizinische Einrichtungen geschwunden ist. Die Vorerfahrungen beeinflussen also auch die Erwartungen, die die Familienmitglieder an die Therapie haben, ebenso wie auch die Sichtweisen der Vorbehandelnden die der Familienmitglieder beeinflussen. Die Größenphantasie, es besser zu können als die Vorbehandelnden, bewirkt meist, daß man schmerzlich eigene Grenzen erfährt. Wir sind natürlich nicht so kreativ, immer neue Strategien erfinden zu können. Sagen wir aber schließlich nach einer Sitzung einer Familie dasselbe, was vorher schon andere Berater erfolglos angeboten haben, stehen wir abgewertet da: «Das hat uns 1982 Herr X auch schon geraten, und es hat nichts geholfen.» Grundsätzlich und streng vermeiden wir es, uns implizit oder explizit kritisch über Kollegen zu äußern. Fragenbeispiele: «Was hat von den Behandlungen bisher am besten geholfen?» – «Wie erklären Sie sich, daß trotz zahlreicher Bemühungen der Familie und vieler Helfer die Familie noch nicht dort angekommen ist, wo sie hin möchte?» – «Was müßten wir tun, wenn wir anstrebten, daß sich auch durch den Kontakt mit uns nichts ändert?» – «Was meinen Sie, mit wieviel Prozent rechnen der Vater, die Mutter, die Schwester (Sie selbst) damit, daß das Problem am Ende von etwa zehn Gesprächen verschwunden ist?» – «Was meinen Sie, was die Mutter darüber denkt, zu wieviel Prozent wir beide [Therapeuten] dieses für möglich halten? Schätzt sie das bei beiden gleich ein?» – «Was meinen Sie selbst: Wieviel Prozent müßten es sein, damit wir uns dafür entscheiden, weitere Gespräche zu führen?»

Was erwartet wer von der Therapie?

Es ist nicht damit zu rechnen, daß alle Familienmitglieder gleich viel und dasselbe von einer Psychotherapie im allgemeinen und von Gesprächen mit diesen Therapeuten im besonderen erwarten. Um auch hier die Neutralität wahren zu können, stellen wir deshalb Fragen wie: «Bilden Sie einmal eine Rangfolge von 1 bis 10 von allen Anwesenden einschließlich uns, in der die einzelnen einschätzen, ob eine Therapie überhaupt sinnvoll und nützlich ist. Eine 1 bedeutet, der Betreffende hält Psychotherapie für sehr sinnvoll, und 10 bedeutet, er hält sie für völlig unsinnig.»

Im allgemeinen tun Therapeuten gut daran, die Nützlichkeit von Gesprächen eher in Frage zu stellen als anzuraten. Im Gegenzug finden die Familienmitglieder dann oft Gründe dafür, weshalb es doch sinnvoll sein könnte, weitere Gespräche zu führen und uns von deren Nützlichkeit zu überzeugen.

Wir geraten zwangsläufig in ein Neutralitätsdilemma, wenn

ein Teil der Familienmitglieder Gespräche sehr befürwortet, ein anderer sie jedoch für wenig erfolgversprechend hält. In diesem Fall könnten wir als parteilich erlebt werden, sowohl, wenn wir Gespräche durchführten, als auch, wenn wir diese ablehnten. Mit einer solchen Situation läßt sich umgehen, indem man das Dilemma zurückspiegelt: «Angenommen, wir böten Ihnen weitere Gespräche an, dann könnte sich der Vater mit seiner Skepsis nicht ernst genommen fühlen. Lehnten wir aber weitere Gespräche ab, so könnte sich die Mutter zurückgewiesen fühlen. Was raten Sie uns?» Oder wir spalten uns, indem wir mitteilen, daß die eine Hälfte des Teams Gespräche für sehr sinnvoll hält und die andere eher skeptisch ist. Damit vertreten auch wir beide Seiten der Ambivalenz.

Sind dem Familienerstgespräch mit uns mehrere Therapieabbrüche vorausgegangen, nehmen wir die Möglichkeit des Abbrechens auch diesmal mit Fragen vorweg. Fragenbeispiele: «Sie haben ja nun schon mehrere, meistenteils kürzere Erfahrungen mit verschiedenen Behandlern gemacht. Was meinen Sie, wie hoch schätzt der Bruder die Wahrscheinlichkeit ein, daß auch die Gespräche hier in Kürze enden werden?» – «Wer würde voraussichtlich am ehesten dafür plädieren, die Gespräche bald zu beenden?» – «Stimmen Sie dem zu?»

Grundsätzlich neigen wir dazu, das, was jemand tun könnte und von dem wir annehmen, daß es von der Familie negativ bewertet werden oder sich negativ auf die Entwicklung der Familie auswirken könnte, mit Fragen vorwegzunehmen. Dadurch wird meist unwahrscheinlicher, daß es tatsächlich geschieht.

Wie sieht die Familie nach einer erfolgreichen Therapie aus?

Durch Fragen, die in die genannte Richtung zielen, versuchen wir zum einen, die unterschiedlichen Erwartungen an die Gespräche zu erfahren. Zum anderen möchten wir die Familienmitglieder anregen, Ideen über die Zukunft zu entwickeln. Fragenbeispiele: «Angenommen, wir führten einige gemeinsame

Gespräche und das Ergebnis wäre für alle zufriedenstellend. Wie, denken Sie, sähe dann die Familie in der Vorstellung der Mutter aus?» Von den Eltern hören wir dann meist, daß die Tochter keine Symptome mehr zeigen und alles wieder in Ordnung sein werde. Wir richten hingegen die Aufmerksamkeit mehr auf die zu erwartenden Beziehungsveränderungen.

Diese Fragen helfen den Therapeuten auch, nicht einseitig bei ihren eigenen Zielvorstellungen zu verharren, sondern sich (auch und gerade) an den Wünschen und Erwartungen der Familienmitglieder zu orientieren.

V. Hinwendung zum «Problem»

Wann wir uns den anstehenden Problemen zuwenden, hängt auch davon ab, wie sehr wir von seiten der Familie dazu gedrängt werden. Dabei erweist es sich als nützlich, nach den Anliegen *im Augenblick* zu fragen. Fragen wir nur: «Was ist das Problem?», so erläutert uns oft ein Familienmitglied ausführlich den Werdegang der Beschwerden. Das bedeutet, wir müssen dem/der Berichterstatter/in viel Raum geben und laufen daher Gefahr, eine einseitig gewichtete Beziehung herzustellen. Unsere Neutralität wird aber auch dann gefährdet, wenn die Antworten gerade anfangs mit einander abwertenden Beschreibungen von Eigenschaften und Tatbeständen («Maria hat sich seitdem völlig zu ihrem Nachteil verändert») gespickt sind. Um dann möglichst schnell auf die neutralere Verhaltensebene zu gelangen, empfiehlt es sich, die Kontextabhängigkeit der Verhaltensweisen aufzuzeigen. Fragenbeispiele: «Was tut die Mutter, wenn Sie meinen, sie verhalte sich überfürsorglich (beherrschend)?» – «Wehrt Maria [I. P.] sich mehr beim Mittagessen oder beim Abendessen, wenn der Vater dabei ist?» – «Angenommen, der Bruder hätte es darauf abgesehen, gerade dieses Verhalten von Maria hervorzurufen, wie könnte er das am besten anstellen?» Es geht uns also wieder darum, verdinglichte Eigenschaften zu verflüssigen, Problemdefinitionen nebeneinanderzustellen, um damit das Problem in einen sich verändernden und veränderbaren raum-zeitlichen Beziehungskontext einzubetten. Die bislang isoliert wahrgenommenen und dargestellten Charakteristika einzelner werden also miteinander vernetzt. Dem entspricht das, was Bateson (1972) «Doppelbeschreibung» nannte.

Was geschieht, wenn das Problemverhalten auftritt?

Uns interessieren zu diesem Zeitpunkt weniger die Vorstellungen der Familie über die Ursachen der anstehenden Probleme als vielmehr die Aus- oder vielleicht richtiger: Rückwirkungen der verschiedenen, die Probleme aufrechterhaltenden Verhaltensweisen auf die Mitglieder. Fragenbeispiele: «Was tut die Mutter, wenn Maria beispielsweise mit einem Senfglas oder einer Karotte zum Mittagessen erscheint? Was tut dann der Vater, der Bruder, die Großmutter?» Mit solchen Fragen wollen wir die Idee einführen, daß sich das Verhalten der einzelnen gegenseitig bedingt. Um die mit dem symptomatischen Verhalten verbundenen und oft starr nach dem gleichen Muster ablaufenden Interaktionszirkel zu stören, erfragen wir hypothetisch alternative Reaktionen. Fragenbeispiel: «Angenommen, die Mutter zeigte sich in der nächsten Zeit nicht mehr besorgt, drängte Maria nicht mehr zum Essen, und auch ihr Gesichtsausdruck und ihre Bewegungen drückten nicht mehr Mißfallen aus, wie würde der Vater darauf reagieren?»

Wann hat Maria das (symptomatische) Verhalten das letzte Mal nicht gezeigt?

Die Folge des Verstricktseins in starre, sich wiederholende Muster der Interaktion ist oft ein Gefühl von Stillstand und Stagnation. Das, was für diese Familien nicht in Ordnung ist oder war, nimmt in ihrer Wahrnehmung einen immer größeren Raum ein. Die Zukunft wird ausgeblendet, mögliche (fällige) Veränderungen erscheinen immer bedrohlicher. Man registriert dann kaum noch Situationen, in denen das problematische Verhalten *nicht* gezeigt wird. So lassen sich dann auch keine positiven Interaktionszirkel mehr initiieren. Damit das dennoch gelingt, gilt es zunächst, die symptomfreie Zeit wieder ins Blickfeld zu rücken. Wie das geschehen kann, hat Steve de Shazer (1985) eindrucksvoll beschrieben. Angeregt von ihm, fragen wir zum Beispiel: «Wann haben sich alle Mitglieder das letzte Mal mindestens einen ganzen Tag lang gut gefühlt?» Bekommen wir dann einen konkreten Hinweis auf ein solches Ereignis, so lassen wir uns ausführlich beschreiben, wie die Familienmitglieder in jener Situation damals miteinander umgegangen sind, und fragen dann: «Wie erklären Sie sich das?»

Liegt die berichtete Situation sehr weit zurück oder lassen sich die Familienmitglieder nicht auf unsere Frage ein, indem sie etwa mit vielen «Abers» kontern, dann fragen wir zum Beispiel mit Blick auf die Zukunft. «Wann, meinst du, rechnet eure Mutter damit, daß es einen Tag geben wird, an dem sie sich mit Maria wieder gut versteht und sich beide gegenseitig respektieren?» – «Woran würden Sie [der Vater] das merken?» – «Wie würde die Schwester darauf reagieren?» – «Woran könnten Sie ablesen, daß das Problem zu verschwinden beginnt?» De Shazer läßt manchmal auch eine Fee eingreifen, die die Probleme zum Verschwinden bringt: «Angenommen, heute nacht käme unbemerkt eine Fee zu Ihnen und nähme alle Probleme mit, woran würde Ihr Mann das am nächsten Morgen merken?» Bekommen wir auch dann ausweichende Antworten, richten wir unsere Fragen unter Umständen auf eine mögliche positive Funktion der Symptome oder gehen wieder auf die andere Seite, indem wir fragen, wie die einzelnen Familienmitglieder die Situation verschlimmern könnten, wenn wir ihnen einen solchen Auftrag gäben. Dieses Pendeln zwischen ressourcenorientierten Fragebereichen und solchen, die Einflußnahme bei verstärkten Symptomen implizieren, kennzeichnet unser Vorgehen.

Wer mit wem und wer nicht?

Bevor wir darüber nachdenken können, wie sich die Beziehungen in der Familie ändern lassen, brauchen wir Informationen darüber, wie die Beziehungsverhältnisse derzeit erlebt werden und wie sie sich entwickelt haben. Aus den (großenteils averbal gegebenen) Antworten auf viele der bereits beschriebenen Fragen lassen sich auch Rückschlüsse darauf ziehen, wer mit wem eine engere Beziehung, eventuell auch gegen andere hat. Wie wir auf den Seiten 94f dargestellt haben, werden in Magersuchtsfamilien klare Beziehungsdefinitionen vermieden: Alle sind stets gleich zu behandeln. Folgerichtig darf es auch keine bevorzugten Zweierbeziehungen geben.

Das folgende Fallbeispiel zeigt, daß es ein Fehler sein kann, durch unsere Interventionen zu früh Zweierbeziehungen zu betonen und zu forcieren.

Die Familie bestand aus dem Vater (49), der Mutter (45), einer 19jährigen Tochter und der identifizierten magersüchtigen Patientin (15). Wir verschrieben, daß die Familienmitglieder in den nächsten vier Wochen jede Woche eine bestimmte Zeit getrennt in unterschiedlichen Zweierbeziehungen verbringen sollten. Was sie in dieser Zeit miteinander anstellten, sei nicht entscheidend. In der nächsten Sitzung hörten wir, daß die Aufgabe nur mit Bedenken und Modifizierungen bis zu der Woche befolgt wurde, in der die identifizierte Patientin mit dem Vater allein hätte Zeit verbringen sollen. In dieser Woche sei es ihr aber dann so schlecht gegangen, daß sie abgenommen und die Familie sich entschieden habe, gemeinsam auszugehen. In dieser Familie herrschte in der Triade Eltern und identifizierte Patientin die Regel: Niemand darf allein zurückgelassen werden. Es wurde jedoch deutlich, daß die Tochter gerne beim Vater gewesen wäre – ihr Eßverhalten war in seiner Anwesenheit wesentlich unauffälliger –, daß sie sich aber zur Loyalität der Mutter gegenüber verpflichtet gefühlt hatte.

Es ist also verständlich, wenn wir auf direkte Fragen wie: «Wer von den Töchtern steht Ihrer Meinung nach dem Vater gefühlsmäßig etwas näher?» eher unklare und ausweichende Antworten bekommen. Wir wählen deshalb auch hier gern hypothetische Fragen, die weniger leicht Schuldgefühle hervorrufen können. Fragenbeispiele: «Angenommen, Maria [I. P.], Ihre Schwester hätte sich in den letzten Jahren weniger an die Eltern gewandt und hätte mehr mit Ihnen außerhalb der Familie unternommen, wie hätte die Mutter darauf reagiert? Hätte sie Ihrer Meinung nach genauso reagiert, wenn Sie, Maria, oft mit einem Freund ausgegangen wären? Angenommen, Sie entschieden sich, in den nächsten Monaten mehr die Beziehung zum Vater zu pflegen, wie würde Ihre Schwester darauf reagieren? Könnte es sein, daß Ihre Mutter dann wieder vermehrt *ihre* Mutter besuchte?» – «Wie würden Vater und Maria darauf reagieren?» – «Stimmen Sie, Michael [Bruder], dem zu?» Die Systemgrenzen könnten wir zum Beispiel auch mit folgender Frage ins Spiel bringen: «Angenommen, Sie [die Eltern] entschieden sich, von heute an die Schlafzimmertür nachts zuzumachen und sie eventuell sogar abzuschließen, wie würden Ihre Töchter darauf reagieren?»

Den Mythos der Gleichbehandlung könnten wir auch so in Frage zu stellen versuchen: «Angenommen, Ihre Eltern kämen durch irgend etwas zu der Überzeugung, für die Familienentwicklung sei es wichtig, daß Beziehungen unterschiedlich sind und flexibel geändert werden können, was würden sie dann anders machen?» Die letzten Fragen waren alle eher auf der verändernden Seite. Wir würden sie daher voraussichtlich nicht in der angegebenen Reihenfolge stellen, sondern auch Fragen einstreuen, die eher Nichtveränderung nahelegen.

Wir versuchen auch immer, etwas über die Außengrenzen der Familie zu erfahren. Also: «Wer hat welche bedeutsamen Beziehungen zu Außenpersonen?» Fragenbeispiele: «Wenn sich die Mutter mit einem ihr wichtigen Anliegen an eine Person außerhalb dieser Familie wendete, wer wäre das?» – «Welche Beziehungen hat Maria (I. P.) zu ihrer Tante?» Magersuchtsfamilien haben meist schon vor dem Beginn der Symptomatik relativ undurchlässige Außengrenzen. Mit Scham- und Schuldgefühlen schotten sie sich aber nach deren Einsetzen noch zusätzlich ab. Die Folge ist: Die Väter konzentrieren sich noch mehr auf ihre Arbeit, und die Mütter widmen sich noch intensiver der Familie. Aber auch die magersüchtigen Mädchen schränken ihre Außenkontakte ein. Der Lebensraum der Familie wird immer begrenzter, es gelangen weniger und weniger Informationen von außen in die Familie. Überraschenderweise ist es jedoch einzelnen Geschwistern nicht selten erlaubt, sich frei nach außen zu bewegen und dort zu experimentieren. Fragenbeispiel zu Außengrenzen: «Wem von der Familie ist es am wichtigsten, daß abends alle zu Hause sind? Bilden Sie einmal eine Rangfolge!»

Wie erklären Sie sich, daß Maria sich voriges Jahr entschieden hat, weniger zu essen?

Wenn wir nach Ursachen fragen, suchen wir zum einen eine Erklärung, die uns beruhigt, indem sie Sinn- und Gesetzmäßigkeiten nahelegt oder stiftet. Zum anderen ermöglicht die Suche nach Ursachen die Zuweisung (oder Entlastung) von Schuld. Gerade die familientherapeutische Erfahrung zeigt, wie willkürlich, aber auch wie folgenschwer die Suche nach und das Finden von Ursachen sein kann. Letztlich «er-finden» wir Ursachen, indem wir zirkuläre Prozesse interpunktierend bewerten, das heißt, irgendwo willkürlich einen Anfang setzen. Jede Interpunktion und Erklärung hat aber unterschiedliche Implikationen für das, was als Problem gesehen wird und was als Lösung in Betracht kommt.

Auf die Fragen zur Entstehung der Magersucht werden uns häufig folgende Erklärungen angeboten: «Die Tochter hat eine Krankheit, die man sich nicht erklären kann.» Oder: «Die Tochter wurde von anderen wegen ihrer Rundungen geneckt und begann darauf, mit Freundinnen und Schulkameradinnen gemeinsam abzunehmen.» Oder: «Es hat mit der mißlungenen Beziehung zu ihrem ersten Freund zu tun.» Oder: «Sie hat immer so rastlos geschafft und gemeint, etwas Besonderes leisten zu müssen.» Oder: «Sie ist einfach stur und trotzig.» Die Eltern erblicken die Ursachen eher außerhalb der Familie oder in Merkmalen der Tochter. Diese sieht ihrerseits die Gründe zumeist entweder bei sich selbst (zu dick, Minderwertigkeitsgefühle etc.) oder bei den Eltern (zu beherrschend, «die schaffen es selbst nicht, ihr Gewicht zu reduzieren»).

Jedesmal ist also jemand schuld und sollte sich ändern. Nur wenn es gelingt, an eine Krankheit – genauer: an den Mythos einer Krankheit – zu glauben, erscheint Befreiung von solchen Schuldgefühlen möglich.

Therapeutisch versuchen wir auch hier, die jeweils gesetzten und geglaubten Verdinglichungen zu verflüssigen und Interpunktionen zu relativieren. Fragenbeispiele: «Wann hat die Mutter begonnen, das Verhalten von Maria für eine Krankheit zu halten?» – «Wie erklären Sie sich, daß Maria gerade im letzten Sommer begonnen hat zu fasten?» – «Wie erklären Sie sich, daß Maria nicht wie ihre Freundinnen aufgehört hat zu fasten, nachdem sie einige Pfunde abgenommen hatte?» – «Hat Maria vor oder nach dem Tod des Großvaters mit dem Fasten begonnen?» – «Hätte Ihrer Meinung nach Maria auch begonnen zu fasten, wenn Christine [ihre Schwester] nicht ausgezogen und der Großvater nicht gestorben wäre?» Vorher / Nachher-Fragen erweisen sich hier als besonders nützlich: «Wann hat es zwischen den Eltern mehr gefunkt? Vorher oder nachdem sich Maria entschlossen hat, das Leben zum Kotzen zu finden?»

Die Verknüpfung des Beginns des problematischen Verhaltens mit Beziehungsveränderungen ist aber nur *eine* Intention unserer Fragen. Mit bestimmten Fragen implizieren wir Eigenverantwortung und rütteln gleichzeitig am jeweiligen Täter-Opfer-Mythos. Die Frage: «Wann hat Maria sich *entschieden ...*» bedeutet ja, daß am Anfang des symptomatischen Verhaltens ein Willensakt oder eine Entscheidung stand.

Das Erleben von Verrat

Wir wiesen bereits darauf hin, daß sich der Beginn des magersüchtigen Verhaltens häufig mit dem Erlebnis eines «Betruges» verknüpft: Als liebe Töchter versuchten die magersüchtigen Mädchen ihr Leben lang durch Anpassung und freundliches Verhalten Anerkennung und Gefallen der Eltern zu finden. Aber all ihr Bemühen blieb – in ihrer Sicht – erfolglos. In der Zeit vor Beginn des magersüchtigen Verhaltens nahmen sie dann wahr, daß der Elternteil, um dessen Zuwendung sie warben, ihre Aufmerksamkeit verstärkt etwas anderem oder einem anderen Familienmitglied zuwendete. Sie erleben nun eine hilflose Wut, erleben aber auch, daß sich mit Hungern Einfluß, (vermeintliche) Autonomie und Beachtung gewinnen lassen. Daher verstärken sie nun ihr Fasten. Dafür ein Fallbeispiel.

Es handelt sich um eine fünfköpfige Familie, bestehend aus dem Vater (45, von Beruf Justizangestellter), der Mutter (43, kaufmännische Angestellte, zur Zeit Hausfrau), Martin (19, Schüler), Gabriele (15, Schülerin, I. P.) und Alexander (7, Erstkläßler).

Zur Zeit des Erstinterviews bestand Gabrieles magersüchtig-bulimische Symptomatik etwa ein Jahr. Wie wir erfuhren, waren drei Großeltern in den vorausgegangenen eindreiviertel Jahren verstorben, zuletzt der Vater der Mutter, an dem die Mutter besonders hing. Beide Eltern waren in ihren Familien mittlere Kinder. Bei beiden bekamen die jeweils älteren Brüder wesentlich mehr Anerkennung als sie selbst. Dennoch (oder gerade deshalb) kümmerten die Eltern sich mit großem Einsatz bis zu deren Tod um ihre Eltern. Besonders die Mutter fühlte sich seit ihrem achten Lebensjahr aufgrund der «Herzanfälle» ihrer Mutter stark an diese gebunden und dadurch eingeengt.

Wir gingen anfangs von der Idee aus, daß die Familie die durch die vielen aufeinanderfolgenden Sterbefälle ausgelösten Beziehungsveränderungen noch nicht bewältigt hatte und Gabriele dank ihrer Symptome die Familie von der fälligen Trauer ablenkte. Als diesbezügliche Fragen und Interventionen aber keinen wesentlichen Einfluß auf die bitteren Auseinandersetzungen zwischen Gabriele und ihrer Mutter zu haben schienen, änderten wir unsere Hypothese. Wir wurden dazu auch angeregt, als wir merkten, daß Gabriele neben dem Erbrechen noch weitere Symptome zeigte, mit denen andere Familienmitglieder (Großmutter und Brüder) schon früher erfolgreich die Zuwendung und Beachtung der Mutter erlangt zu haben schienen. Nach einigem Ausweichen konnte Gabriele dann auch zu erkennen geben, daß sie von der Mutter noch etwas wollte. Unsere Annahme, derzufolge Mutter und Tochter sich in einem Kampf darüber befanden, wer wen versorgt, bestätigte sich. Die Mutter hatte sich besonders von ihrer Mutter vernachlässigt, gleichzeitig aber beansprucht und eingeengt gefühlt. Gabriele fühlte sich ebenfalls von der Mutter den Brüdern gegenüber zurückgesetzt, da die Brüder früher oft krank gewesen waren und die Mutter sich vermeintlich mehr um diese als um sie, Gabriele, gekümmert hatte. Nachdem die Großeltern gestorben waren, hatten verständlicherweise sowohl die Mutter als auch Gabriele den intensiven Wunsch: Jetzt bin endlich ich dran! Auch Alexander brauchte ja die Mutter nicht mehr so stark, da er nun zur Schule ging und mehr Zeit mit seinen Freunden verbrachte. Als sich in dieser Situation die Mutter dann aber für eine Berufstätigkeit entschied und von Gabriele forderte, sich einerseits mehr um Alexander zu kümmern, andererseits aber auch sie, als sie krank wurde, zu pflegen, fühlte sich Gabriele betrogen und trat in den Hungerstreik.

Bei jüngeren magersüchtigen Mädchen (unter 14 Jahren) schienen uns mehrmals akute Trennungserfahrungen oder Trennungsdrohungen wichtige Auslösefaktoren zu sein. Je nachdem, wieviel Zeit wir brauchten, um diesen Faktoren nahezukommen, entschieden wir uns dann, ob wir im Erstgespräch weiter in die Vergangenheit zurückgehen oder mit unseren Fragen direkt die Zukunft beleuchten wollten.

Kommentiertes Transkript eines Familien-Erstinterviews

Das Gespräch fand vor einigen Jahren statt, die Therapeuten waren die beiden Autoren.

Die Familie Singer besteht aus fünf Mitgliedern: Frau Singer, 43 Jahre, ist Hausfrau und arbeitet regelmäßig zwei Tage pro Woche in der Apotheke ihrer Eltern, die 100 km vom Wohnort der Familie entfernt leben. Herr Singer, 47 Jahre, ist Leiter der Patentabteilung einer großen Firma. Das Ehepaar hat drei Kinder. Sarah, 21 Jahre, ist Studentin und hält sich zur Zeit des Erstinterviews zum Studium in Amerika auf. Sylvia, 19 Jahre, ist die identifizierte Patientin. Sie arbeitet als Sekretärin. Sie ist vor kurzem in das Elternhaus zurückgezogen. Der 16jährige Johann ist Lehrling in einer Bank.

Mit der Familie Singer wählten wir eine Familie aus, die sich von der Familie Landmann wesentlich unterscheidet. Die Tochter Sylvia (Indexpatientin) leidet an einer bulimischen Anorexie. Das unkontrollierbare Erbrechen steht im Vordergrund ihrer Symptomatik, die Gewichtsabnahme erscheint weniger alarmierend als etwa bei Petra Landmann. Dem Erstgespräch mit den Singers gingen auch keine stationären Aufnahmen der identifizierten Patientin voraus. In einer – nach unserer Erfahrung – für «Bulimie-Familien» typischen Weise werden auch in der Familie Singer Ärger und Konflikte relativ offen zum Ausdruck gebracht. Diese Aggressionen und Konflikte lassen sich aber auch hier weitgehend als Ausdruck und Folge der Erschütterungen und Bedrohungen verstehen, die eine stark gebundene Familie angesichts drohender Veränderungen oder fälliger Individuationsschritte ihrer heranwachsenden Kinder erlebt. Von daher gesehen, bietet sich die Familie Singer als Beispiel für die Gestaltung eines Erstinterviews an, bei dem es darum geht, möglichst rasch eine tragende Beziehung zu allen Familienangehörigen herzustellen und zugleich erste Anstöße für die familienweite Ko-Individuation und Ko-Evolution zu geben.

Die Therapeuten erklären zu Beginn des Gespräches dessen Setting.

Therapeut 1: Wie haben Sie den Weg zu uns gefunden?

Die Therapeuten suchen zunächst den Kontext der Überweisung und die (möglicherweise) unterschiedlichen Einstellungen und Erwartungen der einzelnen Familienmitglieder zu klären.

Mutter: In einer Zeitschrift war ein Artikel, daß da eine Untersuchung lief. Da habe ich Anfang des Jahres hingeschrieben und so Ihre Adresse bekommen.

Therapeut 2: Waren das Adressen von Familientherapeuten?

Mutter: Nein, allgemein von Therapeuten und Selbsthilfegruppen, die bisher aber nur wenig in diesem Bereich tätig sind. Aber damals wollte unsere Tochter noch nichts machen.

Therapeut 2: Wie kommen Sie gerade auf Familientherapie?

Mutter: Das mit der Familientherapie habe ich erst bei meinem Anruf hier erfahren. Mir ging es darum, daß sich meine Tochter entschließt, doch endlich mal etwas zu machen.

Therapeut 2: Wie haben die Familienmitglieder auf die Nachricht reagiert, die ganze Familie solle mitkommen?

Mutter: Das war eigentlich selbstverständlich.

Therapeut 2: Wie haben die anderen Familienmitglieder darauf reagiert, als wir sagten, alle müssen antanzen?

Mutter: Mein Sohn meinte: Ja, wieso denn ich? Ich bin doch nicht krank.

Therapeut 2: Wie haben Sie ihn überzeugt, daß er doch mitgegangen ist?

Mutter: Na ja, er ist meist sehr verständig, wenn man ihm sagt, daß etwas nötig ist.

Therapeut 2 *(zu Johann)*: Wie war's für den Vater?

Vater *(unterbrechend)*: Wir sind zur Zeit leider etwas im Umbruch begriffen. Ich bin vor kurzem von Köln nach Berlin versetzt worden. Das macht alles etwas umständlich.

Therapeut 2: Dann war es gar nicht so leicht für Sie, das Gespräch möglich zu machen?

Vater: Wir müssen heute abend auch wieder zurück, weil Johann morgen wieder arbeiten muß. Das ist also ein ziemlicher Schlauch.

Therapeut 2: Da müssen wir ja sehr anerkennen, daß es alle außer Sarah möglich gemacht haben zu kommen. Bei der war es wohl schwierig, sie einzufliegen?

(Vater und Mutter sprechen gleichzeitig.)

Mutter: Ja, Sarah bedauert es am meisten, die hat schon immer gesagt, daß ...

Vater: Am Wochenende sind wir zu einer Familienfeier bei meinen Eltern in Kärnten eingeladen – morgen werden wir also wieder sechs Stunden auf der Autobahn sein. Auch da wird sie nicht dabeisein, leider.

Therapeut 1 *(zum Vater)*: Was meinen Sie denn, was Sylvia dazu meinte, daß die ganze Familie mitkommen sollte?

Vater *(nachfragend)*: Was ich meine, was sie meint?

Therapeut 1: Ja, was Sie meinen, was Sylvia meint.

Um die unterschiedlichen Motivationen und Erwartungen der Mitglieder betreffs des Gesprächs zu erfragen, wird zirkulär gefragt.

Vater: Ich gehe davon aus, daß sie es positiv sieht als einen Akt der Zusammengehörigkeit. Das hoffe ich jedenfalls.

Therapeut 2: Nun hört es sich ja so an, als seien vor allem die Mutter und Sarah an gemeinsamen Gesprächen interessiert. Wird da vielleicht etwas mit Sylvia gemacht, was sie gar nicht will?

Vater: Wir sind in der Familie in einem sehr intensiven Gespräch. Und die Tatsache, daß Sylvia mit ihrer Psyche nicht klarkommt, daß sie Anzeichen einer Magersucht hat, schlägt gewisse Wellen. Es ist schon zwei- bis dreimal so gekommen. Das belastet uns alle sehr. Wir haben ja keine Erfahrung mit solchen Dingen. Das ist für uns ein Novum, ein Neuland. Es ist auch sehr schwer, dazu etwas Konkretes zu erfahren. Wir haben uns Literatur beschafft und haben uns umgehört. Auch durch die Zeitschrift, die meine Frau da aufgetan hat, ist offensichtlich einiges in Bewegung gekommen. Man liest ja in der Tagespresse und anderswo mehr und mehr über Magersucht und Bulimie oder wie die Sachen heißen. Wir sind, wie anscheinend auch die Therapeuten, noch nicht in der Lage zu sagen, was wir tun sollen, was getan werden sollte und woher es kommt.

Therapeut 2: Hmm, Sylvia, die Mutter hat die Adresse besorgt, die Schwester, so hören wir, wäre interessiert. Wie ist es für Sie, hier zu sein? Sind Sie mehr gekommen, weil die Mutter das Gespräch wollte oder weil Sie es wollen?

Nachdem andere Mitglieder zirkulär befragt wurden, wird der Betroffenen selbst Gelegenheit gegeben, dazu Stellung zu nehmen.

Sylvia: Also, ich kann nicht mehr so weiter. Es ist katastrophal. Ich will da ja selbst raus, und es ist mir unmöglich. Ich sehe keine Zukunftsperspektive mehr.

Therapeut 2: Dann ist Johann der einzige, der eher nicht weiß, warum er mitkommen sollte, und der mehr da ist, weil er darum gebeten wurde? Ist das auch sonst so, daß Sie *(an Sylvia gewendet)* mehr zwischen den Eltern sitzen und Johann sich wie hier etwas abseits hält?

Eine erste Frage zur Beziehungsklärung.

Vater: Nein, wir könnten uns ohne weiteres auch umsetzen. Das ist keine Frage.

Therapeut 2 *(fast gleichzeitig mit Vater)*: Dann ist das eher zufällig so?

Vater: ... aber er soll selbst antworten.

Mutter: Ich muß etwas richtigstellen. Das mit den Adressen war ja schon vor fünf Monaten. Ich habe sie besorgt, ihr gegeben und gesagt: «Du mußt jetzt entscheiden. Das Weitere ist jetzt deine Sache. Wenn du da raus willst, bin ich jederzeit für dich da.» Sie war ja alt genug, sie mußte selbst entscheiden, und ich habe gehofft, daß sie eines Tages so weit ist, daß sie da selbst raus will.

Therapeut 1: Wenn Sylvia sagt, sie will da raus, aus was will sie denn heraus?

Mutter: Ja, daß sie immer wieder am Rande der körperlichen Hinfälligkeit jongliert. Sie war ja schon unter 40 Kilo. Dann ging es wieder aufwärts bis 49. Mal war sie auch über 50 Kilo, und dann ging es wieder abwärts.

Therapeut 2: Johann, können wir von Ihnen einmal hören, in welcher Situation sich die Familie im Augenblick befindet? Seit wann ist Sarah in Amerika?

Die Therapeuten gehen nicht auf das Angebot der Mutter ein, über Gewicht, Essen und Erbrechen zu reden, sondern bleiben bei der Klärung der jetzigen Situation der Familie.

Johann: Oje, ich glaube, seit September. Sie lernt dort in einer Sprachenschule. Vater arbeitet jetzt in Berlin. Wir haben dort eine kleine Wohnung, und da wohnen mein Vater und ich. Meine Mutter geht immer noch arbeiten und kommt ab und zu mal nach Berlin.

Therapeut 2: Wo wohnt denn die Mutter?

Johann: Ja, meine Mutter wohnt – das ist etwas schwierig zu sagen – manchmal in Berlin, manchmal in der Nähe von Köln, wo wir bisher zusammen gewohnt haben.

Vater: Wir haben dort ein Haus.

Johann *(fortfahrend)*: ... und manchmal bei meiner Oma, also in Düsseldorf, weil meine Mutter dort bei meiner Oma in der Apotheke aushilft.

Therapeut 2: Wieviel Prozent der Zeit wohnt sie in Berlin, wieviel in der Nähe von Köln und wieviel bei der Oma?

Johann: Ich würde sagen, 20 Prozent in Holzhausen, 50 Prozent in Düsseldorf und 30 Prozent halt in Berlin.

Therapeut 2: Und wo lebt Sylvia?

Johann: In Holzhausen.

Therapeut 2: Dort lebt sie allein?

Johann: Ja, im elterlichen Haus. Sie hatte eine Wohnung vom Werk aus und hat noch bis vor kurzem in dieser Wohnung gelebt. Aber seit etwa einem Monat lebt sie wieder im Elternhaus.

Die Wohnungs- und Arbeitsplatzsituation der Familienmitglieder zeigt sich instabil und unübersichtlich. Wieweit spiegeln sich darin eine Phase des Übergangs, der familienweiten Destabilisierung, der Wunsch nach und die Angst vor einer Trennung?

Therapeut 1: Wie kam es zur Entscheidung, wieder ins Elternhaus zu ziehen?

Johann: Das war weniger eine Entscheidung als – ich weiß nicht, wie Sylvia darüber denkt – aber ich glaube, sie ist immer öfter gekommen, weil sie sich in der anderen Wohnung immer weniger wohl gefühlt hat. Da liefen auch einige komische Personen rum, zum Beispiel dieser ältere Mann. War das nicht so?

Sylvia: Darf ich etwas dazu sagen, wie es zu der Entscheidung kam?

Therapeut 2: Ja, bitte.

Sylvia: Es lag daran, daß ich in der anderen Wohnung wieder mit dem Gewicht nach unten kam, wieder unheimlich wacklig wurde, ein Unsicherheitsgefühl hatte und mich sehr allein fühlte. Da bin ich in der Wohnung ausgerastet: Alles hat mich angeschwiegen. Ich war ganz allein, und da hab ich mir gedacht: Wenn du schon allein bist, dann lieber in einer Umgebung, in der du dich wohler und sicherer fühlst. In dem Elternhaus war ich ja meine ganze Kindheit. Wenn ich da bin, ist das beruhigend für mich. Da macht es mir nicht soviel, wenn ich allein bin, als in der anderen Wohnung.

(Die äußeren Veränderungen der Familie werden in weiterem Detail beschrieben.)

Therapeut 2: Es stehen zur Zeit viele äußere Veränderungen in der Familie an. Wie wirkt sich denn das auf die Beziehung zueinander aus?

Sylvia: Es besteht ein Wunsch nach Zusammenhalt, aber wir sind zur Zeit total auseinandergerissen. Es war ein ziemliches Hin und Her. Das bekommt keinem gut.

Therapeut 2: Wem bekommt es am schlechtesten?

Sylvia: Also wenn ich von dem Äußeren ausgehe, bin ich es wohl. Das ist nicht nur wegen des Umziehens und Berlin so. Es gab schon früher Uneinigkeiten innerhalb der Familie zwischen meinen Eltern. Ich bin schon mal zeitweise zu dem Schluß gekommen, daß mein Problem daher rührt, daß zwischen meinen Eltern – bewußt hab ich das mit acht Jahren mitbekommen – etwas schiefläuft. Dabei habe ich innerlich den Halt verloren. Da ist für mich eine Welt zusammengebrochen. Ich bin eben ein unheimlicher Gefühlsmensch und reagiere ziemlich emotional. Ich denke nicht zuerst, sondern lasse alles raus und...

Im Unterschied zu vielen nichtbulimischen Magersuchtsfamilien spricht hier die identifizierte Patientin Konflikte in der Familie, insbesondere aber Konflikte zwischen den Eltern, schon früh und offen an. Auch die Eltern legen offenbar keinen großen Wert darauf, Meinungsunterschiede uns gegenüber zu vertuschen.

Therapeut 2: Haben Sie dann versucht, die Eltern zusammenzuhalten, wenn Sie annahmen, daß zuviel Uneinigkeit zwischen denen war?

Sylvia: Ja, ich habe es immer probiert. Sie haben mich immer Hausmütterchen genannt. Ich wollte es immer jedem recht machen und bin immer hin- und hergerannt.

Therapeut 2: Haben die Geschwister genauso reagiert?

Sylvia: Nein, das war besonders ich.

Therapeut 2: Dann sitzen Sie vielleicht doch nicht ganz zufällig zwischen den Eltern?

Sylvia *(lacht)*: Sehr wahrscheinlich nicht.

Die identifizierte Patientin sitzt – als Vermittlerin und Versöhnerin – zwischen den Eltern. Das hat einen doppelten Aspekt: Sie könnte sich dadurch einerseits gebunden, überfordert, in ihrer Entwicklung beschnitten fühlen, andererseits läßt sich annehmen, daß ihr dies ein Gefühl von Macht und Wichtigkeit gibt, das sie nicht gern aufgeben möchte.

Therapeut 1: Wie hat sich die häufige räumliche Trennung in den letzten Monaten auf die Beziehung der Eltern ausgewirkt?

Sylvia: Also, wenn sie zusammenkommen, kracht es laufend, wegen jeder Kleinigkeit.

Therapeut 2: Wenn ich die Eltern fragen würde, würden sie das mit den Uneinigkeiten ähnlich sehen wie Sie?

Sylvia: Ich würde sagen, wenn sie ehrlich sind, sehen sie das auch so. Wir haben auch oft genug zusammen darüber gesprochen.

Therapeut 2 *(zur Mutter)*: Stimmen Sie dem zu, was Sylvia meint?

Mutter: Ja, wir sind zur Zeit nicht auf der gleichen Wellenlänge, mein Mann und ich.

Therapeut 2: Sylvia drückt Besorgnis über die Beziehung der Eltern aus. Sehen Sie die, so wie sie ist, auch als problematisch an?

Mutter: Für mich ist das auch problematisch.

Vater: Es ist für alle Teile problematisch.

Therapeut 1: Stimmen Sie Sylvia auch zu, daß es schon seit längerer Zeit Uneinigkeiten gibt?

Mutter: Ja, nur habe ich nicht gemerkt, daß du es schon so früh mitbekommen hast.

Sylvia: Ich würde sagen: noch früher, als ich eben andeutete. Aber daß ich bewußt selbst was dagegen tun wollte, daß ich dagegen ankämpfen wollte, das kam erst später. Ich war noch zu jung und hatte noch nicht so ganz richtig begriffen, was da vorging.

Therapeut 2: Johann, auf welcher Seite steht Sylvia, wenn die Eltern sich uneinig zeigen, mehr auf Vaters oder auf Mutters Seite?

Johann: Hmm, ich glaube, mehr auf Papas Seite.

Therapeut 1: Stimmen Sie dem zu, Sylvia?

Sylvia: Ich war früher ein Papa-Kind, ich weiß nicht wie lange. Ich glaube so lange, bis da ein Umbruch kam, bis ich gemerkt habe, da ist ein Kampf. Dann bin ich auf die schwächere Seite gegangen, weil meine Mutter immer diejenige war, die es im Endeffekt eingesteckt und sich selbst nicht gewehrt hat.

Die weitere zirkuläre Befragung unter Einbeziehung von Johann zeigt: Sylvia sitzt nicht fest in der Mitte zwischen den Eltern, sie neigt dazu, auf die Seite dessen zu gehen, den sie als den schwächeren Elternteil erlebt.

Therapeut 2: Wenn Sie früher mehr auf Vaters Seite waren, wo stand da der Johann?

Sylvia: Der Johann hielt immer Abstand. Er hat sich von früh an den beiden Mädchen gegenüber benachteiligt gefühlt. Ich habe mich mit ihm sehr gut verstanden. Mit meiner Schwester war es immer schwieriger *(lacht)*. Die Sitzordnung paßt *doch* irgendwo, wenn wir jetzt mal tiefer gehen.

Therapeut 1: Wo würde die Schwester, wenn sie jetzt da wäre, sitzen?

Sylvia: Die Schwester würde sich da irgendwo in der Ecke verkriechen.

Therapeut 2: Ah, deshalb ist sie so weit weg in Amerika.

Sylvia: Ja, sie rennt weg, sie flieht.

Therapeut 2: Fühlt sie sich wohl dabei?

Sylvia: Nee, überhaupt nicht.

Therapeut 2: Johann, stimmen Sie Sylvia zu, daß Sie es so erlebt haben, daß die beiden Schwestern früher mehr im Vordergrund standen und Sie sich auf dem Abstellgleis fühlten?

Johann: Na ja, ich weiß jetzt nicht mehr so. Ich kann mich jetzt schwer daran erinnern, wie ich mich verhalten habe, ohne...

Therapeut 2: Ich respektiere sehr, daß Sie, Johann, eher vorsichtig mit Ihren Antworten sind. Sie werden gute Gründe dafür haben, und es ist ganz in Ordnung, nur das zu sagen, was Sie wirklich sagen wollen. Aber mich interessiert einfach auch, wo *Sie* in dieser Familie hingehören.

Mutter: Er will niemandem weh tun. Ich habe das Gefühl, der ist auch mehr Mamas Kind.

Vater *(zu Johann)*: Egal, was du sagst, du solltest offen deine Meinung sagen. Dafür sitzen wir doch hier. Jeder soll dazu stehen, was er denkt und fühlt.

Therapeut 2 *(zur Mutter gewendet)*: Wie sehen Sie denn die Beziehung von Johann zum Vater? Die sind ja zur Zeit viel zusammen.

Mutter: Ich muß sagen, die hat sich ein bißchen entkrampft. Johann hatte früher viel Angst. Wenn irgendwas war, kam er zu mir. Ich sagte ihm aber: Johann, du bist doch groß. Du kannst das deinem Vater doch ruhig sagen, so schlimm ist es nicht...

Sylvia: Aber seit Johann Judo angefangen hat, hat er mehr Selbstbewußtsein.

Vater: Nicht, daß sie sich nun verprügeln.

Mehr Fragen zur Beziehung der Geschwister zu den Eltern und zu ihrer Beziehung zueinander. Wie stark ist neben dem Geschwisterzusammenhalt die Geschwisterrivalität?

Therapeut 1: Macht der Vater etwas Ähnliches?

Vater: Nein, ich spiele nur noch Tennis, und im Sommer segle ich.

Mutter: Mein Mann war früher ein eingeschworener Leichtathlet.

Vater: Ja, früher war ich aktiver Leichtathlet und sehr sportlich.

Mutter: Und ist im Grunde enttäuscht, daß seine Kinder das nicht weitergeführt haben.

Vater: Nein, so stimmt es nicht.

Sylvia: Doch, doch, doch, doch!

Mutter: Die Kinder waren schon sportlich. Aber dann wuchsen die Mädchen sehr schnell heran.

Vater: Und hatten dann auch kein Interesse mehr. Teilweise haben sie schon etwas geturnt.

Therapeut 1: Das hört sich für mich so an, als wollten Sie sagen: Alle drei Kinder hatten in der Familie keine sehr stabile Position. Wer hatte denn Ihrer Meinung nach noch die beste?

Sylvia: Also vom Verhätscheln und Vertätscheln her bin ich es gewesen.

Therapeut 2: Wo würde denn die Sarah mehr hingehören, mehr zum Vater oder mehr zur Mutter?

(Wir erfahren, daß Sarah mehr zum Vater neigt, mehr um dessen Anerkennung ringt, aber auch heftige Auseinandersetzungen mit ihm hat.)

Therapeut 2: Sylvia, Sie sagten, früher haben Sie die Mutter als die Schwächere erlebt und den Vater als den Durchsetzungsfähigeren. Wer von den beiden kommt denn heute besser mit dem momentanen Zustand zurecht?

Sylvia: Ja, äußerlich wirkt mein Vater so. Eben, weil er schon als Kind – nach dem, was ich so aus Erzählungen weiß – die Gefühle abgestellt bekommen hat. Er läßt eben nichts raus. Er reagiert sich auch durch die Arbeit ab oder, besser gesagt, lenkt sich ab. Dagegen ist meine Mutter auch ein Gefühlsmensch. Sie weint dann oft. Oft kam sie zu mir und hat sich bei mir ausgesprochen. Sie zeigt eben mehr als mein Vater.

Therapeut 2: Wer in der Familie würde denn am ehesten denken, daß es dem Vater mindestens ebenso dreckiggeht wie der Mutter?

Mit seinen Fragen richtet der Therapeut 2 wieder den Fokus auf den Streit der Eltern und die Position, die Sylvia dabei einnimmt. Indem er fragend zur Sprache bringt, daß es dem Vater bei dem Streit auch dreckiggehen könnte, bringt der Therapeut auch eine Information in die Familie ein: Auch dem Vater geht es bei dem Streit dreckig. Solche Frage eignet sich dazu, falls nötig, seine (des Therapeuten) Neutralität zu bekräftigen oder wiederherzustellen.

Sylvia: Von den Familienmitgliedern?

Therapeut 1: Ja.

Sylvia: Ich weiß nicht, ob die sich soviel Gedanken darüber machen. Meine Schwester würde auch sagen, daß es der Mutter schlechtergeht, aber innerlich ist sie, glaube ich, mehr auf seiten des Vaters.

Mutter: Aber mit einem «Du bist selbst dran schuld» sagt sie das immer.

Sylvia: Ich bin da oft wütend mit meiner Mutter. Jeder Mensch hat doch irgendwie einen gesunden Egoismus.

Therapeut 2 *(zu Sylvia)*: Wann haben Sie sich entschieden, in den Hungerstreik zu treten?

In der Weise, wie Therapeut 2 nach dem Beginn von Sylvias Symptomen fragt, spricht er deren Selbstverantwortlichkeit an: Wenn sie sich einmal für das Hungern entschied, kann sie sich auch dagegen entscheiden.

Sylvia: 1979, im September. Meine Entscheidung war das nicht so recht. Ich stand daneben und habe praktisch zugeguckt. Ich war unheimlich gespalten. Es war für mich schon wie ein Witz. Ich habe echt gedacht, ich wäre zwei Personen. Ich konnte zugucken, wie da jemand sitzt und nichts ißt, und es war mir total unbegreiflich. Nur zwei Wochen vorher hatte mir ein Mädchen erzählt – da hab ich noch gar nichts von Magersucht gewußt –, daß es das gibt. Die hat gesagt: «Hast du schon gehört, die und die ißt nichts mehr.» Und da habe ich gedacht: Wie kann man das nur machen, absurd, ne? Auch deswegen, weil ich nämlich unheimlich gern gegessen habe. Dann habe ich etwas in Zeitschriften gelesen über gesünderes Essen und über Diäten und so ...

Therapeut 1: Haben Sie sich auch erbrochen?

Sylvia: Das habe ich am Anfang nicht gemacht. Jetzt tu ich es schon bis zweimal am Tag. Früher war es bis viermal am Tag. Aber es muß sein. Es ist wie eine Sucht. Ich renne heulend ins Bad und will eigentlich gar nicht.

Therapeut 2: Wie groß sind Sie?

Sylvia: Ein Meter sechsundsiebzig.

Therapeut 2: Und wie ist es mit Ihrer Periode?

Sylvia: Unter 53 Kilo ist sie immer weg. Jetzt habe ich 45 Kilo.

Therapeut 2 *(zu Johann gewendet)*: Wie haben die Eltern darauf reagiert, als sie merkten, daß Sylvia abnimmt?

Nachdem vorher Sylvia als selbstverantwortlich, das heißt nicht als passive Erleiderin von Symptomen, sondern Initiatorin von Handlungen angesprochen wurde, zielen die (zirkulären) Fragen der Therapeuten nunmehr darauf ab, Sylvias symptomatisches Verhalten zu «kontextualisieren», also im Raume der familiären, insbesondere elterlichen Reaktionen anzusiedeln. Typischerweise paralysieren sich die Eltern gegenseitig, indem sie angesichts des magersüchtigen Verhaltens ihrer Tochter unterschiedliche Maximen und Vorgehensweisen vertreten. Dadurch wiederum stärken sie Sylvias Position von Macht und Wichtigkeit zwischen den Eltern.

Johann: Die konnten es nicht glauben. Beide haben stark darauf reagiert. Mein Vater hat es mit Gewalt, Streit und Drohung probiert, weil er eben so hilflos war. Und meine Mutter mit Flehen, Weinen und Beknien.

Therapeut 2: Beides hat anscheinend nichts genützt? Wenn es der Vater mit Stärke und Nachdruck versucht hat, was hat dann die Mutter gemacht?

Sylvia: Sie hat dann gemeint: Du kannst das doch nicht so machen. Du siehst doch, es hat keinen Zweck. Du mußt doch erst einmal versuchen, mit ihr zu sprechen.

Therapeut 2: Heißt das, daß sie den Vater boykottiert hat?

Sylvia: In dieser Hinsicht schon.

Therapeut 2: Und was hat Sarah dann gemacht, wenn der Vater drängte und die Mutter sagte: Laß doch das Kind?

Mutter: Die Sarah hat gesagt: Du mußt in die Klinik.

Sylvia: Meine Erinnerung ist so, daß dann nur ihr beiden um mich wart.

Therapeut 1: Und wie hat Johann darauf reagiert?

Sylvia: In solchen Situationen wenig. Aber sonst und auch später meinte er, ich solle mich nicht so anstellen.

(Johann nickt)

Therapeut 2 *(zu Johann)*: Sie nicken?

Johann: Ich habe noch etwas anderes gemacht. Ich habe die Sylvia gefragt, ob ich ihr, falls sie noch einmal nach unten in die Toilette geht – wir haben drei Klos im Haus –, ob ich ihr dann eine runterhauen soll. Und dann hat die Sylvia cool gesagt: Ja, natürlich. Und dann ging sie runter und hat wieder erbrochen. Ich habe ihr die ersten Male keine runtergehauen, weil ich dachte, sie sieht es schon selbst ein. Aber dann habe ich ihr doch einmal ganz feste in den Hintern getreten.

Sylvia *(leise)*: Zu fest.

Johann: Also, für mich war es nicht fest. Dann hat sie angefangen zu heulen und großes Trara zu machen. Ich glaube aber nicht, daß es ihr so weh getan hat. Sie war eher geschockt.

Therapeut 2: Hat es gewirkt, daß sie angefangen hat zu heulen? Haben Sie dann aufgehört zu sagen: Hör auf mit dem Theater?

Johann: Ja, ich habe zu ihr gesagt: Hör auf mit dem Theater. Aber dann hat mein Vater von seinem Vetorecht Gebrauch gemacht und mir gesagt, wenn ich das noch einmal mache, dann bekomm ich es mit ihm zu tun.

Therapeut 2: Also, wenn einer in der Familie Grenzen setzen will, kommt ein anderer und schützt Sylvia.

Vater: Das war für mich ein Unding, so etwas durch körperliche Züchtigung erreichen zu wollen. Das halte ich für konzentrierten Unsinn.

Therapeut 2: Angenommen, die Eltern hätten damals, als Sylvia den Hungerstreik begonnen hat, der damals 15jährigen Tochter übereinstimmend und klar gesagt: Liebe Tochter, wir wollen, daß du lebst und daß du am Leben teilnehmen kannst, du ißt jetzt! Wie hätte Sylvia darauf reagiert?

Mutter: Bezüglich des Essens waren wir uns schon einig. Nur über die Methode, wie man sie wieder zum Essen bringt, nicht. Mein Mann meinte: Dann wird sie hingesetzt, Mund auf und...

Vater *(seine Frau unterbrechend)*: Nein, nein, nein, nein! Veto!

Mutter *(fortfahrend)*: Und ich habe gesagt, man kann das doch nicht so machen, daß einer den Mund aufhält und der andere drückt ihr's rein. Das geht doch nicht.

Vater: Nein, nein, dieses Mundaufhalten, davon konnte nie die Rede sein.

Mutter: Man muß sie so weit bringen, daß sie selber ißt.

Sylvia: Papa, einer hat die Nase zugehalten, und du hast es reingeschoben im Urlaub in Dänemark. Das weiß ich noch.

Vater *(sich verteidigend)*: Ich kann mich nicht mehr daran erinnern, das kann nur ganz am Anfang gewesen sein.

Therapeut 2: Johann, wie erklären Sie sich, daß die Eltern die 15jährige Sylvia nicht zum Essen bewegen konnten?

Johann: Ich glaube, die Sylvia, die hat gar nicht mal so emotional reagiert, als sie die Magersucht angefangen hat. Die hat genau gewußt, daß sie da ein Mittel besitzt, um die Eltern wieder auf einen gemeinsamen Punkt zu fixieren.

Es ist im allgemeinen besser, wenn ein Familienmitglied die Macht des Symptomträgers zur Sprache bringt, als wenn dies ein Therapeut tut. Obgleich sie (für den Außenstehenden) enorme Macht ausübt, erlebt sich die Magersüchtige selbst typischerweise als völlig machtlos. Daher kann es ein Risiko sein, ihr solche Macht zu früh entgegenzuhalten.

Therapeut 2: Toll! Und weiter?

Johann *(fortfahrend)*: Das hat sie probiert. Aber ich glaube, als sie die Magersucht hatte, da ging's ihr gar nicht mehr darum, die Eltern zu vereinen, sondern es hat ihr Spaß gemacht. Manchmal hat man wirklich den Verdacht gehabt, es macht ihr unheimlich Spaß, wie die Eltern sich da abmühen. Die Mutti hat geweint, und der Vati ist ausgeflippt und hat rumgeschrien. Und sie saß mittendrin und hat nur zugeguckt, manchmal mit glänzenden Augen.

Therapeut 2: Sie hat die Puppen tanzen lassen, meinen Sie?

Sylvia *(lachend)*: Nicht glänzend, ich habe stumm vor mich hingeschaut.

Johann: Man muß noch eins sagen, das mit dem Helfen war auch nicht so uneigennützig. Damals hatte ich das Gefühl, die Sylvia wird unheimlich bevorzugt. Sarah war ziemlich faul, hat jedenfalls kaum aufgeräumt. Wenn sie aber mal was gemacht hat, wurde sie trotzdem von Vater und Mutter kritisiert. Wenn Sylvia das Wohnzimmer staubsaugte, war alles okay. Aber wenn ich es gemacht hatte, hieß es: «Schau mal, da und da ist es noch ganz dreckig.»

Wir bekommen mehr Hinweise für eine Rivalität zwischen den Geschwistern angesichts Sylvias «Fähigkeit», den Mittelpunkt des Familiengeschehens einzunehmen.

Therapeut 2: Sie wollen sagen, Sylvia hat auch gute Fähigkeiten, sich im Mittelpunkt des Geschehens zu plazieren?

Sylvia: Wie ich das im Rückblick sehe, sind wir beide gut miteinander ausgekommen. Ich habe auch ihm viel geholfen, zum Beispiel beim Zimmeraufräumen. Da war er so sieben bis acht Jahre und ich dreieinhalb Jahre älter. Allerdings: ich habe mich nicht immer bitten lassen, sondern bin von selbst auf die Sachen zugegangen. Wenn er es dann eben mal gezwungenermaßen getan hat, haben die Eltern ihn eher kritisiert als mich.

Therapeut 2: Dann waren Sie damals beinahe zu angepaßt und leben jetzt die andere, die selbständige Seite aus?

Sylvia: Ja, so würde ich es sehen. Seit ich das hab, bin ich total um 180 Grad in meiner Persönlichkeit verändert. Mich haben sie in der Schule nicht wiedererkannt, als ich nach dreieinhalb Monaten Beurlaubung den Unterricht wieder aufnahm.

Wie auch in den meisten anderen uns bekannten Fällen, war auch hier die magersüchtige Tochter das angepaßteste und sich am unsichersten zeigende Geschwister. Jetzt erscheint sie – trotz und wegen ihres magersüchtigen Verhaltens – eher fähig, sich abzugrenzen und durchzusetzen. Gleichzeitig bleibt sie aber im Mittelpunkt der Familie und sorgt weiter für die Familienbindung.

Therapeut 2: Dann hat das magersüchtige Verhalten auch positive Auswirkungen?

Sylvia: In dieser Hinsicht schon. Im Auftreten war ich vorher unheimlich schüchtern. Ich bin weggerannt, habe Angst gehabt und habe mich hinter Muttis Rockzipfel versteckt.

Vater: Sie ist es sicherlich auch heute noch. Nur überspielt sie es nun anders. Damals hat sie diese Schüchternheit und Angst noch nicht überspielt. Damals war sie hilfsbereiter. Heute lebt sie ihr Ego sehr viel deutlicher aus.

Therapeut 2: Zeigt sie damit der Mutter einen Weg?

Sylvia: Ja, genau.

Vater: Ja, das ist eine gute Idee. Das könnte eine gute Idee sein.

Mutter: Ich bin aber gar nicht so. Gut, ich kann es nicht haben, wenn man Krach mit jemandem hat.

Sylvia: Dann steckst du lieber ein.

Therapeut 1: Wo haben Sie gelernt, daß es gut ist, keinen Krach zu haben?

Mutter: Das war bei uns zu Hause. Mein Vater war sehr despotisch und ist es heute auch noch. Und ich hatte damals wie heute das gleiche Gefühl, daß ich immer meiner Mutter helfen müßte, daß ich springen muß.

Die Mutter zeigt sich stark an ihre Herkunftsfamilie gebunden.

Therapeut 2: Ach, Sie gehen dann auch nach Hause und geben sich dieselbe Aufgabe wie Sylvia?

Mutter: Ich arbeite da noch in der Apotheke. Mein Vater wird 70 nächstes Jahr und hat bisher alles im Geschäft blokkiert. Mein Bruder ist im Geschäft, meine Schwester auch.

Therapeut 2: Ein richtiger Familienclan?

Mutter: Ja, und jetzt sollte mein Vater aufhören, weil er vor einem Jahr gesagt hat: «Gut, ich höre auf. Aber nur, wenn die Adelheid – also ich – für die Übergangszeit einspringt und niemand Fremdes reinkommt.»

Therapeut 2: Da darf niemand Fremdes rein. Und so hat der Vater seine Tochter zurückbekommen?

Mutter: Ja, genau, so ist es. Ich muß sagen, das hat er schon ziemlich bereut. Ich bin gar nicht mehr so schüchtern. Ich vertrete meinen Standpunkt, und das habe ich als Kind meinem Vater gegenüber auch immer gemacht. Ich war im Grunde die einzigste. Später kamen sie alle zu mir, sogar meine Mutter, wenn etwas durchzusetzen war. Dann mußte ich zum Vater gehen.

Therapeut 2: So schwach, wie Sylvia meint, sind Sie also gar nicht? Der Clan auf Mutters Seite hält ja wie Pech und Schwefel zusammen.

Sylvia: Und wie. Ganz toll! ...

(Johann lacht, Durcheinandersprechen)

Therapeut 2 *(fortfahrend)*: ... hat der Vater da überhaupt eine Chance gehabt?

Sylvia *(kopfschüttelnd)*: Nee, nee.

Therapeut 2: Familien, die zusammenhalten, lassen ja auch nicht gerne jemand raus aus der Familie. Wer ist denn nun stärker: Sie, Sylvia, die Sie die Mutter durch Anliefern von Sorgen in diese Familie zurückzuholen versuchen, oder der Großvater beim Versuch, die Mutter für die alte Familie zurückzugewinnen?

Indem das Loyalitätsdilemma der Mutter zum Thema wird, bekommt auch Sylvias magersüchtiges Verhalten eine neue Bedeutung: Durch Anliefern von Sorgen hilft sie, daß die Mutter in ihrer neuen Familie und damit auch beim Vater bleibt.

Sylvia: Puh, ja, wenn man es jetzt so rum sieht...
Mutter *(unterbrechend)*: Also, ich weiß nicht, ich glaube, mein Vater will mich gar nicht zurückhaben.

Therapeut 2 *(die Mutter unterbrechend)*: Augenblick, ich möchte erst Sylvias Meinung dazu hören.

Sylvia: Also, wer jetzt wirklich auf dem besseren Trittbrett steht, weiß ich nicht genau. Ich würde sagen, vielleicht ist es sogar ziemlich ausgeglichen, so daß sie in der Tat total auseinandergerissen wird.

Therapeut 2: Angenommen, Sylvia, Sie gäben Ihr magersüchtiges Verhalten demnächst auf, entwickelten sich wie eine 19jährige hübsche junge Frau weiter, gingen Ihren eigenen, unverwechselbaren Lebensweg mit zuversichtlicher Gelassenheit, welche Bindungen wären dann für die Mutter stärker? Hat Ihr Vater dann noch eine Chance, Ihre Mutter für sich und Berlin zu gewinnen, oder würde die Mutter dann eher in ihre Familie zurückkehren?

In der hypothetischen Frage des Therapeuten ist impliziert, daß Sylvia sich entscheiden kann, ihr magersüchtiges Verhalten aufzugeben und sich normal zu entwickeln. Zugleich werden die möglichen Konsequenzen einer solchen Entscheidung für die Familie, insbesondere die Eltern, ins Blickfeld gerückt. Aber gerade das könnte für Sylvia ein zusätzlicher Anstoß sein, sich für die eigene Individuation zu entscheiden. Damit das gutgeht, bedürfte es auch der Individuation der Eltern, kurzum einer familienweiten Ko-Individuation und Ko-Evolution.

Sylvia *(nach einer Pause)*: Also ich denke, wenn ich das letzte Jahr betrachte, habe ich jetzt nicht mehr die Hoffnung, daß ich daran irgendwas ändern könnte.

Therapeut 2: Die Frage ist ja auch, ob nicht jetzt schon so ein gutes Gleichgewicht besteht. Stellen Sie sich vor, Sie gehen demnächst zunehmend eigene Wege, dann wäre ja die Holzhausen-Wohnung leer. Was würde die Mutter dann tun?

Nachdem der Therapeut soeben Veränderungsmöglicheiten betont hat, geht er nunmehr auf die Seite der Nichtveränderung.

Vater *(bemüht, dies richtigzustellen)*: Ich weiß nicht, ob das aus der Frage so hervorgeht. Wie ich es verstanden habe, ist die Wohnung nur eine Übergangslösung. Es ist nämlich daran gedacht, daß die Familie nach Berlin zieht.

Therapeut 2: Wer?

Vater: Die ganze Familie, also die Frau, ich und der Sohn. Die Sarah nicht, wenn man ihren letzten Worten trauen darf. Sylvia hat noch ihre eigene Wohnung. Aber sie hat inzwischen bekundet, sie will mit uns nach Berlin. Sie möchte zwar nicht unbedingt bei uns – sie will eine eigene Wohnung haben –, aber in unserer Nähe sein. Die Familie beabsichtigt nach wie vor, in Berlin ein Haus zu kaufen und unser Haus in Holzhausen aufzugeben.

Therapeut 2: Wie erklären Sie sich, daß Sylvia eine kleine Wohnung in der Nähe der Eltern haben und nicht ihr eigenes Leben in Köln, Frankfurt oder Hamburg leben will?

Vater: Sie möchte den Kontakt zur Familie nicht verlieren.

Therapeut 2: Warum ist ihr das noch so wichtig?

Vater: Sie wollte bislang wegen der atmosphärischen Störung zu Hause eine eigene Wohnung in der Nähe. Und ich habe ihr geholfen, diese einzurichten. Ich habe ihr auch gesagt – und das war vielleicht nicht so klug von mir – ich wußte mir auch nicht anders zu helfen –: Wenn sie zunimmt, also ihr Gewicht steigert, dann bekommt sie von mir Geld, um die Wohnung in Berlin einzurichten. Also wir haben da ein gewisses Junktim gemacht.

Sylvias Gewicht und ihr Bestreben, mittels der eigenen Wohnung sowohl in der Nähe der Eltern als auch von diesen getrennt zu sein, zeigen sich uns als Momente in einem Balanceakt, bei dem sie sowohl

Nähe als auch Distanz, Abhängigkeit als auch Unabhängigkeit zu bewahren sucht.

Sylvia: Ich hatte das Gefühl, daß mein Vater sich damit freikaufen, sein Gewissen entlasten will. Ich wollte mich innerlich vom Vater lösen, konnte es aber nicht. Habe der Mutter helfen wollen und kam total durcheinander, habe total geschwommen und habe nicht mehr gewußt, was hinten und vorne los ist. Und er hat dann mal gesagt: Ja, wenn ich meine, daß es besser ist, daß ich ausziehe, würde ich von ihm finanziell unterstützt werden.

Vater: Eine kleine Wohnung eingerichtet bekommen.

Sylvia: Ich fand das furchtbar, als er mir das gesagt hat, weil ich total im Kampf war, von den Gefühlen her: Soll oder will ich bei der Familie bleiben? Kann ich oder muß ich oder wie und was? Und als er mir das gesagt hat mit dem Gewicht, war das schlimm.

Vater: Das ist eigentlich gegenteilig angekommen, als ich es wollte.

Therapeut 2 *(zu Sylvia gewendet)*: Welche Erklärung geben Sie sich selbst dafür, daß Sie mit nach Berlin ziehen wollen? Sehen Sie es eher im Zusammenhang mit der Schwierigkeit, allein zu sein, oder weil Sie meinen, daß Ihre Familie, zum Beispiel die Mutter, Sie noch eine Weile braucht?

Sylvia: Das sind eher meine Ängste, würde ich sagen.

Therapeut 1 *(zur Mutter gewendet)*: Wie verhält sich Sylvia Gleichaltrigen gegenüber?

Mutter: Jetzt wieder aufgeschlossener. Wir hatten früher ein offenes Haus. Sylvia brachte immer die meisten Kinder mit, und alles waren Gleichaltrige. Sarah tendierte mehr zu älteren. Sylvia hatte viel Phantasie und hat viel mit Gleichaltrigen gespielt. Als das anfing mit der Magersucht, also als sie anfing, nichts zu essen, war das total aus. Die Freundinnen sind gekommen und haben angerufen, und sie hat gesagt: Ich will niemand sehen. Wenn ich dann doch jemand reingelassen habe, saß sie da und hat vor sich hingestarrt. Ein 15jähriges Mädchen kommt dann noch höchstens zweimal, ein drittes Mal kommt sie nicht mehr.

Vater: Früher war sie sprühend vor Lebenslust.

Therapeut 2: Hat sie mal einen Freund gehabt?

Mutter: Ja, sie hat auch jetzt einen Freund. *(Zu Sylvia:)* Du hast dich spät für Jungen interessiert. Nachdem du nach dem Nichtessen wieder hochkamst im Sommer drauf, also mit 16, 17 Jahren.

Sylvia *(widersprechend)*: Anfang 16, das weiß ich genau.

(Nach einer kurzen Diskussion des bevorstehenden Umzugs nach Berlin kommt man wieder auf Sylvias Freund zu sprechen.)

Therapeut 1: Wie oft sehen Sie ihn?

Sylvia: Alle zwei Monate.

Therapeut 2: Ah, das ist eine ferne Liebe?

Sylvia *(lächelnd)*: Seit vier Monaten, ja.

Vater: Das ist ein ziemlich junges Glück.

Therapeut 2: Ist das ein Schwarm, oder...?

Sylvia: Nee, nee, das ist für mich auch noch ein Punkt. Auf der Suche nach dem andern Geschlecht habe ich immer nach Sicherheit gesucht. Ich wollte jemand, der mich liebhat und mir das auch offen zeigt und bei dem nicht, so wie bei uns, ein Hin und Her ist. Ich wollte wirklich ein Nest haben, wo ich hingehöre. Das ist auch jetzt noch so. Ich kann mir nicht vorstellen, in den Tag reinzuleben, ohne eine Wohnung zu haben und ohne zu wissen, daß da jemand ist, daß irgendwo ein Rückhalt ist, daß ich auf sicheren Beinen stehen kann. Ich brauche viel Nestwärme. Die braucht zwar jeder, aber ich brauche sie ganz besonders.

Therapeut 1 *(zu Therapeut 2 gewendet)*: Ich möchte gern noch einmal auf deine vorige Frage zurückkommen: Wenn sich Sylvia entscheiden würde, ihre Entwicklung ganz in Anspruch zu nehmen, würde das bedeuten, daß die Mutter dann mehr zu ihren Eltern zieht, oder könnte es auch bedeuten, daß die Mutter zeigt: «Ich leb jetzt mein eigenes Leben, ich trenne mich mehr vom Vater», und insbesondere dann, wenn Sie, Sylvia, ihr helfen, sich mehr durchzusetzen?

Nachdem deutlich geworden ist, daß sich Sylvia (wenn auch ambivalent) auf einen Freund hinbewegt, kehren die Therapeuten wieder zu der Frage zurück: Wie würde es sich auf die Beziehung der Eltern auswirken, wenn Sylvia ihre Individuation (und damit auch ihre Beziehung zum Freund) weiter vorantreibt?

Sylvia: Nein, das glaube ich nicht. Sie kann sich nicht trennen.

Therapeut 2: Würden Sie ihr das raten, wenn Sie sicher wären, daß sie es könnte?

Sylvia: Ja, das habe ich auch schon getan.

Therapeut 2: Entscheiden werden es die Eltern ja für sich allein. Aber was fänden Sie selbst besser: wenn die Eltern zusammenblieben oder sich trennten?

Sylvia: Ja, darüber habe ich mir auch schon Gedanken gemacht. Erst habe ich gedacht: Ich möchte mit meiner Situation erreichen, daß sie zusammenkommen. Dann war bei mir der Hintergedanke: Nee, vielleicht willst du gerade das Gegenteil, weil du weißt, daß beide so verschieden sind, willst also, daß jeder offen darlegt, wie er eben ist, und daß die Mutter sieht, daß sie irgendwo nicht zusammenpassen, und daß sie sich sagt: Ich muß mich trennen, damit es auch der Sylvia bessergeht. Und dann habe ich mir auch gesagt: Vielleicht willst du auch nur für dich was rausschlagen; daß du mehr Liebe kriegst; daß du deine Sicherheit wiederfindest, wenn beide verzweifelt darum kämpfen, daß es dir bessergeht. Und dann habe ich mir schließlich gesagt: Dann läßt du es halt weiterlaufen, was soll's! So kommst du auf keinen grünen Zweig, ob es so oder so ist. Es ist genauso beschissen.

Therapeut 1 *(zu Johann gewendet)*: Wer von den Eltern würde denn, wenn es weiter so belastend bliebe, eher sagen: «Mir reicht's, ich gehe meiner Wege, ich trenne mich»?

Johann: Da weiß ich wirklich nicht, was ich sagen soll. Ich bin mir da nicht so sicher. Am ehesten keiner von beiden.

Therapeut 2: Vielleicht haben Sie das als Kinder ja auch fehleingeschätzt. Die Eltern haben vielleicht eine ganz spezielle Art und Weise des Miteinanderseins, und vielleicht bestand nie die Gefahr, daß sie sich trennen würden?

Nachdem die Therapeuten mittels ihrer zirkulären Fragen eine Trennung der Eltern als Zukunftsmöglichkeit ins Gespräch gebracht haben, deuten sie nunmehr die Möglichkeit an, daß es zwischen den beiden auch ohne Trennung weitergehen könnte. Neutralität des Therapeuten bedeutet ja in unserer Sicht, daß die Familienmitglieder aus dessen Fragen keine Parteinahme, keine bestimmte Lösung oder auch Position erschließen können und daß sie auch keine bestimmte Lösung bevorzugen.

Sylvia: Ja, vielleicht hat man da als Kind auch bestimmte Vorstellungen, wie vom lieben Gott mit dem langen weißen Bart.

Therapeut 1: Die Eltern sind immerhin 23 Jahre verheiratet und zusammengeblieben.

Sylvia: Da wollte ich gerade darauf kommen, weil ich der Meinung bin, daß sie das wirklich so brauchen. Daß meine Mutter es braucht, daß sie nachgeben, daß sie weich sein, daß sie einen Gegenpol bilden muß, eben von ihrer Erziehung her. Ja, sie könnte gar nicht anders.

Therapeut 2: Wer von den Kindern könnte denn am ehesten die Beziehung der Eltern so respektieren, wie sie ist?

Sylvia: Ich glaube, Johann. Ich sehe halt immer – vielleicht versuche ich da auch zuviel in die Menschen reinzugucken –, wie meine Mutter leidet und auch mein Vater leidet, und denke dann, daß es für beide besser wäre, wenn sie sich trennten. Vielleicht brauchen sie es aber so, wie es ist. Vielleicht sollte ich sie so lassen. Ich weiß es nicht.

Sylvias Überlegungen scheinen sie selbst zu dem Schluß kommen zu lassen, daß sie vielleicht von den Eltern weniger gebraucht wird und auch weniger für diese tun kann, als sie bisher annahm.

Therapeut 1: Welche Prognose gäbe denn Sarah der Beziehung der Eltern? Hielte sie es für wahrscheinlicher, daß die Eltern sich trennten oder zusammenbleiben?

Sylvia: Nein, eher zusammen.

Therapeut 2: Angenommen, sie trennten sich doch: Wer von beiden würde besser mit der Trennung zurechtkommen?

Sylvia *(nach einer Pause)*: Ich kann mir das überhaupt nicht vorstellen, weil es nicht dazu kommen wird.

Therapeut 2: Und wenn Sie es sich einmal als reines Gedankenspiel vorstellen, auch wenn es für Sie wahrscheinlicher scheint, daß die Eltern zusammenbleiben?

Sylvia: Also wenn es wirklich zu einer Trennung käme, ginge es beiden schlecht. Mein Vater wäre aufgeschmissen.

Therapeut 2: Wie würde sich das zeigen? Wie würden Außenstehende das merken?

Sylvia: Erstens im Haushalt.

Therapeut 2: Och, da könnte er sich doch eine Haushälterin leisten. Dafür verdient er doch genug Geld.

Sylvia: Auch im Gesicht würde man es ihm ansehen.

Indem weiter im Detail hypothetisch mögliche Konsequenzen einer Trennung der Eltern vorweggenommen werden, wird diesem Thema auch mehr und mehr die Qualität untergründiger Angst genommen. Der Spielraum der Freiheit erweitert sich.

Therapeut 2: Wenn der Vater einen Notausgang wählte, welcher wäre das am ehesten?

Unsere klinische Erfahrung hat uns gelehrt, daß wir, wenn wir «Notausgänge» wie Suizid, Verrücktwerden etc. hypothetisch vorwegnehmen, das Risiko, daß diese in der Tat einmal benutzt werden, sinkt.

Sylvia: Sie meinen, ob er sich umbringt oder so was?

Therapeut 1: Das wäre *eine* Möglichkeit.

Vater: Das wäre die schlimmste!

Sylvia: Nö, das nicht.

Therapeut 2: Also, er brächte sich nicht um?

Mutter: Da wäre ich nicht so sicher.

Sylvia: Weil er ihr schon mal gesagt hat, daß er sich umbringt, wenn sie ihn verläßt.

Vater: Das ist aber schon lange her.

Mutter *(weinend)*: Das hat er mal gesagt.

Therapeut 2 *(zum Vater)*: Wäre das heute noch ein Ausweg

für Sie, wenn Sie in eine Zwickmühle gerieten, in der Sie nicht mehr wüßten, wie es weitergehen kann?

Vater: Wenn ich mal gesagt habe, ich halte es für wahrscheinlich und möglich, dann war ich bestimmt sehr verzweifelt. Damit habe ich sicherlich keine Erpressung oder so was bezweckt. Dann war mir dabei wirklich hundeelend. Aber es kommt für mich schon lange nicht mehr in Frage. Es gab vor einigen Jahren – und das fällt zufällig oder kausal so'n bißchen...

Mutter *(unterbrechend, etwas weinerlich)*: Das gab es schon oft, schon am Anfang unserer Beziehung.

Vater: Ja, ich sag ja, es gab sicherlich...

Therapeut 2 *(wieder anknüpfend)*: Sie sagten, es fiel mit etwas zusammen?

Vater: Ja, vor vier, fünf Jahren, da hatte ich mal eine Art Aha-Erlebnis in meiner Ehe, und vielleicht ist das auch der Anfang des Übels. Es war ein relativ nebensächlicher Anlaß. Damals hatte ich das Gefühl, meine Frau hat – jetzt gerade, wo die Kinder größer wurden – überhaupt nichts mehr mit einer Ehe/Partnerschaft am Hut. Jede Gefühlsäußerung der Kinder – egal, was es war – war unendlich wichtiger als die Dinge, die mir wichtig waren. Und da habe ich das erste Mal auch von mir aus – wenn man so will – die Vertrauensfrage gestellt, ob wir nicht mal zueinanderkommen und die Kinder ein bißchen wegschieben könnten. Da fühlte ich mich plötzlich völlig im Regen gelassen. Ich hab ihr offensichtlich den Vorschlag gemacht, daß Johann und Sarah jetzt schon mehr für sich tun könnten. Daraus ist mir dann ein Vorwurf gemacht worden. Das hat mich tief, sehr tief getroffen. Da war ich so verzweifelt, daß ich mir sagte: Was soll denn das noch? Das war der Auslöser. Damals hatte ich meine Ehe das erste Mal in Frage gestellt.

Ein «Schlüsselerlebnis», bei dem vor vier bis fünf Jahren unterschiedliche Vorstellungen in bezug auf die Bedürfnisse der Kinder und Ehepartner sich als unversöhnbar darstellten, ließ damals Herrn Singer an Suizid und Trennung denken. Die Frage ist, auch im Hinblick auf akute Selbstmordgefährdung: Blieben die Fronten, die starren Entweder-Oder-Positionen seither verhärtet oder hat sich etwas bewegt, hat es doch Fortschritte in der Ko-Individuation und Ko-Evolution gegeben?

Therapeut 2: Ihre Frau hat sich eben so bewegt gezeigt, als es um einen möglichen Selbstmord ging, so als hätte sie heute noch Angst davor. Wenn ich Sie, Herr Singer, aber richtig verstanden habe, sagen Sie: «Das war vor ein paar Jahren eine Krise, jetzt kommt das für mich nicht mehr in Frage.» Ist das so?

Vater: Seit diesem Schlüsselerlebnis damals ging das so in Wellen. Wir haben uns immer mal wieder vertragen und dann wieder nicht, und die Situation ist sehr vielschichtig und bewegt geworden.

Therapeut 2: Sind Sie noch selbstmordgefährdet?

Vater: Nein! Das kann ich ganz klar sagen.

Therapeut 2: Meinen Sie, Ihre Familienmitglieder hören das jetzt und glauben es?

Vater: Sie können sich absolut darauf verlassen, absolut. Gefühlsmäßig möchte ich sagen, der Ofen brennt auf ziemlich kleiner Flamme, um nicht zu sagen, der Ofen ist aus. Alles ist gedämpft, aber auch die stark depressive Haltung ist nicht mehr da. Ich weiß nicht, ob das besser ist. Aber es ist so. In dieser Richtung gibt es keine Gefahr mehr.

Therapeut 2 *(zur Mutter)*: Gäbe es Ihrer Meinung nach noch einen anderen Notausgang für Ihren Mann?

Mutter: Ich würde es so sehen, daß er auch sonstwie eine Kurzschlußhandlung begehen könnte. Mein Mann ist sehr cholerisch veranlagt.

Therapeut 2 *(mit leicht humorvollem Unterton)*: Sie meinen, er könnte einen Mord begehen?

(Mutter und Sylvia lachen etwas verkrampft)

Mutter: Ich weiß es nicht, wenn er eine Wut hatte, da war ihm egal, was er tat und was ihm dabei in den Weg kam. Es ist dann schon mal vorgekommen, daß die Kinder unten im Souterrain mit all ihren Freunden hochgekommen sind, weil sie dachten, mein Mann würde mich verhauen. Es sind aber nur Teller geflogen.

Therapeut 1: Was müßte die Mutter tun, wenn sie wollte, daß der Vater sie verhaut?

Eine derartige Frage, wieder zirkulär gestellt, impliziert, daß die Mutter nicht bloß das Opfer, sondern aktiv Mitwirkende in dem Drama ist. Das impliziert weiter, daß sie etwas ändern kann.

Johann: Ich weiß es nicht.

Mutter: Heute hab ich ja keine Angst mehr, daß er gewalttätig werden könnte. Manchmal habe ich jedoch Befürchtungen, weil auch seine Mutter nervlich nicht sehr belastbar ist, ebenso wie seine Schwester. Damals, als sie geheiratet hat, war das alles zuviel für sie. Da hat sie auch einen Nervenzusammenbruch gekriegt. Die sind einfach nicht so belastbar.

Vater *(zustimmend)*: Nervlich vielleicht irgendwie...

Mutter: Zum Beispiel, wenn Besuch kommt. Bei mir kann ruhig jemand überraschend vor der Tür stehen, das macht mir gar nichts aus. Aber in der Familie meines Mannes muß alles vorgeplant werden. Wenn da jemand überraschend vor der Tür steht, flippt jeder aus.

Therapeut 2: Sie kommen schon aus sehr unterschiedlichen Familien, was meinen Sie?

Vater: Ja, aus sehr unterschiedlichen. Ich bin ein Perfektionist, ein Pünktlichkeitsfanatiker.

Therapeut 1: Bevor wir etwas mehr über Ihre Herkunftsfamilien erfahren, ist es vielleicht gut, noch zu erfahren, ob es auch Notausgänge bei Ihrer Frau gibt? Sylvia, was wäre ein Ausweg für die Mutter, wenn sie in eine Klemme käme?

Auch beim Erfragen der «Notausgänge» ist für die Therapeuten Neutralität geboten, es sind also auch die Notausgänge der anderen Mitglieder zur Sprache zu bringen.

Sylvia: Die würde wieder zu ihrer Familie gehen.

Therapeut 2: Ließe sie es sich dort gutgehen?

Mutter: Nee, ich würde für mich leben. Na gut, ich habe jetzt A gesagt im Geschäft.

Therapeut 2 *(leiser und humorvoll zu Sylvia)*: In einer separaten Wohnung bei den Eltern?

(Alle lachen)

Sylvia: Genau, genau!

Vater: Oder nahe dabei, nicht wahr?

Therapeut 2: Würde der Vater auch ihr die Einrichtung für die Wohnung bezahlen?

Mutter: Nein, das würde er nicht machen.

Therapeut 2: Na, warten wir mal ab!

Sylvia: Die Mutter könnte auch krank werden, und sie könnte dann nichts mehr essen. Sie würde nur noch daliegen, brechen und Kopfschmerzen haben.

Vater: Sie hat auch Darmbeschwerden.

Therapeut 2: Das ist interessant, daß Sie meinen, die Mutter könnte brechen und dünner werden.

Vater: Das war schon mal ein Ventil für sie, das mit der Bauchspeicheldrüse.

Therapeut 2: Wenn es bei Johann schiefliefe, wenn er nicht dafür sorgte, sein Leben sinnvoll zu gestalten, welche Talente hätte er?

Sylvia: Aggressionen. Er ist ziemlich jähzornig. Das ging schon so weit, daß er seine Bastelmodelle – er hat unheimlich gerne Flugzeuge zusammengebastelt – durch die Gegend geschmissen hat.

Therapeut 2: Da würde er sich auch wie ein echter Singer verhalten?

Sylvia *(lächelnd)*: Ja.

Therapeut 1: Wie sehen Sie das selbst, Johann?

Johann: Also, ich muß wirklich sagen, bis vor drei bis vier Jahren, da war ich noch in der Lage, was kaputtzumachen und jähzornig zu werden. Seitdem sehe ich überhaupt keinen Sinn mehr darin, irgend jemand weh zu tun und Sachen kaputtzumachen.

Therapeut 1: Gäbe es andere Auswege?

Johann: Ich würde Judo trainieren.

Therapeut 1: Und die Sarah?

Vater: Die Sarah hat auf häuslichen Streß so reagiert, daß sie sich ans Klavier gesetzt hat.

Mutter: Sonst würde sie zu Freunden gehen.

Sylvia: Sie würde Anschluß suchen und viel sprechen.

Vater. Ja, viel diskutieren.

Therapeut 1: Gut! Wir hörten, Herr Singer, daß Ihre Frau sich mit Ihrer Familie nicht so gut versteht?

Nachdem insbesondere im Hinblick auf nervliche Belastungen Herrn Singers Herkunftsfamilie in keinem guten Licht dasteht, erscheint es geboten, Frau Singers Herkunftsfamilie noch etwas genauer zur Sprache zu bringen. Es wird wieder deutlich, daß nicht nur die unterschiedlichen Temperamente und Bedürfnisse, sondern auch die miteinander in Konflikt liegenden Loyalitäten der Ehepartner Anlaß zu Konflikten geben.

Vater: Ja.

Therapeut 2: Mit wem versteht sie sich am besten?

Vater: Soll ich das aus meiner Sicht sagen?

Therapeut 2: Ja, wir fragen manchmal um die Ecke.

Vater: Ja, ja ich merke das, deshalb frage ich nach. Hm, das ist schwer zu charakterisieren. Meine Frau ist eine sehr resolute, beherrschende, beherrschen wollende Frau. Sehr pflichtbewußt, aber mit sehr wenig innerer Harmonie und sehr wenig Gemütlichkeit. In meinem Elternhaus herrschte leider auch nicht sehr viel Gemütlichkeit und Wärme. Darunter habe ich sehr gelitten. Ich habe auch kein besonders herzliches Verhältnis zu meiner Mutter gehabt oder gefunden. Das hat mir meine Frau – vor vielen Jahren schon – erst richtig bewußtgemacht. Ich muß sagen, ich habe mich im Elternhaus meiner Frau sehr viel wohler gefühlt. Das sind Menschen aus dem Niederrheinischen. Das ist eine andere Art. Man gibt sich dort anders, und das hat mir zugesagt. In meinem Elternhaus – meine Mutter stammt aus Schlesien, und mein Vater ist auch halber Schlesier –

wurde immer sehr sparsam gelebt, und es war auch nicht sehr viel da. Es war eine etwas harte und holprige Sache, und das hat meine Frau sicherlich gestört. Wir haben viele Auseinandersetzungen gehabt, weil ich meine Eltern gegen alle Vorwürfe verteidigt habe.

Therapeut 2: Dann sind Sie beide treue Kinder Ihrer Eltern?

Vater: Ja, nun...

Mutter: Ja, ich war auch jahrelang ein treues Kind *seiner* Eltern, bis ich gesagt bekam, daß das nicht erwünscht ist.

Vater *(etwas gereizt)*: Daß *was* nicht erwünscht ist?

Mutter: Du warst schreibfaul. Deine Eltern haben sich beschwert, weil sie nichts von dir hörten. *(Mit ironischer Stimme:)* Ich fing an, jede Woche einen Brief zu schreiben, damit die armen Eltern, die so allein dasitzen, doch Post kriegen. Dann kriegte ich doch eines Tages einen Brief: Es wäre ja ganz schön und gut, daß ich schreibe, aber es wäre doch besser, einmal im Monat von ihrem Sohn einen Brief zu kriegen als jede Woche einen von mir.

Vater: Da hat sie sich verletzt gefühlt.

Mutter: Ja, meine Schwiegermutter hat mir auch von Anfang an, mir offen gesagt, ich sei ihr zu großzügig. Sie hat immer wieder die Bemerkung gemacht, ich würde meinen Mann an den Bettelstab bringen, obwohl damals ja nichts an den Bettelstab zu bringen war.

Vater: Also ganz klar: Meine Frau hat mich, aus ihrer Sicht auch zu Recht, angegriffen wegen meiner Eltern, und ich habe auch ganz klar gesagt, ich schätze das nicht, und habe deshalb auch Auseinandersetzungen mit meinen Eltern gehabt. Ich stehe jetzt ganz auf der Seite meiner Frau. Nur hat sie mir das selten geglaubt. Es gab mit meinen Eltern leider viele Differenzen. Ich habe darunter wahnsinnig gelitten. Ich leide noch heute darunter. Ich gehe noch heute nicht gern nach Hause.

Therapeut 1: Da wäre also ein Unterschied: Wenn sie wollte, könnte sie – falls Sie sich trennen – jederzeit relativ leicht zu ihrer Familie gehen, Sie würden es aber eher nicht tun.

Vater: Absolut sicher nicht. Das ist mir unmöglich, das würde ich nicht tun.

Therapeut 2: Hier würden wir gern eine Pause einlegen, um uns zu besprechen.

Das folgende Pausengespräch führen die Therapeuten unter sich. Es dauert etwa zehn Minuten. Sie kommen schnell zu einer gemeinsamen Einschätzung der Situation: Aufgrund fälliger Ablösungsschritte der Kinder und auch äußerer Belastungen (wie die anstehende Beförderung und Versetzung Herrn Singers) wachsen die schon lange schwelenden Spannungen zwischen den Ehepartnern an, und es verstärken sich in der ganzen Familie die zentrifugalen Tendenzen. Damit verstärken sich aber auch Ängste und gegensteuernde Bindungskräfte. Dies verstärkt wiederum Sylvias Ablösungsdilemma: Einerseits drängt es nun auch sie, aus dem Familienverband auszubrechen, andererseits wird sie vermehrt darin gehalten, denn als die zwischen den Eltern placierte Vermittlerin und Versöhnerin erlebt sie sich als wichtig und mächtig. Gleichzeitig heizt sie durch ihr dem Vater gegenüber gezeigtes erotisch getöntes Verführungsverhalten die zwischen den Ehepartnern bestehenden Spannungen noch weiter an, was ihr Gefühl, wichtig zu sein und im Mittelpunkt zu stehen, noch erhöht.

Die Therapeuten erwägen zunächst, der Familie eine «Hausaufgabe» oder ein Ritual zu verschreiben, entscheiden sich dann aber für einen «gespaltenen Kommentar» (bzw. ein «Splitting») in dem Sinne, daß der eine von ihnen Veränderungsimpulse setzt, während der andere auf die Seite der Nichtveränderung geht. Was die zu setzenden Veränderungsimpulse angeht, kommen sie zu dem Schluß, daß man Sylvia, indem man sie Prinzessin nennt, eine Provokation zumuten kann. Sie halten es für wahrscheinlich, daß das Sylvia eher dazu bewegen könnte, aus ihrer «Prinzessinnenrolle» auszusteigen.

Abschlußkommentar

Therapeut 1: Beide möchten wir den Einsatz anerkennen, den jeder von Ihnen für die Familienentwicklung und besonders für Sylvia aufbringt. Sie haben weite Anfahrtwege in Kauf genommen und sich persönlich eingebracht, um hier gemeinsam offene Fragen zu lösen. Wenn Veränderungen wie Umzüge und

Ablösungen in Familien anstehen – und das sind immer bewegte Zeiten –, besteht einerseits die Chance für eine Neuorientierung, andererseits kann daraus Beunruhigung und vermehrtes ängstliches Verhalten erwachsen.

Therapeut 2: Die momentane Situation in der Familie schätzen wir jedoch unterschiedlich ein. Wir waren uns uneinig darüber, inwieweit Ihr Verhalten, Sylvia, eher als Folge und Ausdruck Ihres Einsatzes für den Zusammenhalt der Familie und das Zusammenbleiben der Eltern zu sehen ist oder als Ausdruck und Folge der Prinzessinnenrolle, in die Sie in der Familie geraten sind. Ich habe vertreten, daß Sie, Sylvia, voraussichtlich eher weiter die Prinzessinnenrolle einnehmen werden. Das heißt, Sie werden den jetzigen Schwebezustand mit aufrechterhalten, mit nach Berlin ziehen und sich vom Vater in der Nähe des elterlichen Hauses eine Wohnung einrichten und einen Job vermitteln lassen. Ich finde das auch in Ordnung, denn es könnte sein, daß der anstehende Umzug und eine gleichzeitige Ablösung Ihrerseits für die Familie zuviel Veränderungen auf einmal bedeuten könnten, zumal Sie, Herr und Frau Singer, unsicher sind, wie Sie Ihre Partnerbeziehung weiter gestalten wollen.

Therapeut 1: Ich dagegen halte es durchaus für möglich, ja wahrscheinlich, daß Sie, Sylvia, und Sie, Herr und Frau Singer, die Situation zu einer Neuorientierung nutzen. Ich gehe davon aus, daß Sie, Sylvia, Ihre eigene Entwicklung nicht weiter zugunsten der Familie hintanstellen und den Eltern zutrauen und zumuten, ebenfalls Entscheidungen hinsichtlich ihrer Beziehung zu treffen.

Sie, Johann, könnten im Augenblick Sylvias Entwicklung dadurch unterstützen, daß Sie eine Weile das Staffelholz von Sylvia übernehmen und für einen begrenzten Zeitraum als Sorgenlieferant einspringen. Damit würden Sie es Sylvia ermöglichen, die Prinzessinnenrolle abzugeben und mit ihrem Alter entsprechenden Verhaltensweisen zu experimentieren.

Therapeut 2: Wir sind neugierig, wer von uns beiden recht behalten wird, wer in der Familie überraschend Neues einbringen wird und wer auch dafür sorgen wird, daß die Beständigkeit und die Tradition ausreichend vertreten bleiben. Als Termin für ein weiteres Gespräch schlagen wir den... *[6 Wochen später]* vor.

Es kam in Abständen von jeweils sechs bis sieben Wochen noch zu zwei weiteren Familiengesprächen. Ein viertes Gespräch, das ca. drei Monate nach dem dritten Gespräch angesetzt war, wurde kurzfristig abgesagt. Das besorgte Sylvia in einem Telefonanruf. Sie vermeldete, der Zustand der Familie sei chaotisch, aber ihr selbst gehe es blendend. Sie habe inzwischen in einem Sport- und Tenniszentrum einen Job gefunden, fühle sich körperlich gut und erbreche seit einigen Monaten nicht mehr. Die Periode sei noch nicht da, die komme jedoch, wenn sie 51 Kilo wiege. Sie rechne damit, daß das in etwa vier Wochen der Fall sein werde.

Etwa zwei Jahre später führten wir eine katamnestische Befragung mit Sylvia und ihrer Mutter durch. Darüber berichten wir auf den Seiten 235ff.

KAPITEL 9: Die Therapie nach dem Erstgespräch

Zum Zeitplan

Wir haben schon betont, daß wir eine zeitliche Begrenzung der Therapie als eine sinnvolle Intervention betrachten. Falls nach sechs bis sieben Sitzungen die Behandlung noch nicht zu Ende gekommen ist oder sich ein Ende nicht absehen läßt, weisen wir die Familie häufig darauf hin, daß wir überlicherweise nur zehn Sitzungen vereinbaren. Damit wollen wir einer Dauerbindung an uns vorbeugen. Allerdings erscheint uns eine vergleichsweise leichte Daueranbindung oft sinnvoll und nützlich, da sich die Familienmitglieder dann häufiger an unsere Fragen, zum Beispiel zur Rückfallprophylaxe, erinnern und diese weiterwirken können. Wir lassen die Familie daher gegen Ende der Therapie wissen, daß wir gelegentlich gern einmal Kontakt mit ihnen aufnehmen würden, oder auch, daß wir für ein bilanzierendes Gespräch in ein bis zwei Jahren bereitständen.

Wen sehen wir wann?

Wie bereits erwähnt wurde, sehen wir in der Regel zunächst die Kernfamilie, bestehend aus Eltern, Indexpatientin und deren Geschwistern. Die Großeltern und etwaige wichtige andere im Haushalt lebende Verwandte laden wir dann häufig zu einer späteren Sitzung ein. In den folgenden Sitzungen trennen wir nicht selten die Generationen: Wir sehen einmal die Geschwister, ein anderes Mal die Eltern alleine. Durch dieses Arrangement markieren wir die sich anbahnende Ko-Individuation, und das heißt hier: Die fällige größere Trennung zwischen den Subsystemen Eltern und Kinder. Zur abschließenden Sitzung sehen wir meist wieder die gesamte Kernfamilie.

Wie gestalten sich die auf das Erstgespräch folgenden Sitzungen?

Das Erstgespräch hatte, wie in Kapitel VII beschrieben, drei hauptsächliche Zielsetzungen: Gewinnung von Informationen *über* das System, Eingabe von Informationen *in* das System, Herstellung einer tragfähigen Beziehung *mit* dem System. Diese Zielsetzungen bleiben auch für die Folgegespräche bestehen, jedoch verschieben sich nunmehr die Gewichte: Die Einführung von Informationen, die Veränderungen bewirken sollen, gewinnt zunehmend an Bedeutung. Wir sprechen hier auch verkürzt von unseren *Interventionen.*

Bei den Interventionen lassen sich zwei Kategorien unterscheiden: Die während der Sitzung initiierten Interventionen und die Schlußintervention. Beide sollten optimalerweise ineinandergreifen, das heißt, sollten sich gegenseitig stützen und in ihren Wirkungen maximieren. Aus didaktischen Gründen behandeln wir sie dennoch getrennt.

Wie bereits in den vorliegenden Kapiteln gezeigt wurde, sehen wir das größte Interventionspotential *während* der Sitzung in unseren Fragen. Diese Fragen sollen neue Wirklichkeitskonstruktionen ermöglichen und Suchprozesse auslösen, die auch noch lange nach der Sitzung weiter wirken. In der Schlußintervention verhalten wir uns dagegen in der Regel nicht nur fragend, sondern auch kommentierend.

Worauf ist zu Beginn der Folgegespräche zu achten?

So wie wir uns im Erstgespräch bei der Wahl unserer Fragen vom Feedback der Familie leiten lassen, lassen wir uns auch bei der Wahl unserer Interventionen bei den Folgegesprächen von deren Reaktionen auf das Vorausgegangene, genauer: auf die im vorausgehenden Gespräch erfolgten Interventionen leiten.

Sehen wir also die Familie vier bis sechs Wochen später wieder, stellt sich *uns* als zentrale Frage: Hat sich in der Familie seither etwas verändert oder nicht verändert?

Wir fragen uns also, ob Veränderungen der Individuationsdynamik innerhalb der Familie zu beobachten oder nicht zu beobachten sind. Dabei achten wir sowohl auf das, was die Familienmitglieder an faktischen Geschehnissen berichten, als auch darauf, wie sie es berichten, wie sie sich darstellen und wie sie miteinander umgehen.

Grundsätzlich bestehen zwei Möglichkeiten: Entweder es zeigen sich Veränderungen, oder es zeigen sich keine Veränderungen. Wir diskutieren zunächst die erste Möglichkeit: Es *zeigen* sich Veränderungen.

Relevante Veränderungen zeigen sich oft erst, nachdem wir nach ihnen gesucht und gefragt haben. Mit anderen Worten: Was *wir* als Veränderung sehen, braucht *die Familie* noch lange nicht als Veränderung wahrzunehmen. Oder vielleicht noch häufiger: Was wir als positive Veränderung sehen, kann von einzelnen oder allen Familienmitgliedern als entweder unbedeutend oder unerwünscht gewertet werden. Ist dies der Fall, dürfen wir davon ausgehen, daß die Veränderungen als zu bedrohlich, als zu schnell, als überfordernd erlebt wurden und daß ihnen daher gegengesteuert werden mußte.

Nicht selten finden wir eine Gegensteuerung mit gleichsam doppelter Stoßrichtung: Positive Individuationsschritte werden als banal und selbstverständlich hingestellt, bestimmte unangenehme Aspekte werden überbetont. Beispiel: Auf Nachfragen wird erkennbar, daß Maria (I. P.) sich einerseits mehr in ihrem Zimmer aufgehalten, andererseits mehr Kontakte zu Gleichaltrigen gesucht und gefunden hat. Dazu der Kommentar der Mutter: «Maria hat sich in der Zwischenzeit zu Hause noch mehr zurückgezogen. Gelegentlich hat sie Kontakte zu einer Gruppe, die wir als Eltern nicht so gerne sehen.» Eine andere Möglichkeit der Gegensteuerung wäre, wieder mehr die Symptome ins Blickfeld zu rücken. «Ich überlege mir, ob ich nicht ein Schloß am Kühlschrank anbringen lassen soll, aber...» In diesem Fall wurde übersehen, daß sich die Beziehung der Geschwister zueinander deutlich verändert hatte. Sie machten mehr Gemeinsames, orientierten sich dabei aber an unterschiedlichen Freundeskreisen. Eine weitere Möglichkeit der Gegensteuerung wäre die Infragestellung der Therapie. Oder es kommt zum Wegbleiben oder Absagen von seiten einzelner oder aller Familienmitglieder. Gelegentlich werden auch andere Therapeuten oder Helfer eingeschaltet, die uns wissen lassen, sie seien über den Gang der Therapie besorgt oder hielten eine andere therapeutische Modalität (beispielsweise eine Einzeltherapie) für angebrachter.

Solche und ähnliche Reaktionen sind uns in der Regel Hinweise darauf, daß wir Veränderungen zu sehr forciert und damit die Familie überfordert haben. In all diesen Fällen scheint es daher ratsam, zunächst auf die Seite der Nichtveränderung zu gehen und beispielsweise der Familie gegenüber den Wert weiterer Gespräche in Frage zu stellen.

Die zweite mögliche Reaktion auf das Erstgespräch (und andere intervenierende Faktoren) wäre, daß Veränderungen in der Individuationsdynamik von einzelnen oder allen Familienangehörigen als positiv und erleichternd bewertet werden. Sie befinden sich demnach in Einklang mit den von der Familie wahrgenommenen und bejahten Entwicklungsmöglichkeiten. In diesem Falle scheint es uns geboten, das Verdienst für diese Veränderungen allein der Familie zuzuerkennen und deren Leistung anzuerkennen. Allerdings sollten wir mit der positiven Bewertung der Entwicklung auch ein Maß Skepsis verbinden: «Wir trauen dem Frieden nicht ganz und wären eher überrascht, wenn es nicht auch Rückfälle gäbe». (Auf der anderen Seite müssen wir natürlich vermitteln, daß wir Vertrauen in die weiteren Entwicklungsmöglichkeiten der Familie haben und daß wir das Erreichte für dauerhaft und für substantiell halten. Zur Übermittlung dieser anscheinend gegenläufigen Botschaften bietet sich oft ein Splitting der oder des Therapeuten an.)

Die dritte Möglichkeit wäre: Wir beobachten keine Veränderungen, und es wird auch auf Nachfragen über keine weiteren berichtet. In diesem Falle haben wir uns als Therapeuten zu fragen: Sind wir mit unseren Interventionen im ersten Gespräch sinnvollen Hypothesen gefolgt? War die Beziehung zu einzelnen und allen Familienmitgliedern tragfähig genug, um die Interventionen «greifen» zu lassen? Haben wir zu viele, verwirrende und / oder zu früh kommende Informationen eingeführt? War vielleicht unsere zirkuläre Fragemethode gerade bei dieser Familie zu irritierend? Haben wir es unterlassen, wichtige Bezugspersonen (etwa einen Großelternteil, einen mitbehandelnden Therapeuten) mit einzubeziehen? Haben wir zu wenig Erwartungen geklärt? Haben wir uns mit beim Fragen einseitig zu sehr in der Vergangenheit, Gegenwart oder Zukunft aufgehalten? Von den Antworten, die wir auf diese Fragen finden, wird dann unsere weitere Vorgehensweise abhängen.

Rückfallprophylaxe

Bevor wir zur Pause kommen, an die sich in der Regel eine Schlußintervention anschließt, stellen wir oft noch einige Fragen, die der Rückfallprophylaxe dienen. Es sind Fragen, die wieder implizieren, daß alle Einfluß auf ihr Verhalten haben, und die den Mythos des Kontrollverlustes in Frage stellen sollen. Besonders wenn schon erste Veränderungen zu beobachten sind, wählen wir solche Fragen. Beispiele: «Angenommen, Sie, Maria, wollten aus irgendeinem wichtigen Grund das magersüchtige Verhalten in den nächsten Wochen noch einmal ganz in Anspruch nehmen, was müßten Sie tun, damit Sie es noch einmal für alle sichtbar zeigen?» «Angenommen, wir [Therapeuten] hielten es für angebracht, daß Maria in den nächsten Wochen noch einmal ein paar kleine Rückfälle zeigt, und wir forderten Maria dazu auf: Wie müßten wir ihr mitteilen, daß solche Rückfälle auch ihr Sinn machten?» «Angenommen, Sie, Herr und Frau B., wollten – oder wir gäben Ihnen den Auftrag, dafür zu sorgen –, daß Maria noch einmal das alte Verhalten zeigt, bevor sie sich ganz davon verabschiedet: Wie könnten Sie das anstellen? Was meinen Sie? Angenommen, wir lüden die Familie in drei Monaten wieder ein zu einem weiteren Gespräch, sollten wir damit rechnen, daß die ganze Familie zufriedener oder unzufriedener wiederkommt?»

Bevor wir in die Pause eintreten, fragen wir meist auch noch die Familie: «Gibt es noch etwas Wichtiges, das bisher noch nicht zur Sprache gebracht wurde und das wir unbedingt wissen sollten, bevor wir uns in der Pause beraten?»

Schlußinterventionen (Abschlußkommentare)

Durch die Schlußintervention versuchen wir noch einmal, gebündelt und gezielt eine Information in das System einzubringen, die insbesondere während des bevorstehenden Intervalls einen Unterschied im Leben der Betroffenen macht. Die Pause gibt uns Zeit, die Sitzung noch einmal Revue passieren zu lassen und Interventionen zu planen. Nicht selten bezeichnet man die Schlußintervention als Verschreibung, wenn nicht als paradoxe Verschreibung. Diese Formulierungen erweisen sich jedoch als zu eng. Die Schlußintervention kann einfach darin bestehen, daß wir sagen: «Wir haben dem bereits Gesagten nichts zuzufügen und sehen uns wieder am...» Meist geben wir jedoch eine zusammenfassende (Um-)Deutung und/oder Aufgabe oder Aufgaben. Auch dafür gilt, was bereits hinsichtlich anderer Aspekte unserer Vorgehensweise gesagt wurde: Wir müssen implizite Schuldzuschreibungen vermeiden, müssen die Neutralität wahren, müssen je nach der vorhandenen Situation entweder einen Stachel setzen oder bremsen, müssen also auch hier einen angemessenen Ausgleich zwischen Bestätigung und Neuheit finden.

Gerade die Schlußintervention gibt einem Team die Möglichkeit, seine Kreativität zu beweisen. Die Wahl der Intervention hängt dabei vor allem von der Einschätzung ab, wie tragfähig die Beziehung zur Familie ist und wie stark jeweils ein komplementärer oder symmetrischer Interaktionsmodus vorherrscht. Besteht eher eine komplementäre Einstellung zum Therapeuten, darf erwartet werden, daß gegebene Empfehlungen angenommen und gestellte Aufgaben ausgeführt werden. Meist bezeichnen wir unsere Vorschläge aber als Experimente. Wer von uns macht schon gerne Hausaufgaben? Und oft regen wir nur an, in bestimmten Situationen bestimmte Vorgänge zu beobachten, ohne gleich etwas anderes zu tun. Beobachten wir eher kämpferische Interaktionen, nutzen wir diese, indem wir etwa die Familie herausfordern, den Therapeuten zu beweisen, daß diese mit ihrer Einschätzung und Erwartung unrecht hatten. Beispiel: Bei den miteinander zerstrittenen Eltern einer bulimischen Tochter, die sich bisher niemals einigen konnten, können wir sagen: «Etwa 80 Prozent der Eltern, die wir kennen, können sich in einer ähnlich schwierigen Situation über das der Tochter zu zeigende Verhalten einigen. Bei Ihnen sind wir jedoch bisher noch skeptisch. In unserer Sicht gehören Sie eher zu den 20 Prozent, die das wahrscheinlich noch nicht können.» In der familientherapeutischen Literatur wird dieser Sachverhalt auch unter den Begriffen «compliance based vs. defiance based interventions» abgehandelt.

Wie immer auch die Schlußintervention aussehen mag, sie muß denen, an die sie gerichtet ist, einleuchtend sein, sie muß ihnen Sinn machen, zum Beispiel durch gute Begründungen, die die Familien annehmen können.

Die folgende Aufzählung möglicher Schlußinterventionen ist keinesfalls vollständig. Wir führen nur einige an, die sich uns gerade bei Magersuchtsfamilien bewährt haben.

Die positive Konnotation / Umdeutung

Wir betonen noch einmal, was die Indexpatientin für die ganze Familie einschließlich der Geschwister tut, wie sie sich für den Familienzusammenhalt einsetzt, Loyalität beweist, eine Familientradition und ein Wertsystem verkörpert, die generationenübergreifend zur Wirkung kommen. Michael White (1983) hat beschrieben, wie dieses Wertsystem, das Selbsteinschränkung im Dienste der anderen Familienmitglieder verlangt, in der Person der Magersüchtigen ins Extrem und damit in die Absurdität geführt wird. Wie er fanden auch wir die sachliche Beschreibung, oder besser: Aufdeckung dieses Tatbestandes bei gleichzeitiger Anerkennung der Leistung der Magersüchtigen besonders wirksam.

Die Als-Ob-Verschreibung

Diese, von Cloe Madanes (1981, 1983) und anderen Familientherapeuten ausführlich beschriebene Intervention erweist sich vor allem dann als nützlich, wenn mehrere Partner sich in einer symmetrischen Interaktion verfangen haben. Wir verschreiben dann das Verhalten, das typischerweise die Eskalation anheizt – allerdings unter der Bedingung, daß es nur dann gezeigt werden soll, wenn dem / der Betreffenden nicht nach Anheizen zumute ist, er / sie vielmehr dem Partner gegenüber eher zärtliche und freundschaftliche Gefühle empfindet. Der Partner soll dann herauskriegen und (vom anderen Partner unbemerkt) niederschreiben, wann er das Als-Ob-Verhalten zu beobachten glaubte. Auch dann, wenn die Partner die Aufgabe nicht ausführen können, wird das symmetrische Muster in der Regel nachhaltig gestört. Die Betreffenden bleiben ständig mit dem Gedanken beschäftigt: Ist das (normalerweise zur Eskalation führende) Verhalten nun wirklich oder gespielt? Und damit läuft in der Tat ein anderes Spiel als vorher. Allerdings: Innerhalb des Spektrums der Magersuchtsfamilien fanden wir solche Als-Ob-Verschreibungen am ehesten in den Bulimie-Familien wirksam, in denen ein aggressiv-symmetrisches Verhalten offen zum Ausdruck gebracht werden konnte. Magersuchtsfamilien erleben es eher als eine Zumutung, sich so zu verhalten als ob.

Die Verordnung von Ritualen

Wo nach unserer Einschätzung vor allem vergangene und unbewältigte Verluste die fällige Ko-Individuation blockieren, verordnen wir etwa gemeinsame Trauerprozesse oder Trauerrituale, wie sie beispielsweise Norman Paul (1987) beschrieben hat. Wo unser vordringliches Ziel die Trennung zwischen den Generationen oder Subsystemen ist, verordnen wir etwa (auch über die Generationen hinweg) Zweierbeziehungen. Beispiel: An einem Abend der Woche sollen Maria und Christina (ihre Schwester), an einem anderen Abend der Vater und die Mutter, an einem weiteren Abend der Vater und Maria, der Vater mit Christina, die Mutter mit Maria, die Mutter mit Christina, den Abend zusammen verbringen. Durch solche Verordnung versuchen wir, klarere Beziehungsdefinitionen zu ermöglichen, denn wenn man mehrere Stunden mit einer Person verbringt, fällt es einem – egal, was man gemeinsam tut – schwer, die Beziehung zueinander nicht implizit oder explizit zu definieren. Oder wir verschreiben den Kindern die (bereits bestehende) Parentifizierung. Beispiel: «Die Kinder sollen noch eine Weile zu Hause bleiben, damit sie besser dafür sorgen können, daß die Eltern sich wohlfühlen, es ihnen gut geht, daß im Hause eine harmonische Atmosphäre herrscht, aber nicht gleichzeitig, sondern in der Weise, daß jeweils ein Kind eine Woche zuständig ist und das andere die folgende.» In neuerer Zeit lieferte insbesondere Evan Imber-Black (1987) Anregungen zum Einsatz von Ritualen, die sich auch für Magersuchtsfamilien eignen. Zum Beispiel schlägt sie vor, daß der Zeitpunkt der Ablösung oder anderer Trennungen (Scheidungen etc.) durch ein Fest herausgehoben wird oder daß das, was als Gewinn und was als Verlust bei bestimmten Trennungen erlebt wird, auf verschiedenfarbige Karten geschrieben wird, welche aufgehoben, verbrannt oder mit anderen besprochen werden können.

Wir stellen den Eltern als Aufgabe, den Kindern von ihrer eigenen Ablösung von den eigenen Eltern zu berichten

Dadurch sollen beide Generationen, Eltern wie Kinder, angeregt werden, die jetzige Ablösungssituation zu reflektieren, Unterschiede und Gemeinsamkeiten zwischen damals und heute festzustellen und möglicherweise darüber nachzudenken, was man heute am besten anders macht.

Mehrere Symptomträger werden per Vertrag verkoppelt

Hier nutzen wir die Neigung der betreffenden Familienmitglieder, eher etwas für andere als für sich selbst zu tun, (eine Neigung, die, wie wir sahen, dem Familien-Credo entspricht). Beispiel: Eine schon über mehrere Jahre magersüchtige Tochter war zwar nicht mehr lebensbedrohlich abgemagert, aber immer noch deutlich untergewichtig. Ihr Vater litt unter Hochdruck, nahm aber die verordnete Medikation entweder gar nicht oder nur unwillig auf Drängen seiner Frau. Außerdem war er starker Raucher. In diesem Falle handelten wir zwischen Tochter und Vater folgenden Vertrag aus: Die Tochter verpflichtete sich, innerhalb der nächsten sechs Wochen ihr Gewicht um mindestens 4 kg zu erhöhen. Der Vater verpflichtete sich dagegen, das Rauchen aufzugeben und selbstverantwortlich durch Einnahme der Medikamente seinen Blutdruck unter Kontrolle zu bringen und dies auch durch fortlaufende Messungen zu überprüfen. Die Mutter sollte darüber wachen, daß beide Partner den Vertrag einhielten. Nach sechs Wochen hatte die Tochter in der Tat 4 kg zugenommen, der Vater das Rauchen aufgegeben und durch regelmäßige Medikamenteneinnahme seinen Blutdruck auf das gewünschte Maß einreguliert.

Wir führen eine höhere Macht ein, die stärker ist als die magersüchtige Patientin, die Familie und auch die Therapeuten

Wir sagen etwa: Der Trotz, der Stolz der Patientin, ihre Treue zur Familientradition etc. sind stärker als alles, was sie, die Familie und wir als Therapeuten selbst gegen das symptomatische oder problematische Verhalten ins Feld führen könnten. Daher sei es unsinnig, etwas verändern zu wollen. Immerhin könnten wir in einem solchen Fall der Patientin vorschlagen, daß sie uns in regelmäßigen (etwa wöchentlichen oder zweiwöchentlichen) Abständen berichtet, ob und wie stark noch der Trotz, der Stolz, die unbeirrbare Treue etc. bestehen.

Verschreibung bulimischen Verhaltens im Kontext einer vorgestellten Vaterbeziehung

Bert Hellinger (1987) berichtete uns über eine Verschreibung, die er jungen Frauen mit bulimischem Verhalten mit Erfolg gegeben hat. Nachdem wir diese Anregung aufgenommen haben, können wir bestätigen, daß diese Intervention für diese jungen Frauen Sinn macht und wirksam ist:

Man rät den Betroffenen, sich, wenn sie beginnen, größere Nahrungsmengen in sich hineinzuschaufeln, vorzustellen, sie säßen auf dem Schoß des Vaters. Der Vater würde sie mit einem Teelöffel füttern, und bei jedem Löffel sagten sie: «Ich nehme es gern von dir, lieber Papa.» Sie sollten sich auch vorstellen, daß die Mutter dabei zuschaut. Essen könnten sie weiterhin soviel, wie sie wollten, aber nur mit einem Teelöffel. Hellinger ging bei der Entwicklung dieses Rates davon aus, daß die betroffenen jungen Frauen einem Verbot der Mütter folgen, etwas von den Vätern zu nehmen, oder daß die Mütter ihnen heimlich mitteilen: «Der Vater gibt euch nichts zu essen.» Er meint, daß die Töchter dann unausgesprochen durch das bulimische Verhalten mitteilen: «Wenn ich nur von dir, liebe Mutter, nehmen darf und nicht auch vom Vater, dann nehme ich von dir so viel, daß es mir schadet.»

Unsere Beobachtungen bestätigen, daß die jungen Frauen mit bulimischem Verhalten oft den Wunsch zu haben scheinen, den Vätern zu gefallen, und mehr Gemeinsamkeiten mit ihnen entwickeln möchten. Daß sie sich diesen Wunsch nicht erfüllen, kann mit ganz unterschiedlichen Vorstellungen und Interaktionsmustern verbunden sein. Manche verhalten sich loyal den Müttern gegenüber, weil sie das Gefühl haben, die Mütter bräuchten ihre Unterstützung gegen den vermeintlich oder real unterdrückenden Vater. Andere meiden den Kontakt zu den Vätern, wenn sie festzustellen meinen, daß die Väter sie attraktiver finden als ihre Frauen. In unserer Nachuntersuchung berichtete uns eine Mutter, daß eine Besserung des symptomatischen Verhaltens der Tochter eintrat, nachdem sie sich mehrmals heimlich alleine mit dem Vater getroffen hatte.

Schreiben eines Briefes

Gelegentlich ersetzen wir die Abschlußintervention durch einen Brief, den wir kurz nach Ende des Gesprächs an alle betroffenen Familienmitglieder verschicken. Dazu gehören dann in der Regel auch solche Mitglieder, die bei dem Gespräch selbst nicht anwesend waren. In der Tat kann gerade dann, wenn es abwesende Familienmitglieder zu erreichen gilt, ein solcher Brief ein optimales Mittel darstellen.

Ein Beispiel liefert die Familie Bertram, auf die wir im folgenden etwas näher eingehen. Wie viele andere deutsche Familien wurde diese Familie durch die Kriegszeit entwurzelt und durch Trennungen belastet. Die Familie besaß im Osten Deutschlands eine Fabrik, die Herr Bertram nach dem Tod des Vaters im Alter von 26 Jahren übernommen hatte. Die einzige Schwester von Frau Bertram beging 1945 vor dem Einmarsch der Russen mit ihrer Familie gemeinsam Selbstmord. Herr Bertram floh nach dem Krieg ohne seine Frau und die sechs Kinder nach Westdeutschland, um einer Verhaftung zuvorzukommen. In der Zeit, als Frau Bertram noch alleine mit den Kindern in der DDR war, starb der dritte Sohn (ein Jahr älter als die I. P.) 9jährig nach einer Operation wegen eines durchgebrochenen Blinddarms. 1958 verunglückte der zweite Sohn im Alter von 15 Jahren während eines Seeurlaubs und wurde erst ein halbes Jahr später gefunden. Schon am Anfang der Ehe hatte eine alte weissagende Frau dem Ehepaar vorausgesagt, daß Herr Bertram leichtfüßig durchs Leben gehen werde, Frau Bertram hingegen viel Leid zu ertragen habe. Der Tod der Söhne prägte vor allen Dingen das Leben der Mutter. 1971 kam es noch einmal «knüppeldick» für die Familie. Die Mutter von Herrn Bertram, die mit im Hause lebt, wurde zunehmend verwirrter und brauchte viel Pflege. Die Fabrik, die Herr Bertram im Westen aufbaute, geriet in dieser Zeit in finanzielle Schwierigkeiten. 1972 mußte er sie verkaufen, um einen Konkurs zu verhindern. Der Käufer übernahm aber nicht, wie vereinbart, die Steuerschulden, und der Gerichtsvollzieher beschlagnahmte das gesamte Vermögen der Familie. Die Ehe der Eltern geriet in eine Krise. Herr Bertram hatte vorübergehend eine Beziehung zu einer anderen Frau. Die Tochter Anne (ein Jahr jünger als die I. P.) begann in dieser Zeit, die Schule zu schwänzen, hatte Kontakt zu Drogenkreisen und zog die besondere Aufmerksamkeit der Eltern auf sich. Zur gleichen Zeit zog der älteste Sohn von zu Hause aus und bald danach die beiden jüngeren Schwestern. In dieser Zeit entwickelt Silke eine bulimische Anorexie. Sie drückt mit ihren Verhaltensweisen vor allen Dingen aus, daß sie sich von der Mutter benachteiligt und zu kurz gekommen fühlt. Die Mutter versucht sich abzugrenzen. Aus Schuldgefühlen gibt sie jedoch immer wieder den Forderungen nach, weil der Vater oft heimlich zu Silke hält.

Zu Familiengesprächen kam die Familie zehn Jahre später, nachdem eine zwei Jahre dauernde Einzeltherapie keinen Erfolg gebracht hatte und die beste Freundin der Mutter und die Katze der Familie gestorben waren. Außerdem erfuhr Frau Bertram zu diesem Zeitpunkt, daß ihr Mann vor zehn Jahren eine Freundin gehabt hatte.

Frau Bertram und Silke waren noch immer stark miteinander verhakt. Silke entwendete nach Aussagen der Mutter zu Hause oft Dinge, an denen sie besonders hing, forderte von der Mutter besondere Dienstleistungen und zeigte sich eifersüchtig, weil sie vermutete, daß die Mutter ihrer Schwester mehr zukommen ließ.

Wir entschieden uns, allen Familienmitgliedern – beim Erstgespräch waren nur die Eltern und Silke anwesend – einen Brief zu schreiben. In diesem definierten wir es als ein Ziel von Familiengesprächen, daß über Verluste gemeinsam getrauert werden könne und daß jeder Entscheidungen für sein eigenes Leben fällen könne. Wir seien jedoch zu dem Ergebnis gekommen, daß ein solches Ziel sich zumindest für einen Teil der Familie katastrophal auswirken könne. Es sei besonders der Mutter nicht zuzumuten, die vielen Toten zu betrauern und von ihnen Abschied zu nehmen, auch wenn sie noch täglich gegenwärtig wären und mögliche Lebensfreude und Entwicklungen hemmten.

Da jeder in der Familie sich auf unterschiedliche Weise zu kurz gekommen fühle und alte Bitterkeit in sich trage, habe es auch wenig Aussicht auf Erfolg, im Rahmen von Gesprächen mehr Gemeinsamkeiten zu erreichen. Zudem teilten die Familienmitglieder aufgrund von Lebenserfahrungen den Glauben, daß eine Katastrophe gerade dann wahrscheinlicher eintreten werde, wenn man zufrieden und glücklich sei. Paradoxerweise sei also bei ihnen die beste Vorbeugung einer Katastrophe die Vermeidung von Glück und Zufriedenheit.

Auch zu Entscheidungen könnten wir ihnen nicht raten, da die Unentschiedenheit geradezu eine Garantie für das weitere Zusammenhalten der Familie sei, die schon zu viele Trennungen erlebt habe und dafür sorge, daß niemand sich überflüssig, ausgestoßen oder alleingelassen fühle.

In dieser Situation sei vor allen Dingen Silkes Verhalten anzuerkennen. Nach dem Tod ihrer Brüder und dem Ausziehen ihrer Geschwister habe sie mit ihrer Magersucht und ihrem Verhalten als kleines störrisches Mädchen besonders die Mutter beschäftigt und seelisch über Wasser gehalten. Diese könne nur kämpferische Zuwendung tolerieren. Auch halte sie die Eltern in der gemeinsamen Sorge um sie zusammen. Sie verdiene aber auch deshalb Anerkennung, weil sie dadurch den Geschwistern ermögliche, selbständig zu sein und sich wenig um die Eltern kümmern zu müssen. Das einzige, was die Therapeuten tun könnten, wäre, die Familie eine Zeitlang auf ihrem schweren Weg zu begleiten.

Auf unseren Brief hin erhalten wir als Reaktion der jüngeren Schwester folgenden Brief:

«Sehr geehrte Herren,
als meine Schwester mir Ihren Brief gab, war ich zunächst wütend! Ich dachte, das sei das ‹Todesurteil› für uns alle (hauptsächlich natürlich für meine Schwester und meine Eltern), gestellt von Wissenschaftlern, die sich erlauben, nach nur einer einzigen Stunde Gesprächs das ‹Innere› von sechs ganz verschiedenen Menschen zu beurteilen.

Zum Begriff Todesurteil: Wer möchte schon weiterleben,

wenn ihm vorausgesagt wird, all sein Suchen nach Glück, Liebe, Leben (welche Worte auch immer) habe keinen Sinn, wenn doch eben dieses Suchen und Hoffen vorher als ‹Sinn des Lebens› betrachtet wurde.

Dann begann ich darüber nachzudenken, warum es mich eigentlich ‹ärgert›, wenn zwei mir wildfremde Herren mir mitteilen, ich könne ruhig meine Suche einstellen, es sei schon alles in Ordnung, so wie es ist und übrigens sei ich sowieso von aller Schuld und Angst befreit, da das schon meine Schwester für mich erledige. Jetzt, davon ausgehend, daß ich Ihren Brief richtig verstanden habe, halte ich es für eine große Leistung von Ihnen, wie Sie die Verhältnisse bei uns beurteilt haben und jeden – zumindest den Teil, mit dem Sie gesprochen haben – an seiner schwächsten Stelle getroffen haben (obwohl Ihnen das natürlich leichter fällt als jedem von uns und jedem anderen, da Sie kein Blatt vor den Mund zu nehmen brauchen, da sie nicht auf die gleiche Weise betroffen sind wie wir).

Sie halten ihnen (Silke und den Eltern) ihr eigenes Verhalten und den Eindruck, den dieses Verhalten vermittelt, vor Augen und unterstellen teilweise andere Intentionen als Sie selbst zu glauben haben.

Diese enorme Provokation ist wohl die einzige, letzte Möglichkeit, um uns von unseren festgefahrenen Positionen und Stereotypien loszubringen. Es ist zwar denkbar, daß die hauptsächlich Angesprochenen – meine Mutter und Silke – Ihre Thesen völlig ablehnen, was einen Rückschlag bedeuten würde, aber auch, daß eine Änderung eintritt.

Zum Beispiel meiner Mutter vorzuwerfen bzw. zu zeigen, sie habe die Toten in unserer Familie nie betrauert und nie von ihnen Abschied genommen (das Haus meiner Eltern ist ein Museum!), kann einen Stein ins Rollen bringen oder aber sie völlig verschließen.

Auch Silke als kleines störrisches Mädchen zu bezeichnen, das verschiedene Scheinaufregungen anliefert, um den Eltern Scheinaufgaben zu geben, muß sehr hart oder verletzend für sie sein. Über uns andere konnten Sie natürlich nicht viel wissen, jedoch uns zu sagen, wir würden frei von Schuldgefühlen leben können und hätten die Probleme mit unseren Eltern dank unseres Familienmärtyrers hinter uns lassen können, hat mich veranlaßt, diesen Brief zu schreiben.

Ich sprach mit Silke kurz darüber, ob es sinnvoll sei, mich an der Therapie teilnehmen zu lassen, und sie meinte, ich habe ja wohl keine Probleme. In erster Linie ginge es um sie in der Beziehung zu den Eltern und dann noch vielleicht um die Beziehung der Eltern zueinander. Nun bin ich mir nicht im klaren, wieweit die Aussage einfach nur in Silkes Krankheitsbild paßt, d. h. daß sie schon wieder die Angst verspürt, durch meine Teilnahme könne ich ihr etwas wegnehmen. Ich denke, daß es uns alle gleichermaßen angeht, auch wenn wir anderen keine Magersucht haben und sich unsere Probleme auf eine andere Art zeigen. Ich würde gerne an der Therapie teilnehmen, obwohl ich mir nicht vorstellen kann, wie man auf Gesprächsbasis überhaupt etwas ändern soll. Ob es der gesamten Therapie, hauptsächlich natürlich in bezug auf Silke zuträglich sein kann, wenn ich teilnehme, darüber kann die Entscheidung wohl nur bei Ihnen liegen. Über eine Antwort wäre ich Ihnen dankbar.

Mit freundlichen Grüßen»

Die Therapeuten hatten den Eindruck, daß sie durch diesen Brief zwar dazu beitrugen, daß sich die Eltern mehr von Silke abgrenzten und etwas gemeinsam taten und Silke selbst mehr Zufriedenheit entwickelte (Kauf eines eigenen Hauses, Finden einer befriedigenden Arbeitsstelle), daß aber das Gefühl von Bitterkeit und vom Schicksal benachteiligt zu sein die Familienbeziehungen auch weiterhin stark prägte.

Der imaginierte Familienlunch

Diese Intervention ist nicht – oder nicht nur – als Schlußintervention zu verstehen.

Rosman et al. (1975) beschrieben ein Vorgehen, daß sich bei den Familien mit meist jüngeren magersüchtigen Mädchen, die sie behandelten, bewährte: der Familienlunch. Sie tischten den

Familien ein Mahl auf und gaben den Eltern die Aufgabe, die Tochter ohne Gewaltanwendung zum Essen zu bringen. Erst wenn dieses geschehen sei, könne die Sitzung beendet werden. Therapeuten kommentierten und moderierten den Prozeß aus dem Hintergrund. Wir haben dieses Vorgehen nur einmal und vor langer Zeit angewandt, und zwar bei einer Familie mit vier Kindern. Das magersüchtige Mädchen war 12 Jahre alt. Das Mahl dauerte dreieinhalb Stunden, und die Tochter begann einen Tag danach, wieder normal zu essen. Jetzt, sieben Jahre später, zeigte die Tochter ohne weitere Behandlungen eine normale Entwicklung.

Später gingen wir bevorzugt bei Familien mit magersüchtigen Mädchen unter 14 Jahren dazu über, ein solches Familienlunch mit der Familie durch zirkuläre Fragen hypothetisch durchzuspielen: Angenommen, wir tischten der Familie das nächste Mal eine Mahlzeit auf und forderten die Eltern auf, Evelyne (I. P.) ohne Gewaltanwendung zum Essen zu bringen? Wer würde zuerst die Initiative ergreifen? Auf welche Weise? Wie würden Evelyne und dann der andere Elternteil, die Geschwister usw. darauf reagieren? Nähmen sie eher an, daß die Eltern sich gegenseitig in ihren Bemühungen boykottieren würden oder an einem Strang zögen? Angenommen, wir würden einen Elternteil hinausschicken. Wem von beiden räumten sie größere Chancen ein, Evelyne dazu bewegen zu können, wieder ein vollständiges Mahl zu sich zu nehmen? Wann sähen sie größere Chancen, wenn wir ein solches Mahl hier inszenierten oder wir ihnen auftrügen, es zu Hause durchzuführen? Was meinen sie, wie lange wir hier zusammensäßen, bis Evelyne nachgäbe und ausreichend gegessen hätte? Usw.

Dieses Vorgehen gibt den Familienmitgliedern eine Menge Informationen über möglicherweise aufrechterhaltende Mechanismen, und außerdem werden indirekt Verhaltensalternativen im Gedankenexperiment durchgespielt, ohne daß direkter Druck ausgeübt würde.

Wann ist die Therapie zu beenden?

Entsprechend unserem Prinzip, daß wir eher anstoßen als durcharbeiten möchten, beenden wir die Therapie, wenn wir deutliche Fortschritte der bezogenen Individuation oder der familienweiten Ko-Individuation und Ko-Evolution feststellen können. Das bedeutet: Wir achten weniger auf Änderungen in der Symptomatik als auf Änderungen in den Beziehungen. Typischerweise beenden wir daher oft schon dann die Therapie, wenn sich zum Beispiel die Monatsblutung noch nicht wieder eingestellt hat und das wünschenswerte Gewicht auch noch nicht erreicht wurde. Einen wichtigen Anhalt für eine sich anbahnende oder schon erreichte Ko-Individuation gibt uns dagegen die Aufnahme von Beziehungen zu Gleichaltrigen, zu Peers, wo diese bisher fehlten. Wir werten als positiv auch eine Besserung der Beziehung zwischen den bisher rivalisierenden Geschwistern. Weiter bewerten wir es als positiv, wenn sich Eltern klar von den Kindern abgrenzen, indem sie diesen eindeutig die Verantwortung für ihr zukünftiges Leben übertragen und dies auch auf allen Ebenen ihres Verhaltens zum Ausdruck bringen. Insgesamt sehen wir immer dann einen Fortschritt, wenn an die Stelle einer symmetrischen Eskalation der Dialog tritt. Dialog bedeutet nunmehr: Man hört auf den anderen hin, verhandelt miteinander, ist bereit und fähig, sich sowohl durchzusetzen als auch nachzugeben, jeweils eine der Situation und Entwicklung angemessene Balance von Nähe und Distanz, Rechten und Pflichten auszuhandeln.

Wir möchten allerdings zur Vorsicht raten, einen Auszug der Indexpatientinnen aus dem Hause schon per se als Individuationskriterium zu werten. Oft ist eine Rückkehr schon vorprogrammiert: Auf die eine oder andere Weise zeigt sich die Betroffene früher oder später unfähig, die Verantwortung für ein Leben außerhalb der Familie zu übernehmen. Nicht selten hängt sie auch viele Stunden am Telefon, um auf diese Weise mit der Familie in Kontakt zu bleiben. Überhaupt sollten wir uns daran erinnern, daß geographische Trennung nicht auch gleich emotionale Trennung und Individuation bedeutet.

Es hat sich in vielen Fällen bewährt, nach Abschluß der therapeutischen Gespräche noch einmal eine Bestandsaufnahme in einem Jahr zu vereinbaren. Wo dies nicht in einer gemeinsamen Sitzung möglich ist, bitten wir um einen schriftlichen oder telefonischen Bericht.

Besondere Situationen

Was ist bei suizidalem Verhalten zu tun?

Im Grunde läßt sich der kompromißlos durchgehaltene Hungerstreik als eine Form des Suizids verstehen. Zusätzliche suizidale Verhaltensweisen oder Drohungen finden wir gelegentlich bei bulimischen Patientinnen. Im Prinzip gilt hier für uns das gleiche wie bei der langfristig angelegten Suizidalität der Magersüchtigen: Wir versuchen durch zirkuläres Fragen zu ermitteln, was die möglichen Suizidversuche bedeuten, gegen wen sie gerichtet sein könnten, wie die Familienmitglieder reagieren würden, wenn der Suizidversuch gelingen und zum Tode führen würde. Grundsätzlich betonen wir, daß nach all unseren Erfahrungen kein Mensch jemand auf Dauer am Leben halten kann, wenn der sich entschieden hat, nicht mehr leben zu wollen.

Verhalten bei plötzlichen Anrufen und Koalitionsangeboten

In den Intervallen zwischen den Sitzungen kommt es immer wieder dazu, daß uns das eine oder andere Mitglied unter Zeichen größter Dringlichkeit anruft, um entweder einen Rat einzuholen oder uns ein Geheimnis anzuvertrauen. Solche Geheimnis- oder Koalitionsangebote schlagen wir höflich, aber bestimmt aus. Wir lassen uns auch nur selten erweichen, einen früheren als den anberaumten Termin anzusetzen. In der Regel ist es hilfreich, sich noch einmal konkret auf die Schlußintervention zu beziehen und das gezeigte Verhalten dazu in Beziehung zu setzen (s. a. Selvini Palazzoli und Prata 1982).

Bei diesen wie bei anderen den Therapeuten überraschend treffenden Situationen zeigt sich ein(e) Ko-Therapeut(in) oft besonders hilfreich. Er/sie bildet nun einen Ansprechpartner für die Klärung der Situation und Herstellung oder Wiederherstellung einer Metaperspektive. Er/sie steht auch zur Verfügung, wenn die Schlußintervention ein Splitting, das heißt eine Aufspaltung der Positionen der Therapeuten verlangt. In diesem Falle macht er/sie es leichter, der Familie deren Ambivalenz gleichsam zurückzuspiegeln und sich damit zu eigen zu machen, eine Ambivalenz, deren eine Seite (in Form einer Erwartung, einer Idealisierung, aber auch möglicherweise einer Projektion) anderenfalls häufig auf den Therapeuten gerichtet bliebe. Allerdings gilt insgesamt, daß wir bei Magersuchtsfamilien weniger von der Möglichkeit des Splitting Gebrauch machen als etwa bei Familien mit schizophrenen oder manisch-depressiven Mitgliedern.

KAPITEL 10:
Der Verlauf einer Familientherapie

Die Gespräche mit der Familie Landmann

Wir haben im ersten Kapitel über die Familie Landmann berichtet und dabei viele Einzelheiten, die wir in verschiedenen Sitzungen erfuhren, ausführlich dargestellt. Wir fassen nunmehr den Verlauf zusammen und beschreiben vor allem die Abschlußinterventionen.

In einem Zeitraum von vierzehn Monaten führten wir in den Jahren 1980/81 zwölf Gespräche mit dieser Familie. Zwei Therapeuten leiteten die Gespräche, eine Kollegin und gelegentlich ein zweiter Kollege saßen hinter dem Einwegspiegel. Alle Gespräche wurden auf Video- oder Tonbandkassetten aufgenommen.

Das Erstinterview

Zum Familienerstgespräch luden wir die Eltern und die beiden Töchter ein. Die Eltern wirken beide ein paar Jahre älter, als sie sind. Herr Landmann ist mittelgroß, trägt einen Anzug, drückt sich in einem Beamtendeutsch aus, zeigt sich zugänglich und betont höflich. Frau Landmann, schlank, blaß und dezent gekleidet, erweist sich als eine belastete und aufopferungsvoll dienende Ehefrau und Mutter. Sie versucht immer wieder Harmonie herzustellen und beteiligt sich nur dann am Gespräch, wenn sie angegriffen wird oder ihre Grundsätze in Frage gestellt werden. Jutta (22 Jahre) ist ebenfalls sehr schlank und imponiert durch eine kühle, distanziert sachliche Einstellung. Petra (19 Jahre) versteckt ihren Körper unter weiter, legerer Kleidung. Sie ist sehr mager (unter 35 kg) und zeigt am ehesten (manchmal pointiert) Gefühle. Sie gibt auch die meisten relevanten Informationen über die Beziehungen der Familienmitglieder zueinander. Kurz vor dem Gespräch kehrte sie nach einem neun Monate langen stationären Aufenthalt in einer Abteilung für Kinder- und Jugendpsychiatrie ungebessert ins Elternhaus zurück.

Wir fragen kaum nach der Symptomatik, und diese wird uns auch nicht explizit als Thema angeboten. Es geht in dem Gespräch überwiegend um die Beziehungen der Familienmitglieder zueinander einschließlich der pflegebedürftigen Großmütter, um die Rollenverteilung, den Umgang mit Gefühlen (besonders Wut und Ärger) und die von allen gezeigte Verzichthaltung. Diese Haltung und das ihr zugrunde liegende Wertsystem wird uns noch in vielen Stunden beschäftigen. Wir erfahren in diesem Gespräch auch schon einiges über die Herkunftsfamilien der Eltern.

Der Abschlußkommentar besteht im wesentlichen aus einer positiven Konnotation des von allen gezeigten Verhaltens und einer Aufforderung an Petra:

Wir erkennen die Bereitschaft der Eltern zum Verzicht zugunsten anderer an. Frau Landmann verzichte zugunsten der Sorge um andere Familienmitglieder (besonders um die Großmütter und Petra) weitgehend auf ein eigenes Leben. Herr Landmann verzichte auf eine intensivere Beziehung zu seiner Frau, weil er intuitiv gemerkt habe, wie wichtig es für seine Frau sei, für andere zu sorgen. Jutta verzichte auf Freundschaften, um durch berufliche Anerkennung der Familie zu Ansehen zu verhelfen. Petra helfe ihr, dieses zu verwirklichen, indem sie sich als Sorgenlieferant zur Verfügung stelle. Indem sie die Eltern in ständiger Sorge halte, reduziere sie auch die Spannungen zwischen den Eltern und sorge für mehr Gemeinsamkeit zwischen ihnen. Der Vater werde dadurch abgehalten, mehr eigene Wege zu gehen.

Petra, die im Gespräch ausdrückte, daß sie sich damit beschäftige, sich ein eigenes Zimmer zu mieten, solle so lange zu

Hause bleiben, bis sie sicher sei, daß die Mutter niemanden mehr zum Pflegen brauche und andere Lebensinhalte gefunden habe. Damit leiste gerade sie einen anerkennenswerten und für die Familie wichtigen Verzicht.

Dieses Resümee ruft vielfältige Reaktionen hervor: Jutta bestätigt spontan, daß die Eltern durch Petras Krankheit mehr zusammenhalten und mehr Gemeinsamkeit hätten. Petra äußert, daß die Eltern das von den Therapeuten Gesagte sicher für Unsinn hielten. Beide Eltern streiten dieses sofort ab. Herr Landmann wehrt sich außerdem dagegen, daß er jemals Tendenzen gehabt habe, mehr eigene Wege zu gehen, worauf Petra einwirft, er habe bei einer früheren Gelegenheit erwogen, von zu Hause auszuziehen. Als die Therapeuten Petra auffordern, vorläufig zu Hause zu bleiben, beginnt sie heftig zu weinen. Sie würde das nicht mehr aushalten. Aufgebracht verläßt sie den Raum, und man hört ihr Schimpfen noch im Treppenhaus. Die Eltern verabschieden sich betreten.

Zweites Gespräch (9 Wochen später)

Petra ist in der Zwischenzeit in ein eigenes Zimmer in derselben Stadt gezogen und hat an einem Wochenende Jutta in Köln besucht. Es geht viel um die Beziehungen der Schwestern zueinander und um die forcierte Autonomie und den Mangel an Außenbeziehungen von Jutta. Eine starke Rivalität zwischen beiden wird deutlich. Ein weiteres Thema ist wieder die Verzichthaltung aller Frauen sowie das der (vorhandenen oder nicht vorhandenen) Lebensfreude und des Nehmens und Gebens. Als wir die einzelnen nach ihrem Frauenbild fragen, wird deutlich, daß Männer als eher impulsiv, unbeherrscht und sexuell zudringlich erlebt werden. Besonders in Petras Sprachbildungen wird eine vielfältige sexuelle Symbolik erkennbar.

In unserem Abschlußkommentar nach der Pause betonen wir einen Wettkampf der Frauen dieser Familie darum, wer von ihnen am besten verzichten könne. Anschließend werfen wir die Frage auf, ob es den Frauen eher gelingen werde, schließlich auch Herrn Landmann zu einem stärkeren Verzichten zu bewegen, oder ob es Herr Landmann eher schaffe, seine Frau und die Töchter zu mehr Lebensfreude und Lebensgenuß zu verführen. Wir sagen voraus, daß das letztere wahrscheinlicher sei, auch, daß er auf Dauer Schuldgefühle bekommen werde, wenn er sich weiter als einziger gelegentlich etwas erlaube. Endlich werde dann auch er Verzicht üben.

Drittes Gespräch (4 Wochen später)

Petra ist in der Zwischenzeit wieder ins Elternhaus gezogen. Sie habe sich in ihrem Zimmer zu einsam gefühlt. Ihre Eßprobleme hätten wieder zugenommen. Die Familie betont jedoch, daß in der letzten Stunde über Dinge geredet worden sei, über die man in der Familie noch nie miteinander habe sprechen können. Als wir auf unseren Abschlußkommentar nach der letzten Sitzung zurückkommen, wird durch viele geschilderte Begebenheiten das sich in der Familie eskalierende Opferspiel bestätigt. Nur der Vater wehrt sich dagegen: «Verzichtsideale sind nicht die meinen.» Petra: «Wenn man lange nichts mehr bekommt, kann man auch nichts mehr geben.» Wir erfragen anschließend hypothetisch, was passieren würde, wenn die einzelnen Mitglieder längere Zeit nichts mehr bekämen oder annähmen. Die Mutter würde dann noch verbitterter und verhärmter. Solange der Vater aber zu ihr hielte, würde sie nicht krank. Als wir fragen, wer sich am ehesten in der Familie (auch in der erweiterten) etwas erlaube, wird über leichtsinnige und «leichtlebige» Familienmitglieder (einen Bruder Leichtfuß) eher abwertend berichtet.

Abschlußkommentar: Wir haben der Sitzung nichts hinzuzufügen.

Viertes Gespräch (6 Wochen später, ohne Jutta)

Petras Gesundheitszustand und Eßverhalten ist unverändert. Herr Landmann: «Der Gedanke, daß wir an Petras Grab stehen müssen, bedrückt uns und drängt sich uns immer wieder auf.» Wir nehmen durch unsere Fragen Petras Tod vorweg und erfragen auch die möglichen Reaktionen auf den möglichen Tod der Großmütter. Weiten Raum nehmen die Umstände des Todes des gestorbenen Kindes ein. Als die Atmosphäre im Gespräch zunehmend angespannt wird und besonders die Mutter Zweifel darüber äußert, ob es gut sei, weitere Familiengespräche zu führen, wechseln wir das Thema. Wir erfahren, daß es in der Familie immer schwierig wird, wenn Vater, Mutter und Petra zu dritt zusammen sind. Herr Landmann: «Ich erhoffe mir besonders von einem guten Verhältnis zwischen Petra und meiner Frau eine Verbesserung ihres gesamten Zustandes.» Petra: «Ach was, Verbesserung des Gesamtzustandes!» Vater: «Petra, das ist das A und O, das ist der Schlüssel für das Ganze.» Petra (laut): «Ich bin doch ein Mensch und nicht nur die Besserung eines Gesamtzustandes!» Vater: «Wir wollen doch, daß du wieder ein Mensch sein kannst, glücklich und froh.» Petra: «Ich kann nimmer» (schluchzt).

Als wir erfragen, ob die Spannungen in der Zwischenzeit zu- oder abgenommen haben, hören wir, daß es eher mehr Auseinandersetzungen in der Familie gegeben hat.

Verschreibung nach der Pause: Wir teilen mit, wir seien zu der Überzeugung gekommen, daß wir zu sehr die Trennungen und Todesfälle in der Vergangenheit angesprochen hätten. Dies belaste die Familie zu sehr und erhöhe die Spannungen. Es sei sicherlich nicht gut, noch mehr darüber zu sprechen. Einer Kollegin hinter dem Spiegel sei es jedoch aufgefallen, daß das Verhalten von Petra an Gabi (das früh verstorbene Kind) erinnere, die auch sehr dünn gewesen sei und künstlich habe ernährt werden müssen.

Für unumgänglich hielten wir jedoch, daß Gabi nachträglich einen Platz finde und symbolisch beerdigt werde. Die Familie solle sich bis zur nächsten Sitzung zusammenfinden und gemeinsam die Inschrift einer Grabplatte für Gabile entwerfen. Wir fordern die Familienmitglieder auf, sich in der nächsten Zeit mehr aus dem Wege zu gehen, und warnen Petra außerdem davor, ihre Pläne, nach Köln zu ziehen, zu früh zu verwirklichen.

Fünftes Gespräch (8 Wochen später)

Die Familie hat eine Grabinschrift für das verstorbene Kind entworfen. Darauf soll stehen: «Unser Gabile» und das Geburts- und Todesdatum. Die Mutter betont sogleich, daß die Sache abgeschlossen sei, und Petra will auch nicht, daß eine Grabplatte aufgestellt wird. Das käme ihr vor, als wenn sie mitbeerdigt werde. Jutta daraufhin: «Sie hat Angst, daß eine Grabplatte aufgestellt wird, auf der noch Platz für ihren Namen ist.»

Im ganzen wirkt die Familie jedoch in dem Gespräch emotional zugänglicher, und die Familienmitglieder hören einander gelassener zu. Die Eltern berichten, wie belastend es für sie war, als sie über lebensverlängernde Maßnahmen vor dem Tod ihrer Väter entscheiden mußten. Am Ende der Sitzung drücken alle Familienmitglieder Petra gegenüber aus, sie möchten, daß sie lebt. Petra ihrerseits betont, daß sie dafür sorgen werde. Die Therapeuten hatten den Eindruck, daß in der Familie etwas Neues passierte. Sie beenden die Sitzung ohne Abschlußkommentar und teilen lediglich mit, sie hätten der Sitzung nichts hinzuzufügen.

Sechstes Gespräch (1 Woche später)

Da wir für ein Seminar mit Luigi Boscolo und Gianfranco Cecchin eine Familie für eine Live-Supervisionssitzung suchen, fragen wir die Familie Landmann, und diese willigt ein. In der Vorbesprechung verabreden wir, daß die Therapeuten noch einmal ausführlicher auf die Zeit zu Beginn der Symptomatik (vor dreieinhalb Jahren) eingehen. Es wird deutlich, daß Petra sich nach dem Tod des Großvaters von der Mutter zurückgesetzt gefühlt hat, weil diese sich mehr der weggezogenen Schwester Jutta zuwandte und diese zu ihrer Vertrauten machte. Am Ende stellen wir viele Zukunftsfragen. Wir bestellen die Familie für den nächsten Tag noch einmal ein und erarbeiten gemeinsam folgende Verschreibung, die Dr. Boscolo der Familie am kommenden Tag mitteilt:

«Wir haben in der Zwischenzeit über die gestrige Sitzung diskutiert und die Therapeuten gebeten, Sie heute noch einmal herzubitten, weil es sich um eine dramatische Situation handelt. Dramatisch deshalb, weil Petra so viel Gewicht verloren hat. Wenn sie noch ein paar Kilo mehr abnimmt, kann sie sterben.

Nach dem, was wir gestern beobachtet haben und aus Erfahrungen mit anderen Familien, mit denen wir gearbeitet haben, lernen konnten, sind wir sehr beeindruckt von der tiefen positiven Bindung (the deep positive bond), die zwischen Petra und Mutter und Mutter und Petra besteht.

Wie uns berichtet wurde, wurde Petra geboren, nachdem Sie, Frau Landmann, zwei Babies verloren hatten. Dies bewirkte, daß die Bindung zwischen Petra und Mutter und Mutter und Petra sehr eng und herzlich wurde. Wir erfuhren auch, daß während Petras ersten Lebensjahren Mutter und Petra und Petra und Mutter eine sehr enge und nahe Beziehung hatten. Wie ich gesagt habe: Wir sind überzeugt von der starken positiven Bindung zwischen Mutter und Petra und Petra und Mutter. In den letzten Jahren wurde die Beziehung zwischen Petra und Mutter und Mutter und Petra jedoch schlechter. Sie war nicht mehr so gut wie früher, und wir haben uns gefragt, warum. Aus unserer Erfahrung wissen wir, daß insbesondere dann, wenn eine Tochter sich entscheidet, nicht mehr zu essen, die positiven Gefühle speziell zwischen der Tochter und der Mutter und der Mutter und der Tochter aufhören. Weil die Mutter dann über das Nichtessen der Tochter besorgt ist, versucht sie, diese zum Essen zu bewegen. Und weil die Mutter sich aufregt, hört die Tochter auf zu essen. So wurde Ihre Beziehung zunehmend schlechter. Wir haben uns auch gefragt, warum Mutter und Petra und Petra und Mutter an einem bestimmten Punkt aufhörten, ihre positiven Gefühle füreinander zu zeigen. Wir denken – auch aus anderen ähnlichen Erfahrungen heraus –, daß sie sich entschieden, ihre positiven Gefühle füreinander nicht mehr zu zeigen und ihre tiefe Liebe nicht mehr zu leben, um damit anderen Familienmitgliedern zu vermitteln, daß sie sich nicht ausgeschlossen fühlen mußten. Im vorliegenden

Falle würde sowohl Jutta ausgeschlossen sein als auch der Vater und insbesondere die Großmütter, die in den letzten Jahren ihre Ehemänner verloren haben und nunmehr stark auf die Mutter angewiesen sind. So haben sich beide, Mutter und Petra und Petra und Mutter, voneinander mehr gelöst, um niemanden auszuschließen, also weder Jutta noch den Vater und ganz speziell nicht die Großmütter. Bei diesem Verzicht auf ihre gute Beziehung, ihre tiefe positive Bindung sind sie unserer Meinung nach aber zu weit gegangen.

Deshalb und weil die Situation so dramatisch ist, haben wir Sie gebeten, heute noch einmal herzukommen. Wir denken, daß es sehr wichtig ist, daß Mutter und Petra und Petra und Mutter demnächst einen Tag in der Woche nur für sich haben und daß der Vater, Jutta und die Großmütter diesen Petra-Mutter- / Mutter-Petra-Tag akzeptieren sollten.

Was wir sehen, ist, daß Mutter und Petra und Petra und Mutter in den letzten Jahren diejenigen waren, die am meisten gelitten haben, weil sie gesehen haben, daß der Vater, Jutta und die Großmütter ausgeschlossen waren. In dieser Situation, meinen wir, ist es sehr wichtig, daß Mutter und Petra und Petra und Mutter einen gemeinsamen Tag in der Woche für sich haben. Beide werden allein entscheiden, was sie an diesem Tag pro Woche zusammen tun. Sie können an diesem gemeinsamen Tag nebeneinander herleben, miteinander reden oder gemeinsam schweigen, miteinander kämpfen oder liebevoll miteinander umgehen, wie es ihnen an diesem Tage gerade paßt. Die anderen Familienmitglieder sollten sich raushalten und ihnen diesen Tag ermöglichen.

Es ist notwendig und wichtig, daß Petra und Mutter und Mutter und Petra niemanden in der Familie darüber informieren, was sie an diesem Tag gemeinsam gemacht haben. Und die anderen Familienmitglieder sollten auch keine Fragen stellen, wie Petra und Mutter und Mutter und Petra diesen Tag miteinander verbracht haben. Der Vater und die Mutter sollten, wenn sie anschließend nach Hause kommen, die Großmütter darüber informieren und ihnen mitteilen, daß an diesem Tag jemand anders für sie sorgen wird, vielleicht Jutta, wenn sie da ist, oder ein Babysitter oder eine Krankenschwester, also immer an den Petra-Mutter- / Mutter-Petra-Tagen.»

Dr. Boscolo erkundigt sich dann nach solchen für beide möglichen Tagen. Petra wehrt sich heftig dagegen, weil die Eltern vorhätten, in den nächsten 14 Tagen in Urlaub zu fahren. Die Eltern zeigten sich bereit, auch auf diesen Urlaub zu verzichten. Man einigte sich schließlich darauf, daß die Tage sofort nach der Rückkehr der Eltern aus dem Urlaub beginnen sollten.

«Falls sie die Versuchung spüren, mehr als einen Tag pro Woche miteinander zu verbringen, sollten sie ihr nicht nachgeben, denn wir denken, es könnte etwas gefährlich für die anderen Familienmitglieder, besonders für die Großmütter sein, die die Mutter so sehr brauchen. Wenn Petra noch mehr an Gewicht verliert, kann es angezeigt sein, sie in ein Krankenhaus zu bringen. Wir haben viel Erfahrungen mit solchen Problemen und glauben nicht, daß Krankenhausaufenthalte solche Probleme lösen helfen. Falls es jedoch notwendig sein sollte, sollte die Mutter an dem betreffenden Tag in die Klinik gehen und den ganzen Tag dort mit Petra verbringen. Über das, was wir Ihnen jetzt verschrieben haben, sollten Sie anschließend nicht mehr diskutieren, weil Mutter und Petra und Petra und Mutter mit ihren Tagen erst beginnen, wenn die Eltern aus ihrem Urlaub zurückkehren.»

Siebte Sitzung (5 Wochen später)

Die Eltern fuhren allein in Urlaub und verbrachten zusammen eine gute Zeit. Am Ende des Urlaubs wollten die Eltern noch ein paar Tage gemeinsam mit Petra verbringen. Diese lehnte das jedoch ab. In der Zwischenzeit hatten Petra und die Mutter dreimal Tage zusammen verbracht. Für die Mutter war es sehr schwierig, ihrem Mann nicht zu sagen, wohin sie fuhren. Seit 30 Jahren sei es in der Familie üblich, daß jeder wüßte, wo der andere sei. Petra hatte dem Vater von den Ausflügen Souvenirs mitgebracht und ihm so indirekt mitgeteilt, wo sie gewesen waren. Frau Landmann äußerte sich sehr anerkennend über diese Aufmerksamkeit Petras. Es sei doch gut, wenn alle an solchen Ereignissen Anteil hätten. «Das zeigt doch, daß wir zusammengehören.» Der Vater fand es befremdlich, daß die Familie nicht über die gemeinsamen Unternehmungen von Petra und Mutter sprechen sollte.

Während der Vater und Jutta eher eine Verschlimmerung sahen und das aggressive Klima in der Familie beklagten, beharrten Mutter und Petra darauf, daß es eher besser geworden sei. Petra: «Ich merke es doch an meinen Hosen: Sie sind enger geworden.»

Abschlußkommentar nach der Pause: Wir teilen der Familie mit, daß wir uns im Team nicht einig geworden seien. Während der eine Therapeut eher den Eindruck gewonnen habe, daß sich wenig geändert habe, hätte ein Kollege hinter dem Spiegel gemeint: Jutta gehe es deutlich schlechter und Petra deutlich besser. Dieser habe die Befürchtung geäußert, daß es Jutta noch schlechter gehen könnte, wenn die Mutter und Petra es sich weiter besser gehen ließen. Sein Vorschlag sei es, daß Mutter und Petra es in den nächsten Wochen den anderen lieber nicht zeigen sollten, wenn es ihnen noch besser gehe.

Die italienischen Kollegen hätten vorausgesagt, daß es für Mutter und Petra sehr schwierig sein werde, die Aufgabe, so wie verschrieben, auszuführen, und sie hätten uns vorgeschlagen, im Falle, daß sie sich als zu schwierig herausstellte, sie eingeschränkt noch einmal zu geben. Petra und Mutter und Mutter und Petra sollten deshalb in den nächsten Wochen nur noch fünf bis sechs Stunden an einem Tag pro Woche miteinander verbringen. Die Kollegen hätten uns aber aufgefordert, der Familie mitzuteilen, es sei das wichtigste, daß dies immer an demselben Wochentag erfolge. Da es voraussichtlich für Jutta eine besonders schwere Zeit sei – Vater verkrafte das voraussichtlich besser –, vereinbaren wir einen Termin vor Weihnachten, an dem auch Jutta wieder zu Hause ist.

Achte Sitzung (6 Wochen später)

Die Familie zeigt sich in dieser Sitzung deutlich verändert. Alle wirken von Beginn an ruhiger, zufriedener und heiterer. Jutta ist mit ihrem Freund ins Elternhaus gekommen. Man spricht ausführlich über die Beziehungen der Töchter zur Männerwelt. Herr und Frau Landmann haben in der Zwischenzeit öfters etwas allein unternommen.

Abschlußkommentar: Wir wundern uns über die positiven Veränderungen. Wir können sie uns nicht genau erklären. Es scheine uns aber so, daß Petra eine für die Situation optimale Lösung gefunden habe. Da die Mutter zur Zeit vermehrt durch die Großmütter belastet sei, mache sie der Mutter weniger Sorgen, sorge aber durch ihr niedriges Gewicht dafür, daß keine Gefahr bestehe, von einem Mann attraktiv gefunden zu werden. Jutta solle Petra nicht so viel von ihrem Freund erzählen, weil es für Petra noch zu früh sei, sich intensiver mit Partnerschaft zu beschäftigen. Frau Landmann bekommt erneut eine Aufgabe: Sie soll in den nächsten Wochen vermehrt für die Entspannung und Erholung ihres Mannes sorgen.

Als wir die Nützlichkeit von Familiengesprächen in Frage stellen und ein Ende der Gespräche erwägen, besteht die Familie auf einem erneuten Termin.

Neunte Sitzung (8 Wochen später)

Der Familie geht es weiter besser. Petra sieht gut aus, und wir hören, daß sie viel mit Gleichaltrigen unternimmt. Sie beklagt sich aber, daß ihre größere Offenheit oft einseitig bleibe und nicht erwidert werde. Die Großmutter wird jetzt als das Hauptproblem der Familie definiert. Konflikte werden klarer angesprochen, es geht hauptsächlich um Zuwendung, Anerkennung, Zärtlichkeit und die Zukunft.

Abschlußkommentar: Wir teilen der Familie unsere Befürchtung mit, daß sich Petra zu schnell entwickle und verschreiben ihr einen Rückfall. Vor allem die Mutter brauche sie noch eine Weile. Sie könne sich eher mit ihr aussprechen und sich leichter bei ihr anlehnen als beim Vater. Petra daraufhin: «Ich denke überhaupt nicht daran, wieder abzunehmen.» Wir hätten uns außerdem gefragt, warum sich in dieser Familie nicht wie in anderen die Töchter solidarisch gegenseitig in ihrer Entfaltung und auf dem Weg zur Selbständigkeit unterstützten. Um dies mehr zu verstehen, wollten wir zum übernächsten Gespräch die Töchter allein sehen. Wir sähen es in der jetzigen Situation eher als unsere Aufgabe, die Geschwindigkeit der Entwicklung etwas zu bremsen und wollten deshalb die zeitlichen Abstände zwischen den Sitzungen lieber etwas vergrößern.

Zehnte Sitzung (8 Wochen später)

In dieser Sitzung geht es überwiegend um die Beziehungen der Eltern und die der Schwestern zueinander. Die Generationsgrenze zwischen den Eltern und den Töchtern scheint den Therapeuten stärker markiert.

Kein Abschlußkommentar.

Elfte Sitzung (8 Wochen später)

Wie verabredet kommen nur die Töchter. Wir kommen bald auf die Rivalität zwischen ihnen zu sprechen. Beide meinen, diese sei darin begründet, daß die Eltern sie früher immer gegenseitig als vorbildlich hingestellt hätten. Die Therapeuten konzentrieren sich stärker auf Juttas Abgrenzungsbestrebungen und Leistungsorientierung. Petra berichtet, ein Freund der Familie habe geäußert, daß die Mutter jetzt depressiv sei, weil Petra sich lebenslustiger und lebensbejahender zeige. Sie habe jetzt keine Kontrolle mehr über sie, und sie könne sie nicht mehr festhalten. Er meinte, die Mutter solle eher froh sein. Es sei besser, eine gesunde und fröhliche Tochter außerhalb des Hauses zu haben als eine wandelnde Leiche zu Hause. Petra zeigt aber auch Verständnis dafür, daß es für die Eltern nicht leicht sei, mit ihrem wechselhaften und teilweise gereizten Verhalten zurechtzukommen. Für die Mutter gebe es nur ein «Da-und-immer-da» oder «Weg-und-immer-weg» und kein Zwischendrin. Sie habe ärgerlich geäußert: «Ich habe mir fünf Jahre Sorgen um dich gemacht, und ich lasse mich jetzt nicht weiter kaputtmachen.» Petra zeigt sich überzeugt, daß die Magersucht vorbei sei. Wenn die Periode wiederkomme, lasse sie eine Flasche Sekt springen.

Abschlußkommentar: Wir erkennen die überraschend positiven Veränderungen und das sensible Aufeinandereingehen der Schwestern in der Sitzung an. Wir hätten aber auch den Eindruck, daß es den Eltern jetzt nicht so gut gehe. Es sei aber nun nicht fair, wenn wir Petra wieder dazu verpflichteten, durch eine Verschlimmerung den Eltern zu helfen. Da es aber Jutta, wie es uns scheine, zur Zeit schlechtergehe als Petra, wollten wir auch sie nicht einseitig belasten und auffordern, jetzt allein für die Eltern zu sorgen. Deshalb hätten wir uns entschieden, beiden Töchtern die Aufgabe zu geben, abwechselnd jeweils eine Woche für die Eltern zuständig zu sein. Diese Aufgabe könne auch dazu beitragen, daß die ganze Familie lerne, daß es nicht nur ein «Ganz-da»- oder «Ganz-weg»-Sein gäbe, sondern ein flexibles Sichabgrenzen und Aufeinanderzugehen. Die Schwestern sollten den Eltern nichts über diese Aufgabe mitteilen. Wir hätten uns auch gefragt, ob die Schwestern sich nicht im Gespräch zu nahe gekommen seien, sie sollten auf alle Fälle in der nächsten Zeit die Gemeinsamkeit nicht verstärken, weil, wenn zuviel Nähe zwischen ihnen entstünde, eine von beiden sich wieder stärker abgrenzen müsse.

Zwölfte Sitzung (8 Wochen später)

Es kommen die Eltern ohne die Töchter. Sie berichten, daß sie sich jetzt weniger Sorgen machten, auch wenn Petras Symptome noch nicht verschwunden seien. Sie sei aber wieder wesentlich zugänglicher und lache auch mal wieder. Der Mutter mache es vor allem Sorgen, wenn sie über Nacht fortbleibe, ohne mitzuteilen, wann sie zurückkomme. Durch Zukunftsfragen beleuchten wir vor allen Dingen die Beziehungen der Eltern zueinander, wenn sich die Töchter ganz verselbständigt haben werden.

Abschlußkommentar: Wir erkennen den großen Einsatz der Eltern an. Sicherlich könnten wir noch einige weitere Gespräche führen. Wir hätten uns jedoch entschlossen, die Familiengespräche heute zu beenden, da wir den Eltern zutrauten, andere Formen der Lebensgestaltung außer dem Sichsorgenmachen zu entwickeln und ihre Beziehungen zueinander neu zu gestalten, wenn die Töchter sich abgelöst hätten.

Wir beendeten also die Gespräche zu einem Zeitpunkt, an dem noch deutliche Symptome wie gelegentliches Erbrechen und fehlende Monatsblutung bei Petra vorhanden waren. Wir hatten jedoch den Eindruck, daß ein Individuations- und Ablösungsprozeß in der Familie in Gang gekommen war und sich die Generationen mehr voneinander abgrenzten.

Nachuntersuchung

Acht Monate nach Beendigung der Familiengespräche erkundigten wir uns telefonisch zum erstenmal nach der weiteren Entwicklung. Wir hörten von der Mutter, daß Petra sich seit einigen Wochen im Ausland aufhalte. Sie habe deutlich zugenommen, nehme aber noch nicht wieder an den gemeinsamen Mahlzeiten teil. Die Periode sei noch nicht wieder eingetreten. Ärztliche und psychotherapeutische Behandlungen seien in der Zwischenzeit nicht in Anspruch genommen worden. Jutta sei zufrieden mit ihrer Praktikumsstelle und habe auch Beziehungen zu Gleichaltrigen. Den Eltern gehe es gut.

Nach zwei Jahren und zwei Monaten lassen wir die Familie von einem Kollegen noch einmal anrufen. Er spricht mit Petra und der Mutter.

Petra teilt mit, daß sie noch Schwierigkeiten mit dem Essen habe (Freßphasen und Erbrechen). Ihr Gewicht betrage jetzt 47 kg. Sie habe eher wenige Kontakte und lebe noch im Elternhaus. Die Familienbeziehungen seien manchmal gut, manchmal schlecht. Sie fühle sich öfter noch eingeengt. Mit ihrer Schwester jedoch verstehe sie sich gut («ein Herz und eine Seele»). Die Eltern und die Töchter hingen sehr aneinander, die Beziehungen seien jedoch zwiespältig.

Die Mutter meint, Petras Eßgewohnten seien lange noch nicht normal, sie habe aber keinen echten Rückfall in der Zwischenzeit gehabt. Sie absolviere jetzt eine Lehre als Pharmazeutisch-Technische Assistentin. Sie sieht immer noch Kontaktprobleme bei Petra. Die Beziehungen in der Familie seien sehr eng und sehr gut. Alle habe es sehr bedrückt, daß die Großmutter mütterlicherseits inzwischen gestorben sei. Im ganzen sei die Situation unvergleichlich besser. Die Familiengespräche hätten sehr geholfen.

Sechs Jahre nach der Familientherapie laden wir die Familie noch einmal ein, und die Eltern kommen. Wir erfahren, daß Petra inzwischen in Hamburg lebt und beruflich sehr erfolgreich im Management eines Unternehmens tätig ist. Sie sei konsequente Vegetarierin geworden. Ihr Eßverhalten gebe aber keinerlei Veranlassung mehr zu Auseinandersetzungen. Die Eltern nehmen an, daß sie noch bis vor einem Jahr gelegentlich erbrach. Ihr Gewicht schätzen sie auf 50 bis 55 kg bei einer Größe von 1,70 m. Die Periode sei wieder aufgetreten. Im ganzen sei sie jetzt «über den Berg». «Sie würden ihr nichts mehr ansehen, sie sieht absolut normal aus.» In Hamburg habe Petra einen großen Bekanntenkreis. Einen festen Freund habe sie nicht. Die Eltern rechnen auch nicht mit einer baldigen Heirat.

Die Beziehungen innerhalb der Familie seien in den letzten Jahren wieder positiver und auf eine andere Weise als früher intensiver geworden. Man habe gelernt, die Unterschiedlichkeiten mehr zu respektieren. Jutta arbeite seit zwei Jahren in einem Forschungsprojekt in Madrid. Die Eltern selbst sehen wohler und entspannter aus. Sie berichten, daß sie jetzt wieder mehr miteinander unternehmen. Beide wirken stolz besonders auf den beruflichen Erfolg ihrer Töchter. Petra hat nach den Familiengesprächen nur noch zweimal mit einem Psychotherapeuten gesprochen. Sonst seien keine weiteren Behandlungen mehr erfolgt, und auch die Eltern und Jutta seien gesund.

90 Monate nach der Familientherapie hatten wir den bisher letzten telefonischen Kontakt mit der Familie. Herr Landmann berichtet, daß die Entwicklung in der Familie weiterhin sehr

positiv verlaufen sei. Es gebe keinerlei Spannungen. Auch zeige Petra weiterhin keinerlei Anzeichen mehr für magersüchtiges Verhalten. Den Eltern bereite aber etwas anderes Sorgen: Petra habe in Hamburg mit einem Archäologen zusammengelebt, der hier in Deutschland in seinem Beruf keine Anstellung bekäme. So hätten die beiden sich entschieden, für ein paar Jahre nach Ägypten zu gehen. Petra habe aus diesem Grund ihre gute berufliche Position und ihre Wohnung gekündigt. Dann sei sie jedoch an einer schwereren Blasenentzündung erkrankt. Eventuell müsse sie sogar operiert werden.

Jutta lebe jetzt nach einem mehrjährigen Auslandsaufenthalt in Freiburg und arbeite als Kunsthistorikerin an der Universität. Den Eltern gehe es weiterhin gut. Er selbst sei in der Zwischenzeit befördert worden.

Für uns stellte sich die Frage, ob Petra nach der gelungenen Ablösung vom Elternhaus nun vor einer neuen Entwicklungsaufgabe stehe, nämlich der der Gestaltung einer dauerhaften Partnerbeziehung. Vielleicht war der Schritt, gleichzeitig Deutschland zu verlassen, den Beruf aufzugeben und die Aussicht, dann ganz auf einen Partner angewiesen zu sein, zu diesem Zeitpunkt noch eine zu große Klippe. Jedenfalls bewirkte die Blasenentzündung, daß sie sich entschied, vorläufig in Deutschland zu bleiben.

Im ganzen jedoch ist die Familie Landmann ein gutes Beispiel dafür, wie es einer Familie gelingen kann, nach sehr beunruhigenden und schmerzlichen Zeiten aus einer Stagnation herauszukommen und Entwicklung wieder in Anspruch zu nehmen, ohne daß ein Mitglied auf der Strecke bleibt.

KAPITEL 11:

Lehren aus einer Nachuntersuchung

1984 und 1987 führten wir Nachuntersuchungen an von uns behandelten Magersuchtsfamilien durch. Im einen Falle erfaßten wir 31, im anderen 62 Familien. Über die erstgenannte Studie haben wir anderenorts berichtet (Stierlin & Weber, 1987). Bei beiden Untersuchungen kamen unterschiedliche Vorgehensweisen und Zielsetzungen ins Spiel. Ehe wir darauf eingehen, einige Worte zum Wert und den Grenzen solcher Untersuchungen.

Nachuntersuchungen – auch katamnestische oder Follow-up-Studien genannt – geben uns sowohl Auskünfte über den natürlichen Verlauf einer Krankheit oder Störung als auch Hinweise auf die Effektivität therapeutischer Maßnahmen. Daher dürfte nicht erstaunen, daß inzwischen weltweit auch schon über 50 Studien vorliegen, die den Verlauf einer Magersucht nach verschiedensten Therapien untersuchen. Hsu (1987) gab kürzlich eine kritische Bewertung dieser Studien ab.

Im Vergleich zu vielen anderen Studien im Psychotherapiebereich versprechen Magersuchtstudien relativ eindeutige Ergebnisse: Sie können den Therapieerfolg (oder -nichterfolg) an harten Daten wie Gewichtszunahme, Wiederkehr der Monatsblutung, beobachtbare Veränderungen im Eßverhalten messen. Dennoch bleibt auch hier eine Reihe methodischer Probleme, die die meisten vorliegenden Studien nicht genügend bewältigt haben. Hsu (1987) hebt etwa die folgenden schwerwiegenden methodologischen Mängel von Follow-up-Studien bei Anorexia nervosa hervor:

Es fehlen eindeutige diagnostische Kriterien.

Die Bedeutung der Therapie bleibt zu ungenau.

Es werden indirekte – und entsprechend ungenaue – Methoden des Follow-ups wie schriftliche Befragungen oder Telefoninterviews angewandt.

Patienten sind nicht auffindbar.

Der Katamnesezeitraum ist zu kurz.

Die Kriterien für die Beurteilung eines guten oder schlechten Resultates bleiben ungenau und die verfügbaren Informationen zur Zeit des Follow-up unvollständig.

Wir dürfen dieser Liste der Mängel noch einen weiteren zufügen: Die Gesundheit der anderen Familienmitglieder und die Entwicklung der Gesamtfamilie bleiben zu wenig berücksichtigt. Wenn in einer Familie sich familienweit keine Veränderungen vollziehen, reagiert häufig ein anderes Mitglied symptomatisch, sobald der bisherige Symptomträger sein Symptom aufgibt. Solche Familienkriterien wurden in bisherigen Nachuntersuchungen von Anorexia nervosa-Familien unseres Erachtens bisher zu wenig berücksichtigt. Um so mehr ein Grund, sie in die Untersuchung einzubeziehen.

Sosehr inzwischen Familientherapie auch als Therapie der Wahl propagiert wird, gibt es bisher nur wenige Studien, die familientherapeutisch behandelte Magersuchtpatienten nachuntersuchen. Am bekanntesten ist die Studie von Rosman et al. (1977) aus der Arbeitsgruppe um Salvador Minuchin. Hier ist jedoch der Katamnesezeitraum vergleichsweise kurz (im Durchschnitt ein Jahr) bei einer durchschnittlichen Symptomdauer von sechs Monaten. Die von Rosman et al. angekündigte katamnestische Folgestudie ist bisher nicht erschienen.

Wir können verstehen, wenn Rosman und seine Mitarbeiter mit einer solchen Untersuchung Schwierigkeiten haben. Denn bei einer Studie, die die genannten Familienfaktoren zu berücksichtigen sucht, potenzieren sich die methodischen Schwierigkeiten. Das trifft besonders dann zu, wenn man Zusammenhänge zwischen der jeweils praktizierten Therapie und der später beobachteten Entwicklung herzustellen sucht.

Denn gerade als Familientherapeuten wissen wir um die vielfältige Verflochtenheit und Rekursivität von Einflüssen und Reaktionen in lebenden Systemen. Das dämpft unsere Erwartung, eine beobachtete Veränderung A lasse sich geradlinig auf eine Familientherapie B zurückführen.

Wir haben weiter zu berücksichtigen – darauf wiesen wir bereits hin –, daß wir uns als Therapeuten / Beobachter mit in das Ergebnis unserer Beobachtung einbringen. Das macht unsere Daten von vornherein angreifbar. Dazu kommt, daß wir – Maturana und Varela hoben dies hervor – Objektivität gleichsam in Klammern setzen müssen, das heißt im Auge zu behalten haben, daß Daten oder Fakten (auch) auf Unterscheidungen beruhen, die der Untersucher vornimmt. Es handelt sich somit um aus dem Zusammenhang oder Kontext herausgerissene Daten, deren statistische Verarbeitung Objektivität meist nur vortäuscht.

Die größte Schwierigkeit jedoch hat wohl mit der von uns praktizierten Art der Therapie zu tun: Sie ist ja eine auf verhältnismäßig wenige Sitzungen beschränkte Therapie. Sie versucht Anstöße zu geben, erhebt aber nicht den Anspruch, ein Problem in der Tiefe durchzuarbeiten (was immer das zu bedeuten hat). Damit diese Therapie «greift», erscheint etwa ein günstiger Zeitpunkt wichtig. Wir sehen unsere Familien ja zu einer Zeit, da sowohl im Rahmen des Lebenszyklus des einzelnen, der Familie als auch des gegebenen sozialen Kontextes ein starker Druck zur Veränderung oder, wie wir sagen würden, zum Wiederfreisetzen einer Ko-Individuation und Ko-Evolution besteht. Eine wesentliche Frage ist daher: Lassen sich trotz dieses anzunehmenden Veränderungsdrucks und trotz all der eben genannten Schwierigkeiten doch einige Erkenntnisse darüber gewinnen, wie die von uns durchgeführten Familiengespräche auf die Betroffenen gewirkt haben? Wir möchten den Leser einladen, das Folgende unter diesem Hauptgesichtspunkt zu betrachten.

Zum theoretischen Hintergrund

Im folgenden geht es um Familien, die im Zeitraum von 1978 bis Ende 1987 behandelt wurden. Dies war für uns ein Jahrzehnt des Übergangs und der Neuorientierung. Wir behandelten überwiegend schwer gestörte Familien. Bei vielen waren Psychosen oder schwere Psychosomatosen diagnostiziert worden. Gerade Erfahrungen mit diesen Familien veranlaßten uns, uns vom Begegnungsmodell der Familientherapie abzuwenden und statt dessen in der Weise systemisch vorzugehen, die wir in diesem Buch beschrieben haben. Dazu trug nicht zuletzt der sich vertiefende Kontakt zur Mailänder Gruppe bei. Wir verdanken insbesondere Luigi Boscolo und Gianfranco Cecchin wesentliche Anregungen. Sie hatten etwa daran teil, daß das beschriebene zirkuläre Fragen für uns eine Art Allzweckinstrument wurde. Und sie hatten auch darauf Einfluß, daß sich die Zahl der durchschnittlichen Sitzungen verringerte, die Intervalle aber länger wurden. Führten wir anfangs häufig 15–30 Sitzungen in kürzeren Abständen durch, sind es heute in der Regel 4–10 Sitzungen in Abständen von 4 Wochen bis 3 Monaten.

Zu den Familien

In dem genannten Jahrzehnt behandelten wir an der Heidelberger Abteilung 70 Familien, in denen wir beim identifizierten Patienten (I. P.) die Diagnose einer Magersucht gestellt hatten. Dazu kamen elf weitere Familien, die im Wieslocher Institut für Systemische Therapie und Transaktionsanalyse gesehen wurden. Diese Zahl von 81 Familien enthält nur vier Familien mit magersüchtigen Söhnen. Da wir den Eindruck gewannen, daß sich diese Familien in wesentlichen Merkmalen und Beziehungsmustern von denen mit magersüchtigen Töchtern unterschieden, bezogen wir sie nicht in die Nachuntersuchung ein. Bei fünf Patientinnen ließ sich später die früher gestellte Diagnose einer Anorexia nervosa aufgrund der von Feighner et al. 1972 und Garfinkel und Garner 1982 erarbeiteten Kriterien nicht zweifelsfrei bestätigen. Zweien von diesen würden wir heute die Diagnose einer Bulimia nervosa geben. Drei weitere Familien wurden von dem datenverarbeitenden Psychologen ausgesondert. Bei ihnen fehlten ausreichende Ausgangsdaten. Sieben Familien, deren Behandlung nach Mai 1987 begann, blieben ebenfalls unberücksichtigt. Somit verblieb ein Sample von 62 Familien, mit denen wir – sei es live, sei es per Telefonkontakt – ein Katamnesegespräch durchführen konnten.

Wir werteten in der Folge aus diesem Sample diejenigen 42 Familien statistisch genau aus, bei denen vom Ende der Familientherapie bis zum Zeitpunkt der letzten Nachbefragung ein Intervall von mindestens 24 Monaten vorlag. Von diesen 42 Familien wurden bereits 1984 31 durch einen neutralen Untersucher telefonisch befragt. Sie wurden neben elf weiteren Familien 1987 wieder befragt. Somit bestand hier die Möglichkeit, früher gemachte Aussagen zu überprüfen. Zugleich ließ sich an vorhandene Auskünfte anknüpfen.

Etwa die Hälfte der Familien kam aus dem engeren Umkreis von Heidelberg. Mehr als ein Viertel wohnte 200 km oder weiter entfernt.

«Die Magersuchtsfamilien», über die wir hier berichten, stellen kaum eine Zufallsauswahl dar. Unsere Abteilung bietet ausdrücklich Familientherapie und keine Einzeltherapie an. Daher sehen wir nur solche Familien, die dies ausdrücklich wollen (oder angeraten bekommen haben). Erfahrungsgemäß sind dies meist stark gebundene Systeme (Familien mit zentripetalen Tendenzen).

Bei der Überprüfung dieser Vermutung anhand der Familienerstinterviews über die zentripetalen oder zentrifugalen Tendenzen (nach Kelsey-Smith und Beavers 1981) dieser Familien ergab sich folgendes Bild:

Bei 20 Familien (47,6 %) waren familienweit ausgeprägt zentripetale Tendenzen festzustellen und bei sieben Familien (16,7 %) deutlich zentripetale Bewegungen. Drei Familien (7,1 %) waren in zwei Gruppen mit jeweils zentripetalen Tendenzen gespalten. Bei zehn Familien (23,8 %) waren sowohl zentripetale wie zentrifugale Tendenzen beobachtbar, und nur in zwei Familien war die Einschätzung so, daß einseitig familienweit zentrifugale Tendenzen vorhanden waren. Dieser Befund bestätigt unseren Eindruck, daß überwiegend Familien (über 70 %) mit einem starken familiären Zusammenhalt zu uns kommen. Familien mit jüngeren magersüchtigen Töchtern im Alter von etwa 10–13 Jahren werden, so vermuten wir, häufiger an Kinder- und Jugendpsychiatrische Ambulanzen oder eine Kinderklinik überwiesen. Da in der Heidelberger Abteilung nur wenige Therapeuten arbeiten, mußten auch wir immer wieder Familien an andere Institutionen überweisen. Nehmen wir den Beruf der Väter dieser Mädchen als groben Hinweis auf den sozialen Status, so sind diese Familien zu über 90 % dem Bereich von der unteren Mittelschicht (40,5 %) bis zur Oberschicht (38,1 %) zuzurechnen.

Zu den magersüchtigen jungen Frauen

Bei Therapiebeginn waren zwei Drittel von ihnen Schülerinnen (25) oder Studentinnen (7). Alle 42 waren in einem Ausbildungs- oder Arbeitsverhältnis. Zum Zeitpunkt der Katamnese waren fast drei Viertel Studentinnen (18) oder hatten einen akademischen Beruf (13).

Bezüglich ihrer Religion unterschieden sie sich nicht wesentlich von der Durchschnittsbevölkerung.

Das Alter der Eltern bei Geburt der Indexpatientin schien uns verhältnismäßig hoch zu sein (beim Vater im Durchschnitt 32,7; bie der Mutter 28,10 Jahre). Ähnliche Befunde wurden von anderen Autoren berichtet (Garfinkel & Garner 1982 sowie Hall et al. 1986), die darin einen Hinweis auf den relativ hohen sozioökonomischen Status der Eltern erblicken. Es ließe sich aber auch denken, daß diese Eltern relativ stark an die eigenen Ursprungsfamilien gebunden sind oder waren und sich von diesen nur unvollständig, zögernd und spät zu trennen vermochten.

Die durchschnittliche Kinderzahl in diesen Familien betrug 2,46 Kinder. In 20 der 42 Familien (= 47,6 %) hatten die magersüchtigen Mädchen eine Schwester (15 = 35,7 %) oder einen Bruder (5 = 11,9 %). Betrachteten wir nur die 36 Familien mit zwei oder mehr Kindern, war das magersüchtige Mädchen häufiger ältestes Kind (14 = 38,9%) oder jüngstes Kind (15 = 41,7%).

Uns interessierte nun auch, ob sich unsere Annahme, daß in vielen dieser Familien die Patientinnen in einem Konkurrenzverhältnis zu Geschwistern stehen, bestätigte. Anhand der Befunde aus den Erstinterviews kamen wir zu dem Ergebnis, daß in 34 von 42 Fällen die Patientinnen in einer mittleren bis starken Rivalitätsbeziehung zu Geschwistern (ganz überwiegend zu Schwestern) oder Freundinnen standen. Nun kann man einwenden, daß Geschwisterrivalität immer ein Bestandteil von Geschwisterbeziehungen ist. In 14 der Fälle (33%) beurteilten wir jedoch das Ausmaß der Geschwisterrivalität als ungewöhnlich ausgeprägt; ebenso in zwei Fällen die Rivalitätsbeziehung zu einer wichtigen Freundin.

Zur Auslösesituation

Was als Auslösefaktor gesehen wird, hängt nicht zuletzt von der theoretischen Position des Beurteilers ab. Ein Psychoanalytiker etwa wird andere auslösende Bedingungen entdecken als ein biologisch orientierter Psychiater. Systemische Therapeuten tendieren dahin, Änderungen in den *Beziehungen* als wichtig anzusehen. In allen Fällen handelt es sich aber eher um – aus der Sicht des Beurteilers – sinnstiftende Erklärungen als um «beweiskräftige Ursachen». Uns interessiert in erster Linie das, was sich den betroffenen Familienmitgliedern (und überweisenden Therapeuten) als relevant für die Auslösung des magersüchtigen Verhaltens zeigte. Meist erkundeten wir diesbezügliche Meinungen durch Fragen wie: «Wie erklären Sie sich, daß Maria [I. P.] gerade zu diesem Zeitpunkt zu fasten begonnen hat?» Die Antworten und Beschreibungen ordneten wir 8 Bereichen zu, die wir jeweils noch im einzelnen unterteilten. Insgesamt wurden 123 auslösende Faktoren, also durchschnittlich 2,9 pro Patientin, genannt. Die 8 Bereiche und die jeweiligen Nennungen zeigen sich wie folgt:

1. faktische oder befürchtete Trennung im Kontext der Herkunftsfamilie (36 = 29,27%);

2. Verlust von Kontakt zur Gruppe der Gleichaltrigen (18 = 14,63 %);

3. Erlebnisse von Zurücksetzung (13 = 10,75 %);

4. abrupt einsetzendes Abgrenzungsverhalten gegenüber einem als überfürsorglich und/oder dominierend erlebten Elternteil (10 = 8,3 %);

5. Erlebnisse, bei denen Gewicht und Figur zentral waren (z. B. Hänseleien wegen Gewicht) (12 = 9,76 %);

6. Vermeiden von Erwachsen- und Frauwerden (8 = 6,50 %);

7. Bemühungen, durch magersüchtiges Verhalten Aufmerksamkeit auf sich zu ziehen und Wichtigkeit zu gewinnen (11 = 9,4 %);

8. Starke Spannungen in den Familienbeziehungen (15 = 12,20 %).

Am häufigsten wurden also verschiedenartige Trennungssituationen genannt und hier besonders eine schwere Krankheit oder der Tod naher Angehöriger. In 10 Fällen waren dies der Tod oder eine schwere Erkrankung eines Großelternteils. Trennungen vom Elternhaus (z. B. durch Antreten einer Lehrstelle außerhalb des Hauses oder Sprachkurse im Ausland) wurden 5mal genant. 4mal wurde die Ablösung eines Bruders oder einer Schwester vom Elternhaus erwähnt.

Die genannten Auslösefaktoren lassen vermuten, daß der ambivalenten Beziehung der Magersüchtigen zu ihrer Mutter eine besondere Bedeutung zugemessen wird. In dem Bereich 4 wurden 8mal Abgrenzungskämpfe gegenüber der Mutter, jedoch nur 2mal gegenüber dem Vater genannt. Im Bereich 7 wurde bei 11 Nennungen das anorektische Verhalten 10mal als Versuch gewertet, von der Mutter mehr Aufmerksamkeit und Zuwendung zu bekommen. Auch im Bereich 5 wurde 4mal die Mutter genannt: sie habe in zeitlicher Nähe zum Beginn des magersüchtigen Verhaltens versucht, ihr Gewicht zu reduzieren.

Daß auch Geschwisterrivalität als wichtiger Faktor gesehen werden könnte, zeigte sich vor allem im Bereich 3: bei 13 Nennungen wurde hier 12mal angenommen, daß sich die Patientin gegenüber Geschwistern zurückgesetzt fühlte. Schließlich wurden bei 10 von 15 Nennungen im Bereich 8 zunehmende Spannungen in den Beziehungen der Eltern als ein wichtiger Faktor genannt. Erstaunlicherweise wurde Angst vor Erwachsenwerden und Sexualität nur selten zur Sprache gebracht. Dies sowohl in den Familiengesprächen als auch in der Nachbefragung.

Oft trafen in den Augen der Befragten mehrere Ereignis- oder Verursachungsketten zusammen: auf der einen Seite etwa erlittene oder drohende Trennungen innerhalb der Familie, auf der anderen der Verlust von Kontakten zu Gleichaltrigen. Es deuten sich hier Kreisprozesse mit Verstärkereffekt an. Dabei lassen sich unterschiedliche Abläufe konstruieren bzw. punktuieren: Ein Mädchen reagiert möglicherweise mit magersüchtigem Verhalten, wenn zum einen der Tod eines Großelternteils in der Familie vermehrt Spannung und Unsicherheit auslöst und zum anderen gleichzeitig – aus welchem Grunde auch immer – der Kontakt zu Gleichaltrigen abreißt. Oder es zieht sich aus der Gruppe der Alterskameradinnen zurück, weil der Tod eines Großelternteils die Familie in Alarmstimmung versetzt hat. In der Familie fühlt sie sich jedoch nunmehr eingeengt und bevormundet. Oder sie erleidet in der Beziehung zu Gleichaltrigen eine Enttäuschung, fühlt sich gleichzeitig überfordert, kapselt sich daher ab und versucht mittels vermehrter Selbstkontrolle, Selbstkasteiung und Leistung ihr Selbstwertgefühl zu stabilisieren.

Die Symptomatik der Patientinnen

Alle Patientinnen zeigten ein ausgeprägtes dysfunktionales Eßverhalten, 23 der 42 (54,8 %) berichteten über *Erbrechen*, bei vier der Fälle war das magersüchtige Verhalten in bulimisches Verhalten übergegangen. Im Verhältnis zu anderen vergleichbaren Studien ist die Prozentzahl der Mädchen, die Erbrechen angaben, ziemlich hoch. Das kann einerseits daran liegen, daß wir eine besondere Auswahl haben. Andererseits ist es aber auch möglich, daß heute offener über dieses früher vielleicht

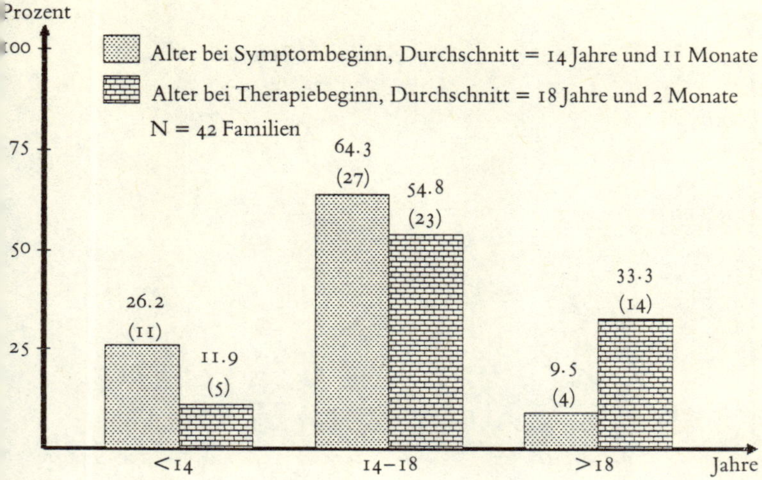

Abb. 1: Alter bei Symptom- bzw. Therapiebeginn

eher schamhaft verschwiegene Verhalten gesprochen werden kann.

Bezüglich des *Gewichtes* verzichten wir in diesem Beitrag auf differenzierte Korrelationen zwischen Alter, Gewicht und Größe. 36 der Patientinnen (85,7%) hatten bei Therapiebeginn ein Gewicht von unter 45 kg, elf davon (26,1%) ein Gewicht von unter 35 kg. Bei 38 der 42 Mädchen (90,5%) lag das Minimalgewicht der Mädchen unter 40 kg. Das durchschnittliche Minimalgewicht war 34,25 kg, das durchschnittliche Gewicht bei Therapiebeginn 39,9 kg.

Das durchschnittliche *Alter bei Symptombeginn* lag bei 14 Jahren und elf Monaten. Wie erwartet, waren fast zwei Drittel der Mädchen bei Symptombeginn in einem Alter zwischen 14 und 18 Jahren. Das durchschnittliche *Alter bei Therapiebeginn* betrug 18 Jahre und zwei Monate (s. Abb. 1). Es vergingen also durchschnittlich drei Jahre und drei Monate vom Beginn der Symptome bis zum Beginn der Familiengespräche. Diese Zahl täuscht aber etwas. 26 der 42 Patientinnen (61,9%) kamen in

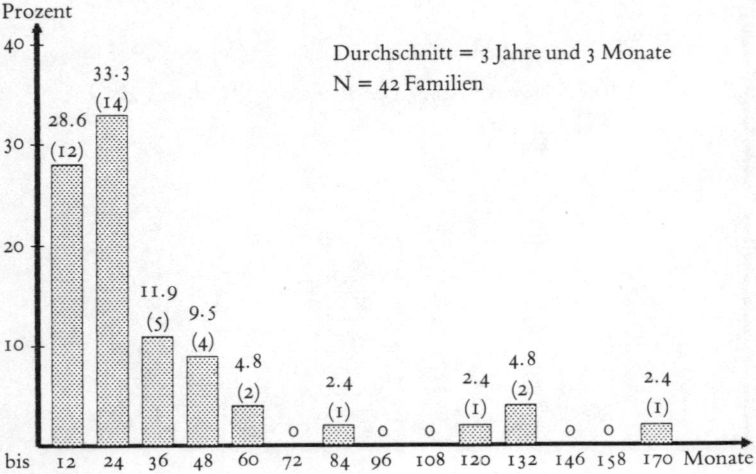

Abb. 2: Symptomdauer bis zum Beginn der Familientherapie

einem Zeitraum von 24 Monaten nach Beginn der Symptomatik zum ersten Familiengespräch (s. Abb. 2).

Nur zwei der 42 Patientinnen hatten keine *Vorbehandlungen* vor Beginn der Familientherapie, 27 (64,3 %) hatten sich vorher ambulanten Therapien unterzogen, 23 (54,8 %) einmaligen oder mehrfachen stationären Behandlungen.

Die Familientherapien und der Katamnesezeitraum

Wie bereits betont, führen wir seit acht Jahren mit allen Familien, die zu uns kommen, nur eine begrenzte Anzahl von Gesprächen. Bei 41 der hier berücksichtigten 42 Familien überschritt die *Sitzungszahl* nicht 14 Sitzungen. Die durchschnittliche Sitzungszahl betrug sechs Sitzungen pro Familie (s. Abb. 3).

In über drei Vierteln der Fälle überschritt die *Dauer der Familientherapie* nicht 12 Monate. Die durchschnittliche Dauer pro Familientherapie betrug 8,7 Monate (s. Abb. 4).

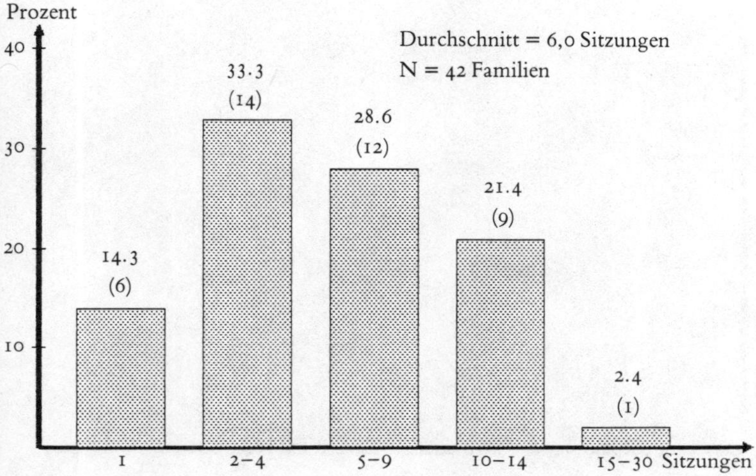

Abb. 3: Sitzungszahl

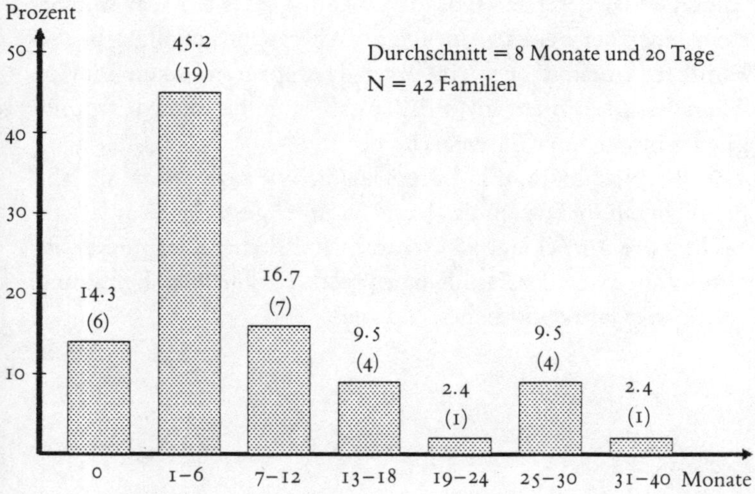

Abb. 4: Dauer der Familientherapie

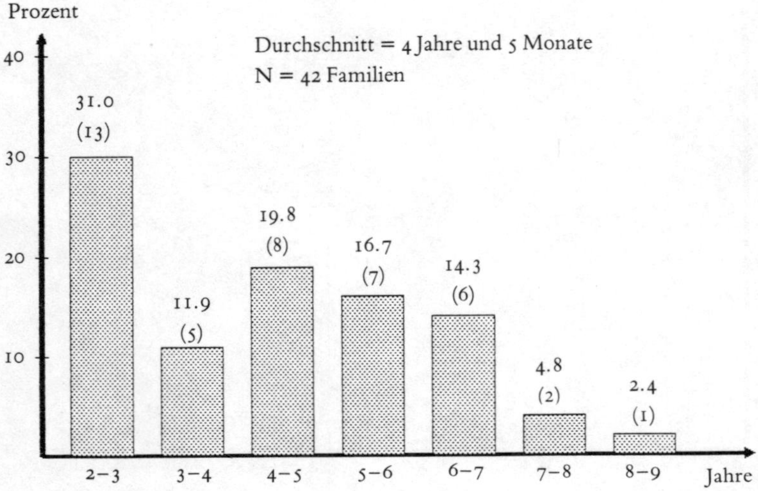

Abb. 5: Maximaler Katamnese-Zeitraum

Die 42 Familien wurden seinerzeit von fortgeschrittenen Therapeuten gesehen. Bei 30 von ihnen (72,8 %) war mindestens einer der beiden Autoren als Therapeut beteiligt. Bei 40 Familien arbeiteten jeweils zwei Therapeuten/innen in Ko-Therapie zusammen. In 15 Fällen saßen ein bis zwei Teammitglieder hinter einer Einwegscheibe.

In die Nachbefragung bezogen wir, wie oben erwähnt, alle Familien ein, bei denen das letzte Familiengespräch mindestens 24 Monate zurücklag. Der durchschnittliche Katamnesezeitraum vom Ende der Familiengespräche bis zur Nachbefragung betrug vier Jahre und sieben Monate (s. Abb. 5).

Zur Methodik

Von den bereits erwähnten, in den Jahren 1984 und 1987 durchgeführten Nachuntersuchungen erfolgte die erste ausschließlich durch Telefongespräche.

Ein jüngerer, neu in die Abteilung eingetretener Kollege sprach jeweils etwa 20 Minuten mit den betroffenen Töchtern und deren Müttern, wobei er sich von einem vorbereiteten Fragenkatalog leiten ließ. Die Angaben von Töchtern und Müttern (z. B. bezüglich des Gewichts) zeigten eine überraschend hohe Übereinstimmung.

In der zweiten, 1987 erfolgten Nachuntersuchung führte einer von uns (G. W.) alle Gespräche selbst durch. Er war zwar als Untersucher nicht neutral, da er die Familien bereits als Therapeut (in wenigen Fällen als Supervisor) näher kennengelernt und sich schon ausgiebig mit ihnen beschäftigt hatte, aber gerade das ermöglichte es ihm, genau auf die betreffenden Familien abgestellte Fragen zu stellen. Alle 17 im engeren Umkreis von Heidelberg wohnenden Patientinnen wurden zu Gesprächen eingeladen und kamen auch (in der Hälfte der Fälle mit weiteren Familienangehörigen). Fünf weitere Familien waren bereit, weite Anfahrtwege auf sich zu nehmen. Von diesen Gesprächen wurden Videoaufnahmen angefertigt. Mit den 20 Familien, die weiter entfernt wohnten, wurden Telefongespräche geführt, die genau protokolliert wurden. Insgesamt sprachen wir sechsmal mit der Mutter, zwölfmal mit der betroffenen Tochter und der Mutter, einmal mit der Tochter und dem Vater und einmal mit Tochter, Vater und Mutter. Bei den Familien, die wir schon 1984 nachbefragt hatten, verglichen wir die jetzigen Angaben über den Verlauf mit den 1984 gemachten Angaben.

Es gelang uns, zu allen 42 Familien Kontakt herzustellen. Nur in einem Fall verweigerte die Mutter Aussagen über das Befinden der Tochter. Sie verwies auf diese mit dem Kommentar, daß die Tochter ja nun erwachsen sei.

Wie von uns erwartet, ließ sich die Entwicklung der betroffenen jungen Frauen sowohl anhand somatischer als auch psychosozialer Parameter hinreichend gut einschätzen. Dies waren:

1. Eßverhalten,
2. Gewicht,
3. Monatsblutung,
4. Individuation bezüglich der Herkunftsfamilie,
5. Beziehungen zu Gleichaltrigen,
6. Entwicklung der Familienbeziehungen insgesamt,
7. Auftreten / Ausbleiben von Beschwerden und Symptomen bei anderen Familienmitgliedern.

Dementsprechend stellten wir in den Telefongesprächen überwiegend zu diesen Bereichen Fragen. Wir interessierten uns ferner dafür, ob nach den Familiengesprächen weitere Hilfe in Anspruch genommen wurde. Außerdem holten wir Informationen zu einigen weiteren Bereichen ein, die wir als familiendynamisch relevant erachteten und zu denen wir uns Hypothesen gebildet hatten. Dazu gehörten etwa die Auslösesituation, die Geschwisterrivalität, die Leistungsorientierung der Familie sowie Art und Stärke des Zusammenhaltes zwischen der Kinder-, Eltern- und Großelterngeneration. Die Gespräche dauerten ein bis zwei Stunden, die Telefongespräche 15–40 Minuten pro Person.

Nach den Gesprächen schätzte der Untersucher die Situation der Patientin und ihrer Familie anhand von sieben erarbeiteten Skalen (s. Anhang, S. 259ff) zwischen 0 und 3 ein, wobei 0 Funktionalität und 3 ausgeprägte Dysfunktionalität bedeutete.

Die Reliabilität der Einschätzungen

Um die Reliabilität der Einschätzungen auf den genannten 7 Skalen zu überprüfen, wurden Archiv- und Videoprotokolle von zehn Familien herangezogen. Der Erstinterviewer führte zunächst Einschätzungen an drei Punkten des Beobachtungszeitraums – des ersten und des letzten Familiengesprächs sowie des Katamnesegesprächs – durch und wiederholte diese mit den gleichen Familien nach 6 Wochen. Ein zweiter, unabhängiger Rater schätzte dieselben Familien auf der Basis derselben Protokolle ein.

Die Inter- wie Intraraterreliabilität in allen 7 Kategorien erwies sich als hoch (Kendall-Tau-Koeffizient p=0,01) und läßt uns daher eine hohe zeitliche Stabilität der eingeschätzten Variablen annehmen. Genauere Ausführungen dazu im Anhang S. 264ff.

Die Ergebnisse

Wir stellen zunächst die in unseren Augen wichtigsten Ergebnisse, was die genannten Bereiche anbelangt, getrennt vor. Anschließend skizzieren wir einige repräsentative Verläufe, wie diese sich im Lichte der Nachbefragung darstellten. Am Ende versuchen wir eine Zusammenfassung sowohl der Ergebnisse als auch unserer Eindrücke. Wir beginnen mit dem Eßverhalten.

1. Eßverhalten

Bei Beginn der Familiengespräche zeigten 34 (etwa 81%) der Patientinnen eine ausgeprägte Störung des Eßverhaltens (Kategorie 3). Diese war auch noch bei 20 (47,6%) nach Ende der Familiengespräche zu beobachten. Während der Familiengespräche ließen sich nur geringfügige Verbesserungen zwischen zwei benachbarten Kategorien beobachten. Überhaupt scheinen ungewöhnliche Eßgewohnheiten am ehesten als Auffälligkeit auch dann noch über längere Zeiträume weiter zu bestehen, wenn sich bei den anderen Parametern wesentliche Veränderungen und Entwicklungen erkennen lassen. Am Ende des längsten Katamnesezeitraums wurden nur noch 8 (19,05%) in der Kategorie 3 eingeschätzt. Interessanterweise läßt sich keine Abhängigkeit des Zeitpunkts des Wandels vom Katamnesezeitraum feststellen. Eine Änderung des Eßverhaltens scheint jederzeit – auch nach langjährigem Vorhandensein von Auffälligkeiten – möglich.

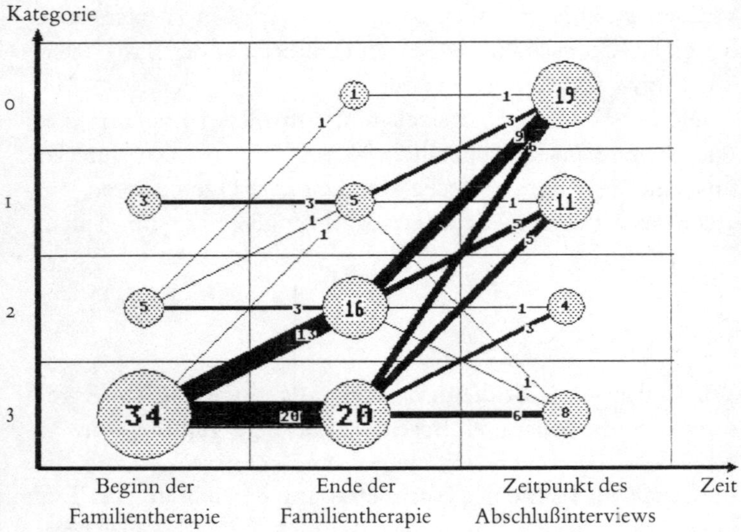

Abb. 6: Eßverhalten der Indexpatientinnen

2. Gewicht der Patientinnen

Zu Beginn der Familiengespräche hatten 32 von 42 Patientinnen (76,1 %) ein Gewicht, das über 25 % unter ihrem Idealgewicht lag. Während der Familientherapie zeigten nur 11 Patientinnen (26,19 %) eine Veränderung des Gewichts, die ausreichte, um sie in die nächstniedrigere Kategorie kommen zu lassen. Dies sagt erst einmal relativ wenig aus: Ein 18jähriges Mädchen, das 1,74 m groß ist und bei Therapiebeginn 38 kg wiegt, könnte zum Beispiel mehr als 8 kg zunehmen und immer noch in die Kategorie 3 fallen. Die durchschnittliche Gewichtszunahme während der Familiengespräche betrug 2,52 kg bei einer Größenzunahme von durchschnittlich 0,17 cm. 21 von 42 Mädchen (50 %) nahmen während der Familiengespräche überhaupt nicht zu. Statistisch ließ sich kein Zusammenhang zwischen Minimalgewicht und Gewichtszunahme errechnen. Ein sehr niedriges Minimalgewicht (z. B. unter 30 kg) ließ also keine Aussage über die zukünftige Entwicklung des Gewichtes zu.

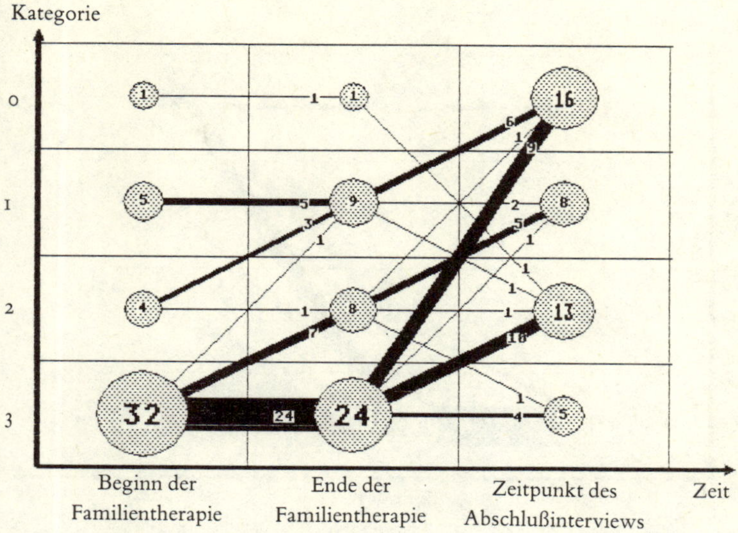

Abb. 7: Gewicht der Indexpatientinnen

Zum Katamnesezeitpunkt befanden sich nur noch 5 (11,9 %) in der Kategorie 3, aber auch nur 16 (38,1 %) in der Kategorie 0 (15 % über bis 15 % unter Normalgewicht). Ungeachtet der psychosozialen Entwicklung achteten also viele der jungen Frauen auch weiterhin auf ihr Gewicht und hielten es oft erfolgreich im Bereich von etwa 15 % unter ihrem Idealgewicht. Durchschnittlich nahmen alle Patientinnen 10,59 kg (bei einer mittleren Größenzunahme von 2,57 cm) zu.

3. Menstruation der Patientinnen

Zu Beginn der Familiengespräche fanden sich 35 der 42 Mädchen und jungen Frauen (83,33 %) in der Kategorie 3 (sekundäre Amenorrhoe oder nicht altersentsprechende primäre Amenorrhoe). Am Ende der Familiengespräche waren es immer noch 30 (71,43 %). Das bestätigt die klinische Erfahrung, daß die Periode oft erst zeitlich verzögert nach anderen Veränderungen wieder auftritt.

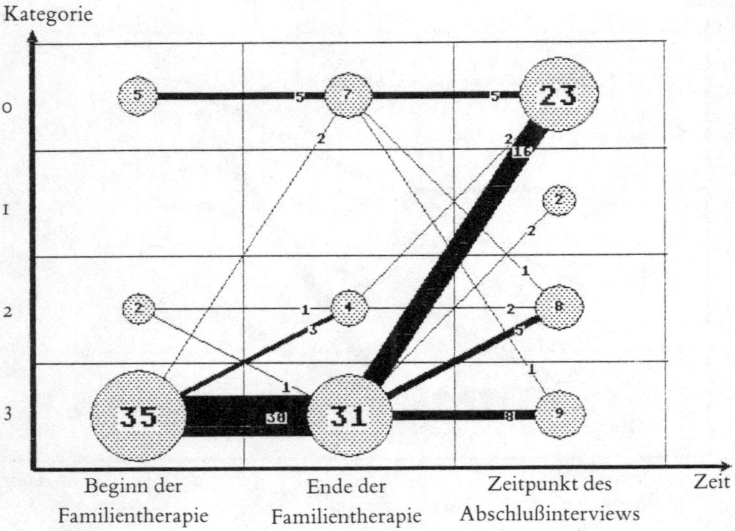

Abb. 8: Menstruation der Indexpatientinnen

Am Ende des maximalen Katamnesezeitraums hatten nur noch 9 (21,42 %) keine Periode, 23 dagegen (59,52 %) eine normale oder weitgehend regelmäßige Monatsblutung. Die Wahrscheinlichkeit einer Normalisierung nimmt mit der Dauer des Katamnesezeitraums zu. In der Gruppe mit einem maximalen Katamnesezeitraum von 51–120 Monaten hatte sich in 17 von 22 Fällen (77,27 %) die Situation bezüglich der Menstruation gebessert. Betrachten wir nur die 8 jungen Frauen, deren Monatsblutung über den gesamten Beobachtungszeitraum sistierte, zeigt sich ein Durchschnittsalter bei Therapiebeginn von 20,3 Jahren. Die magersüchtige Symptomatik bestand danach durchschnittlich schon 4 Jahre und 7 Monate. Sie waren also etwa 2 Jahre älter als der Durchschnitt und insgesamt auch wesentlich länger magersüchtig. In 7 von diesen 8 Fällen war als Auslösesituation eine schwerwiegende Trennung anzunehmen (5mal davon der Tod oder die schwere Krankheit naher Angehöriger).

4. Individuation der identifizierten Patientinnen in bezug auf ihre Herkunftsfamilie

Die überwiegende Mehrzahl aller zur untersuchten Gruppe gehörenden Patientinnen (35=83,33 %) wurde zu Beginn der Familiengespräche als deutlich unterindividuiert (Kategorie 2 und 3) eingeschätzt. Dieser Einschätzung widerspricht nicht, daß eine ganze Reihe von ihnen sich auch parentifiziert, also mit Fürsorgeaufgaben in der Familie beschäftigt zeigte. Während des Zeitraums der Familiengespräche ließen sich bei 10 merkliche Individuationsschritte (Besserung um eine Kategorie) beobachten. Am Ende des Katamnesezeitraums verfünffachte sich die Anzahl der altersentsprechend individuierten jungen Frauen (von 5 auf 25 =59,5 %, die dann in der Kategorie 0 eingeschätzt wurden). In den Kategorien 2 und 3 befanden sich dann nur noch 8 (=19,05 %).

Immer wieder hörten wir bei den Nachbefragungsgesprächen von den ehemals Magersüchtigen, daß sie den Auszug aus dem Elternhaus als entscheidenden Schritt erlebten. Aber auch bei den Patientinnen, die nach den Familiengesprächen keine weitere professionelle Hilfe mehr in Anspruch nahmen, sahen die Familienmitglieder oft einen sich teilweise über mehrere Jahre hinziehenden holprigen Ablösungsprozeß mit vielen Vorwärts- und Rückwärtsschritten.

5. Beziehung zu Gleichaltrigen

Dieser Bereich zeigte sich uns bei der Auswertung überraschenderweise als derjenige, in dem sich schon während der noch in Gang befindlichen Familiengespräche am ehesten Veränderungen erkennen ließen. Zum Zeitpunkt des Familienerstinterviews hatten 39 von 42 Patientinnen (92,86 %) deutliche Kontaktschwierigkeiten zu Gleichaltrigen oder hatten gar den Kontakt zur Peergruppe so gut wie ganz abgebrochen. 17 der Mädchen (40,48 %) verbesserten ihre Beziehung zu Gleichaltrigen (und Geschwistern) schon während der Familientherapie. Lediglich 5 (11,90 %) wiesen bis zur Nachbefragung anhaltend

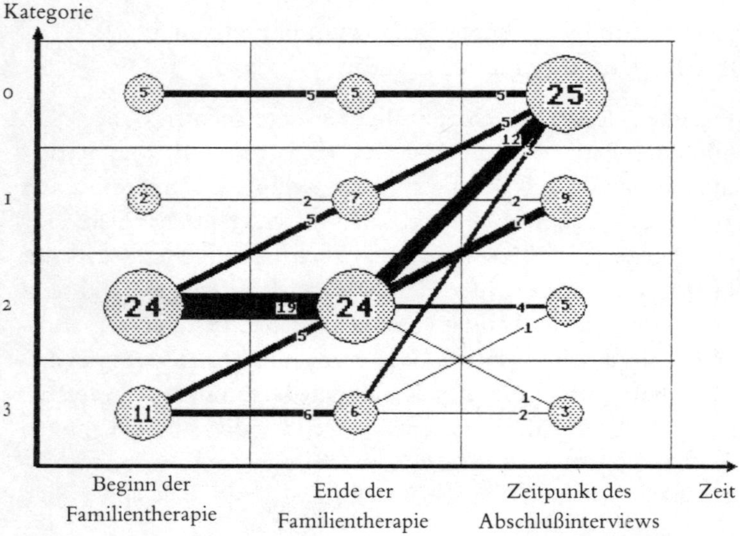

Abb. 9: Individuation der Indexpatientinnen gegenüber der Familie

starke Kontaktschwierigkeiten auf. Dagegen hatten 33 (78,57 %) altersentsprechende Beziehungen zur Peergruppe oder waren dabei, solche aufzubauen oder tragfähig zu machen. Schon während der Familiengespräche hatten wir öfter den Eindruck, daß sich eine neue Bewegung in den Familienbeziehungen zuerst daran zeigte, daß die betreffenden Mädchen wieder Kontakte mit alten Freunden/Freundinnen suchten. Diesbezügliche Andeutungen und Aussagen der Patientinnen wurden jedoch besonders in Familien mit ausgeprägten symmetrischen Interaktionen wenig beachtet oder übergangen.

Ernst Petzold (1979), der 44 Magersuchtpatienten/innen nach sehr ähnlichen Katamnesekriterien wie wir untersuchte, stellte fest, daß diese sich später überzufällig häufiger sozial wieder eingegliedert hatten, wenn familientherapeutische Gespräche durchgeführt worden waren.

Betrachten wir nur diejenigen 4 jungen Frauen, deren Beziehungen über den Gesamtzeitraum stabil in Kategorie 3 eingeschätzt wurden, so ergeben sich folgende Besonderheiten:

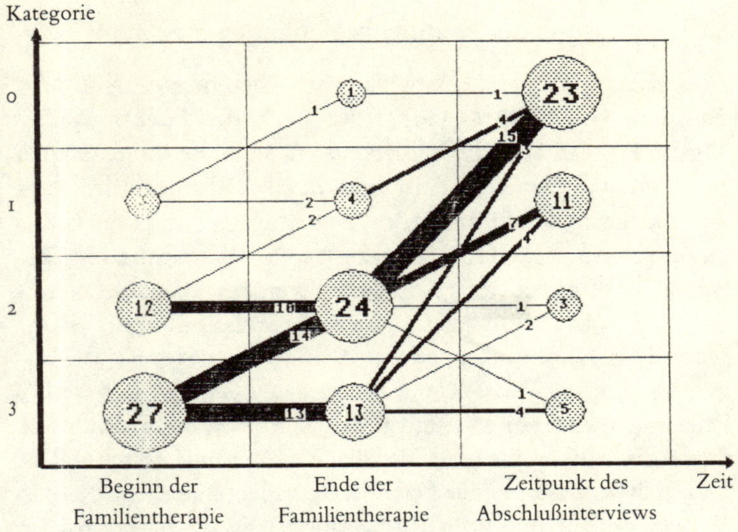

Abb. 10: Beziehung zur Peer-Gruppe

alle 4 wurden nachbehandelt;

die durchschnittliche Symptomdauer bis zum Familienerstinterview hatte 87 Monate (bei der Gesamtstichprobe 39 Monate) betragen;

beim Erstinterview waren sie durchschnittlich 23 Jahre und 3 Monate alt, also über 5 Jahre älter als der Durchschnitt der Gesamtstichprobe.

In 3 von diesen 4 Fällen wurden plötzlicher Kontaktverlust zu Gleichaltrigen durch Krankheit oder Enttäuschung in einer Freundschaft als Auslösefaktoren angegeben. Zusätzlich wurde hier jeweils die Trennung vom Elternhaus oder der Verlust eines Elternteils in zeitliche Beziehung zum Symptombeginn gebracht.

6. Entwicklung der Familienbeziehungen insgesamt

Diese Einschätzungen entsprechen etwa den bereits erwähnten Angaben von Beavers (1982) bezüglich der Funktionalität/Dysfunktionalität von Familien. 39 (92,86 %) der untersuchten Familien wurden zum Zeitpunkt des Familienerstinterviews von uns als dysfunktional oder ausgeprägt dysfunktional (Kategorie 2 und 3) eingeschätzt. Damit sollen keine pathologiebeladenen Merkmale festgeschrieben werden. Vielmehr kennzeichnen solche Einschätzungen eine Situation, die sich oft schon über Jahre des fruchtlosen Bemühens, der Enttäuschungen und angstvollen Sorge etabliert hat. Lediglich in 9 der 39 Fälle in den Kategorien 2 und 3 (23,038 %) war bereits während der Familientherapie eine deutliche Besserung festzustellen. Dagegen wurden bei der Nachbefragung 31 Familien (73,8 %) als weitgehend funktional bis geringgradig dysfunktional (in den Kategorien 0 und 1) eingeschätzt. Im Katamnesezeitraum verbesserten sich also in 28 von 33 der in den Kategorien 2 und 3 (84,85 %) aufgeführten Familien die Familieninteraktion und das Familienklima.

7. Symptome und Beschwerden anderer Familienmitglieder

Viele Familientherapeuten neigen zu der Annahme, ein anderes Familienmitglied könnte Symptome entwickeln, sobald der identifizierte Patient die seinen aufgibt. Verschwindet ein Symptom, achten sie darauf, ob nicht nur eine (intrafamiliäre) Symptomverschiebung stattgefunden hat. Im Lichte dieser Annahme prüften wir, ob während oder nach den Familiengesprächen andere Familienmitglieder Beschwerden, Symptome oder Krankheiten entwickelt hatten. Die Annahme ließ sich nicht bestätigen. Im Gegenteil: Während zu Beginn der Familiengespräche in 11 Familien (26,19 %) neben der identifizierten Patientin ein oder mehrere Familienmitglieder gravierende Symptome zeigten, waren es bei der Nachbefragung nur noch 3 (7,14 %). In keinem Fall hatte während der Familientherapie ein

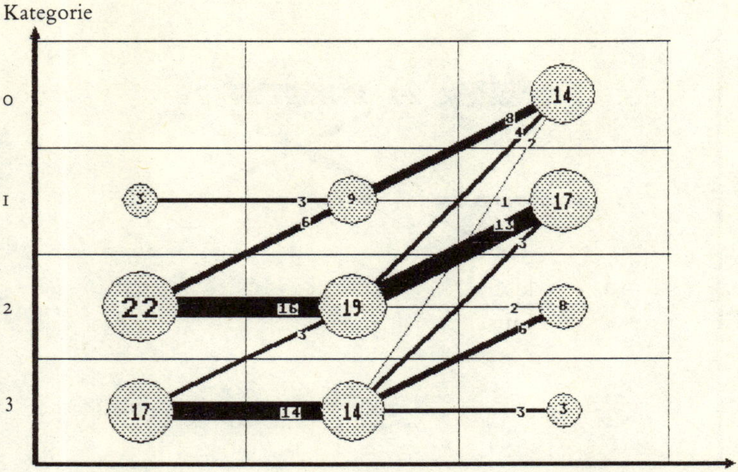

Abb. 11: Funktionalität vs. Dysfunktionalität der Familien

anderes Familienmitglied neue Beschwerden entwickelt oder eine Verschlechterung bestehender Symptome gezeigt. Für den Zeitraum zwischen Ende der Familientherapie und der Nachbefragung traf dies dann in 5 Fällen zu, wobei es sich aber jeweils nur um Verschiebungen von der Kategorie 0 auf 1 handelte. Zu diesem Zeitpunkt zeigten sich somit in 26 Familien (61,9 %) alle Familienmitglieder ohne gravierende oder dauerhafte Beschwerden mit Krankheitswert.

8. Einige Anmerkungen zur Entwicklung der Elternbeziehung

Wie bereits in Kapitel III ausgeführt, bietet sich das Konzept der gemeinsam zu leistenden Entwicklung, das heißt der familienweiten Ko-Individuation und Ko-Evolution an, um Qualität und Tempo fälliger Ablösungsbewegungen, insbesondere auch bei Magersuchtsfamilien, zu erfassen. Unsere katamnestische Studie half uns, die Relevanz wie auch die Grenzen dieses

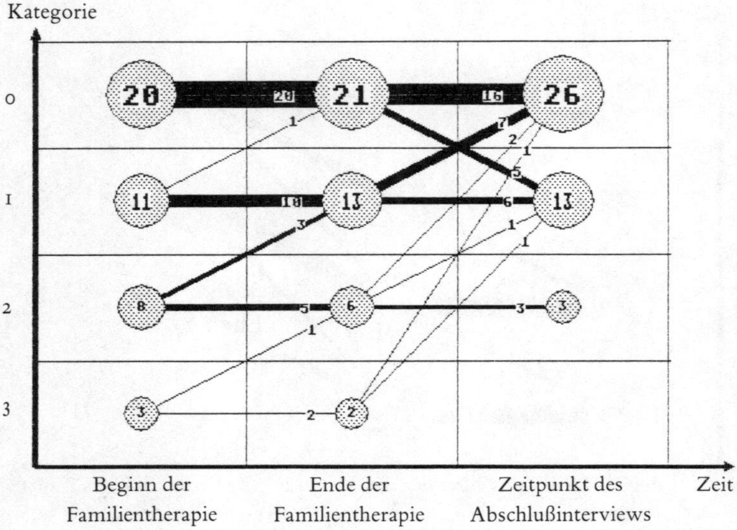

Abb. 12: Symptomatiken bei anderen Familienmitgliedern

Konzeptes in den Blick zu bekommen. Dabei bestätigte sich uns der bereits in der familientherapeutischen Praxis gewonnene Eindruck, daß sich hier über längere Strecken oft eher von einem Programm als von einem beobachtbaren Tatbestand sprechen läßt. In der Tat zeigte sich, daß häufig einzelne Familienmitglieder mehr Entwicklungsschritte initiierten und machten als andere. Das galt insbesondere für die Beziehung der Eltern zueinander, die sich uns meist bei Therapieende sehr stabil und wenig geändert zeigte.

Im einzelnen schätzten wir die Beziehung der Eltern zueinander zu den verschiedenen Zeitpunkten auf einer Fünferskala ein, die die folgenden Kategorien enthielt:

1 = Sich austauschende und sehr positiv erlebende Eltern: Ehebeziehung mit guter bezogener Individuation.

2 = Gute Partnerbeziehung mit gemeinsamen Aktivitäten unabhängig von den Kindern.

3 = Solide, verläßliche Beziehung mit relativ geringem

emotionalem Austausch, eine eher sachliche soziale Lebensgemeinschaft. Stärkere Kind- oder Großelternorientierung.

4 = Dauerhaft belastete Ehebeziehung; entweder gespanntes Nebeneinanderherleben oder sich häufig wiederholende Auseinandersetzungen.

5 = Grabenkrieg oder offenes Zerwürfnis, Scheidungsabsichten oder bereits vollzogene Trennung oder Scheidung.

Auf dieser Skala schätzten wir in der Folge bei 36 von 42 Familien zu Beginn der Familiengespräche die Ehebeziehung in den Kategorien 3–5 ein.

In 3 der 42 Familien war der Vater schon vor Beginn der Familiengespräche gestorben. Sein Tod stand jeweils in enger zeitlicher Beziehung zum Beginn des magersüchtigen Verhaltens der Tochter. In zwei Fällen waren die Eltern zu Beginn der Familiengespräche geschieden, in zwei Fällen kam es während des Katamnesezeitraums zu Trennungen.

Insgesamt gab es während des gesamten Beobachtungszeitraums auf der genannten Skala nur wenig Änderungen in unseren Einschätzungen. Von 17 Ehebeziehungen, die wir anfangs der Kategorie 3 zuordneten, blieben noch 15 zum Zeitpunkt der Nachbefragung in dieser Kategorie. Die häufigsten Veränderungen zeigten sich zu Ende der Familientherapie und Katamnese. Die betroffenen Elternpaare wechselten dann von der Kategorie 4 zu Kategorie 3. Dies könnte ein Hinweis darauf sein, daß in diesen Paaren etwas in Bewegung kam. Es könnte aber auch sein, daß mit dem Rückgang des symptomatischen Verhaltens der Tochter sich sowohl Familien- als auch Elternbeziehung entspannten, ohne daß sich an letzterer Beziehung etwas Grundsätzliches änderte. Von den insgesamt 17 Fällen, bei denen ein Zeitraum von 24–50 Monaten zugrunde gelegt wurde, zeigten (nach unserer Einschätzung!) nur 2 (11,76%) einen positiven Wandel. Von den 22 Fällen, die wir über einen Zeitraum von 51–120 Monaten beobachten konnten, zeigen 9 (40,91 %) positive Veränderungen. Dies ließe sich so interpretieren, daß es in diesen meist zentripetal und kindorientierten Familien meist länger als bei anderen Familien dauert, bis sich nach der

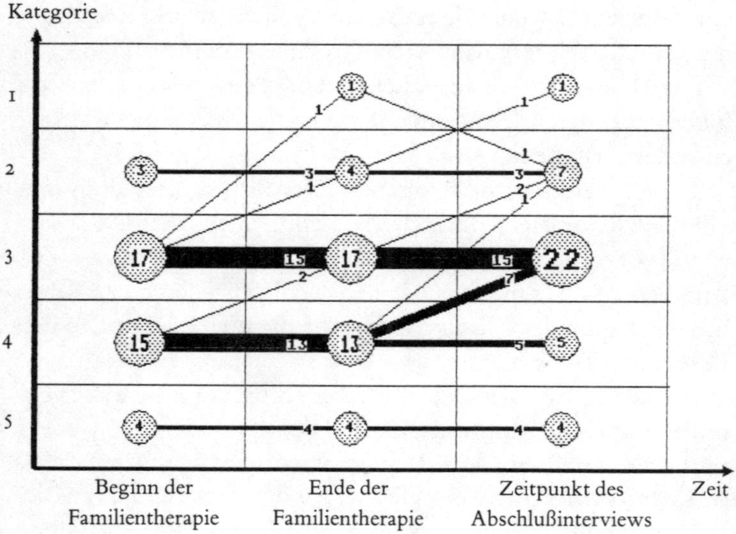

Abb. 13: Paarbeziehung der Eltern

Trennung der Kinder wieder ein befriedigendes eheliches Gleichgewicht eingependelt hat.

Bei den obigen Überlegungen bleibt allerdings zu berücksichtigen, daß unsere Skalen möglicherweise Beurteilungskriterien widerspiegeln, die Akademikern, zu denen auch wir gehören, als Formen ehelichen Miteinanders vorschweben. In anderen sozialen Schichten und unter anderen sozio-ökonomischen Bedingungen gelten vermutlich andere Normen und gestalten sich Beziehungen entsprechend anders.

Anmerkungen zu den Familien, mit denen nur ein Familiengespräch stattfand

Insgesamt erschienen 6 Familien zu nur einem Gespräch. Daß es nur zu diesem einen Gespräch kam, hatte unterschiedliche Gründe. In 3 Fällen waren die Gespräche von Anfang an nur als Konsultationen geplant gewesen. 2 dieser Familien wohnten sehr weit entfernt, in einer von ihnen waren darüber hinaus eine berufliche Veränderung der identifizierten Patientin und damit ein Umzug schon vorprogrammiert. In einem weiteren Falle zog die identifizierte Patientin kurz nach dem ersten Familiengespräch für längere Zeit zu ihrer Großmutter nach Norddeutschland. 2 Familien kamen nach ihren Angaben auch deshalb nicht wieder, weil sie sich keine wesentliche Änderung von den Gesprächen versprachen und auch durch das Setting mit Einwegspiegel und Videoaufnahme abgeschreckt wurden.

In 2 dieser 6 von uns nur einmal gesehenen Familien wurden die Töchter später nicht mehr nachbehandelt. Diesen beiden Familien hatten wir am Ende des Erstinterviews weitgehend dasselbe gesagt, nämlich, daß wir zwar Schwierigkeiten sähen, aber fest davon überzeugt seien, daß sie schon erste Schritte unternommen hätten, ihre Probleme selbst zu lösen und dazu keine professionelle Hilfe bräuchten. Diese Familien erinnerten sich zum Zeitpunkt der Nachbefragung noch genau an das damals Gesagte und betonten, daß dies für sie höchst relevant gewesen sei.

Stationäre und ambulante Behandlungen nach dem Ende der Familiengespräche

Von den 42 Patientinnen unserer Stichprobe wurden 12 (28,6 %) nach den Familiengesprächen stationär behandelt (⅔ einmal, ⅓ zwei- oder mehrmals). Während vor den Familiengesprächen die Patientinnen am häufigsten (17 mal) in einer Medizinischen Klinik behandelt wurden, überwogen danach die Behandlungen in Psychosomatischen und Psychiatrischen Kliniken. Mit einer Irrtumswahrscheinlichkeit von unter 1 % zeigt sich kein Zusammenhang zwischen stationären wie auch ambulanten Behandlungen vor und nach den Familiengesprächen. Von den 42 Patientinnen nahmen nach den Familiengesprächen insgesamt 19 (45,23 %) noch verschiedene Formen von Einzel-, Gruppen- und Familienberatung oder -therapie in Anspruch. Jede dieser Patientinnen unterzog sich durchschnittlich 1,5 Behandlungen (9mal war es eine Einzeltherapie, 5mal eine Einzelberatung mit weniger als 12 Sitzungen, 6mal eine

Einzelberatung mit mehr als 12 Sitzungen, 3mal die Teilnahme an einer Selbsthilfegruppe, 3mal an einer Familientherapie, 1mal an einer Gruppentherapie, 1mal handelte es sich um eine psychiatrische Beratung). 20 Patientinnen (47,6%) unterzogen sich nach den Familiengesprächen keiner weiteren Behandlung mehr.

Diese Resultate lassen sich nicht leicht interpretieren. Normalerweise nimmt man weitere Behandlungen nach einer Therapie als einen Hinweis dafür, daß die vorhergehende nicht ausreichend effektiv war. Andererseits wird das Ausbleiben weiterer Behandlungen bezüglich der Effektivität einer Methode häufig positiv gewertet. Bei genauerem Hinsehen lassen beide Sichtweisen Fragen offen.

Die Tatsache, daß keine weitere Behandlung stattfand, kann auch bedeuten, daß die Familie sich wieder auf sich selbst zurückzog und ihre dysfunktionalen Muster beibehielt. Demgegenüber kann die Inanspruchnahme einer Einzelberatung oder Einzelpsychotherapie einen Individuationsschritt bedeuten. Unsere Nachbefragung ließ uns immer wieder erkennen, wie wenig oft die oben genannten Sichtweisen der Realität Rechnung tragen. So berichtete zum Beispiel eine Patientin, die wir mit ihrer Familie 1980 zum erstenmal sahen, daß das Therapeutenpaar seinerzeit sehr klar mit seinen Fragen auf den überstarken Zusammenhalt der Familie und die Abschottung zur Außenwelt hingewiesen habe. Die auf die Möglichkeit von Trennungen abgestellten Fragen der Therapeuten seien aber so bedrohlich gewesen, daß die Familie sich danach gegen die Familientherapie zusammenschloß und den Kontakt abbrach. Erst Jahre später sei ihr aufgegangen, was sich da abgespielt habe. Bei einer anderen Patientin wurden unserer Meinung nach in der Familientherapie entscheidende Veränderungen angestoßen. Diese Patientin studierte anschließend Psychologie und nahm später vor allem auch aus beruflichem Interesse an einer Selbsthilfegruppe und an Selbsterfahrungskursen teil. In unserer Statistik werden diese Aktivitäten als Nachbehandlungen gezählt. Zu diesem Zeitpunkt hatte sie das magersüchtige Verhalten aber schon weitgehend aufgegeben, sich vom Elternhaus abgelöst und gute Beziehungen zu Gleichaltrigen aufgenommen.

Einige Verläufe im Lichte der Nachbefragung

A. Sylvia Singer

Auf den Seiten 136 bis 169 haben wir das Erstinterview mit der Familie Singer dargestellt. Hier möchten wir nun nachtragen, was die Nachbefragung erbrachte, und dabei die Gesprächsteilnehmer – die Mutter und Tochter Sylvia – möglichst selbst zu Worte kommen lassen.

Sylvia war bei Beginn der Gespräche 19 Jahre alt gewesen. Symptome einer Magersucht, insbesondere häufiges Erbrechen, hatte sie im Alter von 15 Jahren zu zeigen begonnen. Während eines Zeitraums von vier Monaten hatten wir drei Familiengespräche durchgeführt. Ein Kernthema der Gespräche waren die Funktionen gewesen, die Sylvias magersüchtiges Verhalten etwa im Hinblick auf die eher belastete Ehe der Eltern und die Vermeidung von Verselbständigungsschritten verschiedener Familienmitglieder gehabt haben könnte. Aber auch die Rivalität der Frauen um den Vater und der Wunsch Sylvias, dem perfektionistischen Vater zu genügen und näherzukommen, waren zur Sprache gebracht worden, ebenso wie ihre gleichzeitige Loyalität der Mutter gegenüber, die sie dem Vater unterlegen wähnte. Die eher sporadische Beziehung zu einem Freund, der sich überwiegend in Amsterdam aufhielt, deuteten wir als Ausdruck ihrer Bereitschaft, auf eine engere Freundschaft, die sie hätte mehr von der Familie entfernen können, zu verzichten. Wir möchten dem Leser vorschlagen, sich vor der Lektüre des Folgenden noch einmal den Abschlußkommentar der Therapeuten nach dem Erstinterview auf S. 167ff zu vergegenwärtigen.

Wir telefonierten zuerst mit der Mutter (25 Monate nach Ende der Familiengespräche). Dabei erfuhren wir, Sylvia habe Ende des vorigen Jahres geheiratet und erwarte jetzt ein Baby. Die Beziehung zu dem Freund in Amsterdam sei ziemlich schnell auseinandergegangen. Um es in den Worten der Mutter zu sagen: «Der hat sie zu fest geklammert. Sie hat gesagt, sie habe richtige Angst vor ihm gekriegt. Er ließ ihr keine Luft zum Atmen».

«Im Anschluß an die Familiengespräche machten wir noch eine ziemlich schlimme Zeit durch. Mein Mann wurde nach Berlin versetzt, und Sylvia wollte auf keinen Fall mit. Wir hatten hier im Haus alles für sie eingerichtet. Aber kurz bevor wir wegzogen, sagte sie plötzlich: ‹So, und ich geh' nicht mit!› Sylvia zog dann zu ihrem neuen Freund in dessen Elternhaus. Nach 14 Tagen lief dann mit dem Essen alles normal. Alles war in Ordnung, es gab auch kein Erbrechen mehr.» Die Mutter ihres Freundes – ihres jetzigen Schwiegersohnes – habe auf sie aufgepaßt. Anfangs habe Sylvia noch auf ihre Linie geachtet, dann aber bis zur Schwangerschaft etwa 10 kg zugenommen. Davor sei ihre Periode bereits regelmäßig gekommen. «Sie hatten ja damals beiläufig für möglich gehalten, daß, fände sie erst den aus ihrer Sicht richtigen Partner, das bei ihr ziemlich bald wieder in Ordnung käme. Wir hoffen jetzt, daß es so bleibt.»

Auf Fragen nach Sylvias Kontakten zu Gleichaltrigen berichtet die Mutter, Sylvia habe intensive Kontakte zu einer Karategruppe aufgenommen. Damit seien die Eltern gar nicht einverstanden gewesen. Dort habe sie angefangen, wie verrückt zu rauchen und auch zu trinken. In der Schwangerschaft habe sie das aber völlig abgestellt. In dieser Gruppe habe sie auch ihren Mann kennengelernt. Unsere Frage: «Wie hat sich die Beziehung von Sylvia zu Ihnen als Eltern entwickelt?» Darauf antwortete die Mutter, eine Zeitlang sei die Beziehung nicht so gut gewesen. Das war vor allem, nachdem sie ihren Mann kennengelernt habe. Andererseits habe Sylvia aber immer wieder, manchmal sogar nachts, die Mutter angerufen und sie gebeten, zu ihr zu kommen. Dann sei sie, die Mutter, auch immer für sie da gewesen. «Jetzt halte ich mich ein bißchen zurück. Eine Weile versuchte dann Sylvia, den Kontakt zu meinem Mann, ihrem Vater, zu intensivieren. Er ist auch darauf eingegangen. Sie sagte ihm auch, er solle sie besuchen kommen, mir aber davon nichts sagen. Ich habe das gewußt, habe es akzeptiert und nicht mit ihr darüber gesprochen. Jetzt ist die Beziehung zu uns beiden gut. Es scheint alles ganz normal weiterzulaufen.» Auf die Frage: «Wie haben Sie sich in Berlin eingelebt?» war die Antwort der Mutter: «Ja, ich habe mich soweit gut eingewöhnt. Zweimal im Monat bin ich immer noch für vier bis fünf Tage bei meinen Eltern in Düsseldorf im Geschäft. Die älteste Tochter ist derzeit in Würzburg. Johann will nach dem Abitur zurück nach Westdeutschland. Mir selbst fehlt noch der Bekanntenkreis. Das kann man nicht übers Knie brechen. Daß die Kinder weggehen, damit bin ich jetzt durch. Über Ostern waren mein Mann und ich die ganzen Tage allein. Wir sind inzwischen auch öfter allein in den Urlaub gefahren. Das klappt alles ganz gut. Wir besinnen uns jetzt aufeinander. (*Lacht*) Naja, nach 25 Jahren muß man gucken, daß man miteinander klarkommt. Ich sehe das auch an Johann. Der ist ebenfalls froh darüber, daß sich die Dinge beruhigt haben. Er ist zur Zeit bei Sylvia und hat sie auch schon öfter besucht. Er sagte kürzlich, sie mache einen guten Eindruck und sei lustig. Im Grunde verhält sie sich wieder so, wie sie früher mit zehn Jahren war: vom Naturell her unbekümmert, lachend und auf andere zugehend. Es ist wie vor der schlimmen Zeit; es läuft wieder. Sie selbst hat auch gesagt, sie möchte das keinesfalls noch einmal mitmachen. Wir bräuchten keine Angst zu haben. Da wolle sie nicht mehr hin.» Sylvias Mann sei einige Jahre älter als sie und als Einzelkind nicht unproblematisch. Sarah habe bei einem Besuch den Eindruck gehabt, daß sich Sylvia sehr an ihn klammere und dieser seine Freiheit haben wolle. Seine Mutter habe geäußert: «Ich bin ganz baff. Ich habe meinen Sohn noch nie so viel zu Hause gesehen.» Sylvia wäre viel allein, weil der Mann flüchte. Dazu habe Sarah gemeint: «Das kann nochmal Probleme geben.» – «Ich selbst meine: Wenn sie erst das Kind hat, wird sie sich vielleicht *daran* festhalten. Schon vorher hatte sie sich ein Kaninchen angeschafft, um was für sich zu haben. Sie ging auch bis zuletzt arbeiten. Bevor sie ihren Mann kennenlernte, hatte ich Angst, es geht bergab. Da wollte ich sie schon mal anrufen. Dann habe ich mir wieder gesagt: Warte mal hin. Aber öfters habe ich doch den Atem angehalten.»

Sylvia Singer berichtete:

«Es lief ganz toll von dem Zeitpunkt an, an dem ich mir gesagt habe: ich schaffe es alleine. Jetzt bin ich verheiratet und kriege ein Baby. (*Lacht*) Es könnte nicht besser sein: Keine Probleme mehr im Hinblick darauf, daß ich nicht mehr essen will. Im Gegenteil. Ich wußte ja, die Lösung würde sein, daß ich nicht mit meinen Eltern mitzöge. So war es dann auch.»

Auf unsere Frage: «Seit wann lassen Sie es sich besser gehen?» gab sie zur Antwort: «Seit anderthalb Jahren ist es gut. Ich habe damals meinen Mann kennengelernt und bin mit ihm zusammengezogen. Und innerhalb von drei Monaten hatte ich 11 Kilo zugenommen. Darauf habe ich nochmal fünf Pfund zugelegt. Ich habe einfach nicht mehr ans Essen gedacht. Das Erbrechen war von einem zum anderen Tag weg.» – «Wie haben Sie das gemacht?» – «Ich weiß es nicht, ehrlich gesagt, es hatte auf einmal nicht mehr diese Priorität, diesen Ablenkungseffekt. Vorher war es vielleicht eine Art Ersatzbefriedigung. Auf jeden Fall: Es war phantastisch. Ich war selbst überrascht. Ich wußte schon, daß ich es schaffen könnte, hatte aber nicht gedacht, daß es so toll laufen wird, so hoppla-hopp. Gott sei Dank, wer weiß, was sonst passiert wäre.»

Die Beziehung zu ihrem Mann sei bis auf Kleinigkeiten, die in jeder Beziehung vorkämen, prima. «Es war richtig, daß ich nicht mit den Eltern nach Berlin gezogen bin, daß ich mich wirklich auf die Hinterfüße gestellt habe.» An ihren Geschwistern beobachte sie eine Verzögerung der Entwicklung. Der Bruder sei total verstockt und entwickle sich nur sehr langsam. «Er kann nicht frei, nicht er selbst sein, weil vom Elternhaus immer der Finger drauf ist. Weil der Vater Direktor ist, meint er, er muß besonders gut dastehen und sich zusammenreißen.»

Auf unsere Frage: «Wie bekommt Ihre Ablösung Ihren Eltern?» bekommen wir zu hören: «Die Eltern waren überrascht und anfangs dagegen. Aber ich habe klipp und klar gesagt, was ich wollte. Ich hatte meine Wohnung gekündigt und lebte dann mit meinem Freund zusammen. Ich habe ihnen das in Stichpunkten am Telefon vorgesetzt. Da waren sie erst einmal total hilflos. Sie konnten auch nicht viel machen. Das waren sie von mir überhaupt nicht gewohnt. Sie hatten mich ja immer als labiles kleines und liebes Sonnenscheinchen gesehen. In der Pubertät hatte sich aber schon herauskristallisiert, daß ich vielleicht doch die Stärkere von den Mädchen bin und mit meinem Willen das auslebe, was ich ausleben will. Gleichzeitig hatte ich aber gerade damit auch Probleme, die sich dann in der Magersucht äußerten. Wie gesagt, mein Vater steht so da und guckt und weiß nicht, wie ihm geschieht. Aber es freut ihn natürlich auch sehr, daß es so gut rauskommt. Anfangs hat er gar nicht registriert, daß er Großvater wird.»

Auf unsere Frage: «Wie kommen die Eltern jetzt miteinander klar?» erfahren wir: «Da weiß ich eigentlich wenig darüber. Ich habe mich jetzt wirklich gelöst. Unterschwellig sind immer noch gewaltige Spannungen da, manchmal ganz extrem. Das ist wohl nicht wesentlich besser geworden. Meine Mutter läßt bei Telefongesprächen Uneinigkeit durchblicken. Dann lasse ich sie aber merken: Ich will nicht darüber reden. Es ist mir zwar nicht egal, aber es hat sich herausgestellt, daß da niemand etwas ändern möchte. Und ich habe jetzt meine eigene Familie und meine eigenen Probleme, und daher sollen sie mich mit ihren in Ruhe lassen. Anfangs war es schwer, das so klipp und klar zu vermitteln. Irgendwann mußte es aber so sein. Meinen Sie etwa, ich sollte mir weiterhin die Probleme meiner Eltern aufladen, also nee!»

Sie habe damals weitere Familiengespräche von sich aus abgesagt, weil der Bruder und der Vater keine rechte Lust mehr gezeigt hätten, den langen Anreiseweg auf sich zu nehmen. Sie habe sich dann schließlich auch selbst entschieden, keine andere Hilfe mehr in Anspruch zu nehmen. «Nur so geht's.» Am Ende des Gesprächs kommt sie etwas scherzend darauf zurück, der eine Therapeut habe ihr am Ende einer Sitzung gesagt, er traue ihr das nicht zu. Man möge ihn doch wissen lassen, was sie in der Zwischenzeit alles geschafft habe.

Als wir Sylvia Singer später (40 Monate nach Ende der Familiengespräche) um die Genehmigung für die Veröffentlichung baten, ging es ihr immer noch «blendend».

B. Christa Bremer

Christa Bremer kam im Alter von 28 Jahren mit ihren Eltern aus einer etwa 400 km entfernten Stadt zum Familienerstgespräch. Kurz zuvor war sie zum siebten Mal wegen ihres magersüchtigen Verhaltens sowie Alkohol- und Tablettenabusus stationär in einer Klinik behandelt worden. Akutes Nierenversagen hatte es notwendig gemacht, sie an eine künstliche Niere zu legen.

Mit Christa gab es erstmals Schwierigkeiten, als sie 15 Jahre alt war. Damals erkrankte die in der Familie lebende Großmutter mütterlicherseits, die offensichtlich für alle der Familienmittelpunkt und «Kachelofen» war, schwer. Nach ihrem Tode kam es zwischen ihren Eltern zu vermehrten Auseinandersetzungen. Während ihre beiden Schwestern das Elternhaus verließen und eigene Familien gründeten, kehrte Christa nach einem ersten Ablösungsversuch nach Hause zurück.

In den Jahren 1981–1982 führten wir mit der Familie insgesamt acht Familiengespräche durch. Die Nachbefragung erfolgte durch Telefongespräche mit Christa und ihrer Mutter jeweils 24 und 63 Monate nach Ende der Familiensitzungen. Wir geben im folgenden einige während der zweiten Nachbefragung gemachte Äußerungen von Christa und ihrer Mutter wieder und diskutieren anschließend die Entwicklung der Familie seit Ende der Familiengespräche.

Christa berichtete am Telefon, sie sei seit zwei Jahren verheiratet, es gehe ihr «ausgezeichnet». Der Therapeut darauf: «Wie haben Sie das geschafft?» Christa: «Das weiß ich selber nicht. Ich glaube, mein Mann hat mir sehr geholfen. Er ist mit viel Liebe auf mich eingegangen. Er wußte ja alles von Anfang an oder mindestens das meiste, und er hat sich nie beeindrucken lassen. Er hat mir immer das Gefühl vermittelt, daß er mich liebt, so wie ich war, fressend, saufend und kotzend. Er sagt zwar jetzt, daß er auch mal soweit war, die Flucht zu ergreifen, aber das war für mich nicht offensichtlich. Ich hatte trotz allem das Gefühl: Er glaubt an mich, glaubt auch daran, daß es wieder weggeht. Er hatte also ein ganz anderes Bild von mir als ich selbst. Und irgendwann habe ich das von ihm übernommen.

«Es lag aber auch an der Therapie bei Ihnen. Ich habe die Therapie in sehr guter Erinnerung. Sie war ganz anders als andere Therapien.»

«Meine Eltern haben sich nach der Therapie sehr zurückgenommen. Sie hielten sich raus und sind nicht mehr darauf eingegangen. Da fiel eine Masse weg, und ich hatte keinen Grund mehr, mich mit ihnen tiefer einzulassen. Sie haben sich also abgegrenzt und sind gut miteinander ausgekommen. Das war sehr wichtig. Für mich war auch mit Schmerzen verbunden, daß ich meine Eltern loslassen mußte, aber ich hatte ja meinen Mann. Ich war dann in Bonn, und der dortige Aufenthalt war auch sehr wichtig. Es bedeutete Getrenntsein von meinen Eltern. Jetzt bin ich wieder lebendig, vorher war ich tot.»

Auf Nachfragen berichtet sie dann, sie esse jetzt zwar vegetarisch, ihr Eßverhalten sei aber unauffällig. Seit zwei Jahren erbreche sie überhaupt nicht mehr. Ihre Monatsblutung sei normal und regelmäßig, und sie trinke auch keinen Alkohol mehr. «Das ist jetzt seit über zwei Jahren weg. Ich rauche nicht mehr, ich trinke nicht mehr, ich fresse nicht mehr, und ich kotze nicht mehr. Auch mein Mann hat aufgehört zu trinken, und zwar etwas eher, als ich selbst mit der Fresserei aufgehört habe.»

Da Christa während der Familiengespräche über ausgeprägte Kontaktschwierigkeiten zu anderen Menschen berichtete, fragen wir sie nach der diesbezüglichen Entwicklung. Darauf ihre Antwort: «Das hat sich auch gebessert. Ich bin immer noch ein bißchen zurückhaltend und habe noch Angst vor engeren Bindungen. Ich mache das portionenweise. Aber ich habe gern Kontakt zu anderen und habe jetzt auch das Gefühl, ich kann anderen Menschen etwas geben. Es darf aber nicht zuviel werden, sonst flippe ich aus. Dann reagiere ich körperlich mit Unwohlsein.» Auf unsere Frage: «Auch bei Ihrem Mann?» antwortete sie: «Ich glaube auch bei meinem Mann, ja, und ich glaube, auch er hat da Probleme. Es ist also nicht ausschließlich Sonnenschein. Wir sind kratzbürstig *und* liebevoll miteinander. Wir sind ja wegen der Berufstätigkeit meines Mannes nur am Wochenende zusammen. Das ist für uns beide eher günstig. Ich weiß nicht, wie es aussähe, wenn wir jeden Tag beieinander wären.» Beide hätten sie viel Spaß an der Sexualität. Auf die Dauer wollten sie auch zusammen wohnen, sobald sie ihr Studium, das sie jetzt mit Erfolg absolviere, beendet habe. Beide beschäftigten sie sich auch damit, eine Familie zu gründen. Als wir fragen: «Wie stehen Sie jetzt zu Ihrem Körper?» hören wir: «Ganz anders als früher. Ich fühle mich wohl, ganz neu, und ich finde es schön, wenn ich mich warm fühle.»

Die Beziehung zu ihren Eltern und Geschwistern sei gut. Mit den Geschwistern habe sie ja nie besondere Schwierigkeiten gehabt. Auf unsere Frage: «Wie kommen die Eltern ohne die Tochter aus?» antwortet sie: «Besser als mit. Die leben gut zusammen. Das ist wirklich sagenhaft, was die beiden miteinander geschafft haben. Die haben jetzt auch zu allen Kindern und Enkelkindern ein ausgezeichnetes Verhältnis. Gelegentlich hakeln sie sich noch. Das habe ich mitgekriegt, als ich zu Hause war. Früher konnte ich das überhaupt nicht ertragen. Das war auch so ein Aufhänger für mich. Deshalb war es ja auch ein Glücksfall, daß wir bei Ihnen gelandet sind.»

Telefongespräch mit der Mutter von Christa:

Die Mutter bestätigt, daß es der Familie sehr gut gehe. Sie sagt: «Die Christa war jetzt während eines Praktikums ein halbes Jahr bei uns. Sie hat die Woche über bei uns geschlafen, sich aber selbst versorgt. Ich habe nicht für sie gekocht. Das hat sie allein gemacht. Wir haben aber zusammen gegessen.» Auf unsere Frage: «Wie sind Sie miteinander ausgekommen?» hören wir: «Das war ganz toll, nicht so wie früher. Wir haben uns gut verstanden. Das ist überhaupt kein Vergleich. Heute ist sie den ersten Tag wieder in Bonn. Im Juni, in den Semesterferien, will sie in England ein Praktikum machen. Ja, sie hat allerlei vor. Sie sieht jetzt auch körperlich sehr gut aus.» Sie bestätigt dann Christas Angaben bezüglich Gewicht, Monatsblutung und Eßverhalten. Auf unsere Frage: «Wie sieht's mit Christas Alkoholkonsum aus?» erfahren wir: «Das ist auch weg. Sie trinkt überhaupt keinen Alkohol mehr. Sie braucht das nicht mehr. Wir erkennen sie nicht wieder. Sie ist ja jetzt auch verheiratet.»

Wir erfahren weiter, ihr Mann habe in den letzten Monaten einige Verdauungsschwierigkeiten gehabt, ohne daß organisch etwas gefunden worden sei. Auf die Frage: «Wie verstehen Sie sich jetzt mit Ihrem Mann?» antwortet sie: «Zwischen uns kracht es noch gelegentlich. Im Moment verstehen wir uns aber wieder sehr gut...»

Zu den Familiengesprächen befragt, antwortet sie: «Wir sind froh, daß es so etwas wie Sie überhaupt gibt. Das war eine sehr positive Therapie, der einzig richtige Weg. Wir wußten ja nicht, wie wir da rauskommen sollten. Wir hatten zwar den Willen und wollten es besser machen. Wir waren aber wie vor den Kopf gestoßen. Das war alles so traurig.»

Einige rückblickende Überlegungen des Therapeuten:

Als die Eltern und Christa zum Familienerstgespräch kamen, waren die drei durch sich wiederholende, sie einengende Interaktionszirkel miteinander verklammert. Verständlicherweise waren die Eltern nach dem stationären Aufenthalt Christas, während dessen sie an die künstliche Niere angeschlossen gewesen war, hoch besorgt. Sie ließen sie daher nicht aus den Augen. Christa fühlte sich ihrerseits für das Wohlergehen und das Zusammenbleiben der Eltern zuständig. Dabei hatte sie selbst schon lange den Kontakt zur Außenwelt verloren. Ihre einzige Außenbeziehung hatte sie zu ihrem «Verlobten». Aber dieser war wegen seines vermehrten Alkoholkonsums problematisch.

In der Triade Eltern und Christa gab es starke Beziehungsunterschiede: Der Vater hatte die deutlich engere Beziehung zu Christa. Die Mutter, die sich schon in ihrer Ursprungsfamilie ihrem Bruder gegenüber benachteiligt gefühlt hatte, reagierte darauf mit Eifersucht und dem Gefühl, ausgeschlossen und zurückgesetzt zu sein. Die Eltern hatten keine gemeinsame Vorstellung darüber, wie mit dem Verhalten Christas umzugehen sei. Der Vater unterstützte zum Beispiel Christas Wunsch, für die Familie zu kochen, da er meinte, daß dies besser sei als nur herumzuhängen. Die Mutter hingegen erlebte sich aus ihrem eigentlichen Bestätigungsfeld herausgedrängt.

Was wurde durch die Familiengespräche erreicht? Als wir uns diese Frage noch einmal sowohl im Lichte der ursprünglichen Familiengespräche als auch der Nachbefragung stellten, kamen wir zu folgender – vorsichtiger – Antwort: 1. Durch positive Konnotationen und Umdeutungen gelang es wahrscheinlich, Schuldgefühle zu reduzieren, ein Gefühl von Selbstwert und Kompetenz zu aktivieren und neuen Sinn zu stiften. 2. konnten wir wohl bei der Abgrenzung der Generationen voneinander helfen. Um auf dieses Ziel hinzuwirken, luden wir etwa die Eltern und Christa und eine Schwester zu getrennten Gesprächen ein und gaben wir den Eltern die Aufgabe, eine Woche auf Urlaub zu fahren, ohne sich zu Hause nach dem Befinden von Christa zu erkundigen. 3. halfen wir wohl den Eltern, wieder eine Beziehung zueinander als Ehepartner zu finden. Das wiederum erleichterte es Christa, eigenständiges Verhalten zu erproben. 4. Durch hypothetische und hauptsächlich zukunftsorientierte Fragen trugen wir wahrscheinlich dazu bei, überhaupt wieder positive Möglichkeiten der Lebensgestaltung zu eröffnen.

Die Ausgangsbedingungen für eine Therapie waren aber auch besonders günstig. Alle Familienmitglieder waren durch das Nierenversagen und die Lebensgefährdung Christas aufgeschreckt worden. Sie wußten: So konnte es nicht weitergehen. Während der ersten Nachbefragung sagte Christa: «Der entscheidende Einschnitt und Auftakt zur Besserung war damals das Nierenversagen. Vorher habe ich mich treiben lassen.» Der den Eltern verschriebene Urlaub schien ebenfalls wesentlich zu einer positiven Entwicklung beigetragen zu haben. Dieser Urlaub wurde wie die zweiten Flitterwochen erlebt. Allerdings hatte der Therapeut vorher ausführlichst durchgefragt, wie es ihnen wohl auf unterschiedlichste Art und Weise gelingen könnte, sich den Urlaub zu vermiesen.

Christa gehört zu den Patientinnen, die nach Beendigung der Familiengespräche noch eine weitere Therapie in Anspruch nahmen. Wegen ihrer Befürchtungen, wieder an den Alkohol zu geraten, nahm sie zwei Jahre nach Ende der Familientherapie noch einmal einige Einzelgespräche in einer Beratungsstelle in Anspruch und nahm danach auch noch zwei Jahre an einer Selbsthilfegruppe teil. Sie empfand diese Gespräche als nützlich, stützend und stabilisierend. Obgleich der nachfragende Therapeut der Familie Bremer seinerzeit wesentliche Entwicklungsschritte zugetraut hatte, überraschte und berührte ihn denn doch, was diese Familie inzwischen realisiert hatte.

Vor kurzem, etwa ein Jahr nach der telefonischen Nachbefragung und 75 Monate nach dem Ende der Familiensitzungen kam Christa Bremer auf einer Geschäftsreise zusammen mit ihrem Mann im Institut vorbei. Beide bestätigten im großen ganzen die Informationen, die wir bei der letzten telefonischen Nachbefragung erhalten hatten. Eine Mitteilung war für uns aber noch aufschlußreich: Christa Bremer gab das Erbrechen zu dem Zeitpunkt völlig auf, als sie sich endgültig auch finanziell vom Vater unabhängig machte.

C. Paula Andres

Paula Andres kam 1983 im Alter von 27 Jahren in einem bedauernswerten Zustand mit ihrer 54jährigen Mutter zum ersten Familiengespräch. Bei einer Größe von 1,60 m wog sie knapp 25 kg (!). Mutter wie Tochter waren arbeitslos. Sie lebten in getrennten Wohnungen, sahen sich aber täglich. Außer zu Ärzten bestanden so gut wie keine Außenkontakte. Paulas Hausärztin schrieb: «Wiederholte stationäre Aufenthalte schlugen fehl. Aus organmedizinischer Sicht ist eine ambulante Behandlung trotz eines Körpergewichts von 25 kg zu vertreten.»

Als die beiden über ihr Leben berichteten, kamen vorwiegend Verluste zur Sprache. Neben einer entfernten Verwandten, zu der es kaum Kontakte gab, sahen sie sich als die einzigen Überlebenden ihrer Familie. «Keiner darf jetzt allein übrigbleiben.» «Im Tod sind wir dann wieder beieinander.»

Als Paula 1956 geboren wurde, starb die Großmutter mütterlicherseits. Ihre Geburt war zu diesem Zeitpunkt nicht erwünscht. Als sie drei Jahre alt war, starb ihr Vater an Magenkrebs, bald darauf starben auch dessen zwei Brüder ebenfalls an Krebs. Mutter und Tochter zogen nun zu den Großeltern väterlicherseits, weil ja auch diese schwere Verluste erlitten hatten. Vor allem zur Großmutter entwickelte Paula eine innige Beziehung und liebte und bewunderte sie als eine Heilige. Bald nach dem Tode dieser Großmutter zeigte Paula magersüchtiges Verhalten. Es band Mutter und Tochter im Laufe der Jahre immer fester aneinander. Zu Trennungen kam es seit geraumer Zeit nur noch, wenn Paula zuviel an Gewicht verloren hatte. Dann mußte sie in einem lebensbedrohlichen Zustand – der war unter 20 kg gegeben – in ein Krankenhaus eingewiesen werden. Hilfe setzte sie bald gleich mit Zwang, gegen den es sich zu wehren galt. Sie wurde in Kliniken aufgefüttert, um bald danach zu Hause wieder abzunehmen. Dieser Zyklus gestaltete sich zu einem Ritual. Durch ihr groteskes Aussehen – sie fuhr weiterhin Auto und stellte sich täglich in einem Café zur Schau – erreichte sie es, daß andere ihr nachschauten. Das schien ihr aber nichts auszumachen. Im Gegenteil. Unter keinen Umständen wollte sie wieder eine graue Maus, nullachtfünfzehn sein. Es war für Mutter und Tochter auch bald nicht mehr vorstellbar, länger als einen halben Tag getrennt zu sein. Jede von beiden hätte es als einen Vertrauensbruch angesehen, der anderen den Schlüssel zu ihrer Wohnung nicht zu überlassen. Der fortwährend drohende Tod (oder das Spiel mit ihm) band beide eng aneinander. Allein schienen sie sich weder für überlebensfähig noch für überlebenswürdig zu halten.

Die beiden erfahrenen Therapeuten führten in einem Zeitraum von acht Monaten eine Reihe von Gesprächen mit den Frauen, einige davon nur mit der Mutter durch. Es gelang ihnen anfangs unerwartet gut, eine tragfähige Beziehung zu ihnen herzustellen. Doch hatten weder positive Konnotationen und die Bestätigung des Status quo noch Aufgaben, die die interindividuellen Grenzen betonten, mehr als vorübergehende Veränderungen zur Folge. Nach einer ersten hoffnungsvollen Entflechtungsphase, in der die Mutter mutige Schritte unternahm, verzichtete diese auf weitere Gespräche. Das geschah, als Paula mit 18,5 kg Gewicht wieder in eine Klinik eingewiesen wurde.

Der Einladung zu einem Nachgespräch 45 Monate nach Ende der Familiengespräche konnte Paula Andres nicht folgen.

Sie fühlte sich körperlich nicht in der Lage dazu. Weitere sieben Monate später erfuhren wir in einem ausführlichen Telefongespräch, daß sie vollends ans Bett gefessselt war. Seit dem letzten Familiengespräch wurde sie zweimal in einer Medizinischen Klinik stationär behandelt. «Sie wollten mich mit Infusionen und Sonde auffüttern, aber nachdem ich wieder entlassen war, habe ich das bald wieder abgenommen.» Die Mutter und die Tochter fühlten sich in einer ausweglosen Situation und hatten den Eindruck, daß auch die Ärzte aufgegeben hatten. Nur gelegentlich komme die Hausärztin zu Besuch, unternehme aber nicht viel. Nur einmal während eines Weihnachtsurlaubs auf Gran Canaria hätten sie eine ganz gute Zeit gehabt.

In der Zwischenzeit zogen Mutter und Tochter in eine gemeinsame Wohnung. Es scheint aber, daß dieses Zusammenziehen die Spannungen zwischen ihnen eher verschärfte und ihre Isolation vergrößerte. Die Mutter äußerte: «Da es ein Hochhaus ist, ist alles sehr anonym. Vom Flur aus geht es in vier Wohnungen. Ich weiß nicht, wann ich zum letztenmal einen Nachbarn gesehen habe.» Und Paula meinte: «Die Wohnung ist zu klein. Ich fühle mich eingesperrt wie in einer Zelle. Außer der Mutter ist kein Mensch da. Sind wir zusammen, quälen wir uns, engen uns ein und machen uns gegenseitig kaputt. Sind wir auseinander, bricht uns fast das Herz.»

Beide äußerten Sehnsucht nach der alten Wohnung und der vertrauten Wohngegend.

Paula wog zu diesem Zeitpunkt ihren Angaben zufolge 18,4 kg. Aus eigenen Kräften könne sie sich nicht mehr lange auf den Beinen halten. Ihr Gesicht und ihre Beine seien durch Ödeme geschwollen, ihr Rücken durchgelegen. «Ich kann das Hungern nicht sein lassen. Ich habe die Waage im Kopf. Es ist schlimm, daß ich ein so zähes Leben habe. Ich hatte schon 17 Kilo [bei einer Körpergröße von 1,60 m!] und bin trotzdem nicht gestorben. Das Leben besteht nur noch aus Rein und Raus und Gewicht rauf und wieder runter. Ich kann nicht aufhören zu hungern, und ich kann auch nicht so weiter dahinvegetieren.» Um das Essen gebe es mit der Mutter tägliche und erbitterte Auseinandersetzungen. Sie zittre, wenn die Mutter vom Einkaufen heimkäme. Einerseits versuche sie das Essen, das die Mutter ihr zubereite, heimlich verschwinden zu lassen, dem Hund zu geben oder mit Parfüm oder Cremes ungenießbar zu machen. Andererseits überkämen sie immer wieder «Anfälle, wo ich ohne Anstand und ohne Messer und Gabel fresse». Eine Einweisung in eine Klinik lehnte sie kategorisch ab.

Über die Familiengespräche urteilte die Mutter: Die Therapeuten haben sich Mühe gegeben. Die Ratschläge waren gut, wir haben aber nicht auf sie gehört. Paula meinte: «Die Gespräche waren keine große Hilfe für mich; eher für meine Mutter: Sie haben ihr etwas die Augen geöffnet.» Sie sei aber ganz gerne zu den Gesprächen gegangen, in denen ihnen Fragen wie in einer Talk-Show gestellt worden seien. Ein lustiges Mensch-ärgere-dich-nicht-Spiel sei es gewesen. Sie habe jedoch die «werten Herrn Ärzte, diese Clowns» durchschaut. «Der eine hat so gesagt, der andere so, ratlos waren sie beide.»

Als spreche sie über ihren kommenden Tod, sagte sie gegen Ende des Gesprächs: «Da drüben ist meine Wohnung und der Garten, das Glücklich-Sein. Und unten steht mein Auto, und ich kann nicht hinkommen.» Wir wissen nicht (Dez. 1988), ob sie heute noch lebt.

Angesichts des Schicksals von Paula Andres und ihrer Mutter wurden uns die Grenzen unserer Einflußmöglichkeiten als Therapeuten besonders schmerzlich bewußt.

Im Rückblick halten es die Therapeuten für möglich, daß sie mit den beiden zu sehr in einen Kampf um Veränderungen eingetreten waren und daß sie – trotz gegenteiliger Beteuerungen – doch dahin tendierten, Mutter und Tochter voneinander zu trennen. Vielleicht wäre es in diesem Falle richtig gewesen, konsequent und eindeutig die Entscheidung der Patientin zu respektieren, auch wenn den Therapeuten selbst die gefundene Lösung nicht optimal erschien.

D. Ilse Jakob

Von den 62 jungen Frauen, die wir insgesamt nachbefragten, waren 11 (= 17,7 %) Einzelkinder. Zu ihnen gehörte auch Ilse Jakob.

Zehn der elf Einzelkindfamilien schätzten wir als stark zentripetal orientiert (innengerichtet) ein. Sie hatten fast alle nur wenig Außenkontakte. In neun dieser elf Familien hatten die magersüchtigen Mädchen jeweils eine besonders enge Koalition mit ihren Müttern gegen die Väter gebildet. Diese erlebte man entweder als autoritär-unterdrückend, abseits stehend oder anderswo engagiert. Diese Koalition wurde – im Gegensatz zu vielen anderen von uns studierten Familien – typischerweise offen gelebt. Wir gewannen immer wieder den Eindruck, daß die Mütter einen schmerzlichen Verlust erlitten (zum Beispiel einen Elternteil verloren) hatten und die später magersüchtige Tochter nun den verwaisten Platz oft wie eine vertraute Schwester und Kameradin einnahm.

Ilse Jakob war 16 Jahre alt, als sie mit ihren Eltern nach einem stationären Aufenthalt zur Familientherapie kam. Der Vater war damals 68 Jahre alt. Er hatte seine erste Frau im Jahre 1956 verloren und lebte seit einiger Zeit als Rentner. Zu seiner Verwandtschaft unterhielt er nur spärliche Kontakte. Ilses Mutter, zur Zeit des ersten Familiengesprächs 53 Jahre alt, ist ebenfalls Einzelkind. Sie stammt aus München, wo ihr Vater, ein Verlagsdirektor, 1945 im Kriege umkam. Die Mutter der Mutter litt sehr unter dem Verlust des Mannes. Zugleich schmerzte es sie, sich nach dessen Tod in bescheidenen Verhältnissen einrichten zu müssen. Nach einer enttäuschenden Beziehung mit einem Akademiker lebte die Mutter mit ihrer Mutter zusammen in München. Dort lernte sie dann Ilses Vater kennen. Einige Jahre nach der Heirat zog die Mutter der Mutter zu der neugegründeten Familie. Mit der Oma sei dann mehr Abwechslung und Unterhaltung ins Haus gekommen. Die drei Frauen bildeten nun eine Art eigene Familienkultur, während Ilses Vater eher mit seiner Arbeit und abends mit dem Fernseher verheiratet war. Als dann die im Haus lebende Großmutter starb – der Vater wurde fast zur selben Zeit Rentner – rückten Ilse und ihre Mutter noch enger zusammen. Ilse versuchte fortan, die Großmutter in der Familie zu ersetzen. Sie deckte etwa morgens den Frühstückstisch und bremste die Mutter, wenn diese den Vater zu sehr kritisierte. In den Familiensitzungen behandelte sie aber selbst den Vater öfters wie ein Kind («Sitz doch mal ein bißchen still. Das regt mich auf»). Ihre Symptome begannen aufzutreten, als sie zum erstenmal während eines Auslandsaufenthaltes länger von der Familie getrennt war. Die Mutter meinte, damals hätte sie aber noch mehr unter der Trennung gelitten als Ilse selbst. Ilses magersüchtiges Verhalten reduzierte nun die Spannungen zwischen dem Ehepaar. Zugleich verstärkte sich die Bindung zwischen Mutter und Tochter. Sie vertieften ihre gemeinsamen Interessen wie Musik, Theater, Kunst und führten darüber einen innigen Austausch. Es ließe sich auch von einer Delegation sprechen: Ilse erlaubte der Mutter, bei und durch sich das zu erleben, was diese nach dem Kriege gerne selbst verwirklicht hätte.

Die Familie brach die gemeinsamen Gespräche nach dem zweiten Kontakt ab. In dieser Sitzung hatte das Therapeutenpaar mehrfach die Möglichkeit des Sich-Auseinandersetzens nahegelegt. Ilse damals: «Wir sind eine Familie. Wenn ich ginge, wäre das Flucht. Wir gehören zusammen.»

Zur Zeit der zweiten Nachuntersuchung 56 Monate nach Ende der Familiengespräche schien Ilses Eßverhalten in der Beziehung keine besondere Bedeutung mehr zu haben. Sie studierte ehrgeizig Kunstgeschichte und Sprachwissenschaften und wollte Lektorin werden. Ilse wohnte wieder zu Hause, die Familienbeziehungen erschienen weitgehend unverändert: Mutter und Tochter hatten weiter eine intensive Beziehung, der Vater stand abseits und wanderte viel. Die Mutter: «Ein Mensch ist, wie er ist.» Sie betonte auch, von Natur aus seien Männer- und Frauenbeziehungen unterschiedlich. Es gebe eine starke Tradition enger Frauenbeziehungen in der Familie. Schon ihre Großmutter mütterlicherseits habe großen Wert darauf gelegt, daß ihre Tochter in der Nähe wohnte. Männer zeigten sich eher wie ein notwendiges Übel. Alle Kontakte mit psychosozialen Institutionen wurden abgewertet. Die Familiengespräche hätten nicht zum richtigen Zeitpunkt stattgefunden. Ilse habe sich damals in einem körperlich zu schlechten Zustand befunden. Es sei anschließend noch zu einem stationären Aufenthalt gekommen, aber der sei ziemlich belanglos gewesen. Dagegen gab Ilses späterer Wechsel in ein nicht zu weit entfernt gelegenes anerkanntes Internat offenbar einen Anstoß zu Veränderungen, die in der Sicht der Familie als nicht zu massiv und daher als nicht zu bedrohlich erlebt wurden.

Danach begann Ilse ihr Eßverhalten zu ändern. Sie nahm wieder mehr Kontakt zu Gleichaltrigen auf und erschien ausgeglichener und selbstsicherer. Wir denken jedoch, die Mutter hat recht, wenn sie bemerkte, daß Ilse noch einen Weg vor sich hat und erst noch beweisen müsse, ob sie ihren Lebensunterhalt verdienen kann und ob sie es schafft, unabhängig in einer eigenen Wohnung zu leben. Wir denken, daß eine positive Entwicklung vor allem davon abhängen wird, ob es der Mutter und ihr gelingen wird, ihre enge intensive Beziehung durch andere neue zu ergänzen und zu bereichern.

Lieber zuständig für die Mutter als ganz allein: die magersüchtigen Einzeltöchter

Dem rückschauenden Blick zeigte sich in den Familien, in denen die später magersüchtigen Mädchen als Einzelkinder aufwuchsen, häufig schon vor dem Auftreten der Symptomatik eine typische Sequenz von Futeraktionen. Dafür noch ein Beispiel: Eine Familie, in der die Eltern (Vater: Beamter, Mutter: Hausfrau) eine problematische Beziehung zueinander hatten, zog die Familie einige Jahre zuvor wegen einer beruflichen Veränderung des Mannes (die mit der Frau und der Tochter kaum vorbesprochen war) von Augsburg an den Rand einer Stadt im Mittelgebirge. Die Mutter, die zu ihren Eltern eine sehr enge Beziehung hatte, mußte diese in Augsburg zurücklassen. Am neuen Wohnort gelang es der Familie nicht, relevante neue Kontakte aufzubauen. Der Vater war beruflich stark engagiert, und die knapp 17jährige Tochter bildete mit der Mutter, die enttäuscht und verhärmt wirkte, eine enge Dyade. Als die Tochter sich abzugrenzen begann, eskalierten sich die Schwierigkeiten in der Familie.

Im weiteren Verlauf zeigte die Tochter ein zunehmend eigenständiges Verhalten. Sie zog aus und wohnte schließlich mit einem Freund zusammen. Ihr bei der Nachbefragung (27 Monate nach dem Familiengespräch) noch verhandenes bulimisches Verhalten wurde von ihr selbst nicht mehr als sehr stark beeinträchtigend erlebt, während die Mutter dieses als sehr schwerwiegend bewertete.

Die Familie kam nur zu einem einzigen Familiengespräch zu uns, da sich herausstellte, daß eigentlich keiner solche Gespräche wünschte. Die Tochter wollte unbedingt eine Einzeltherapie bei einer bestimmten Therapeutin machen, diese hatte jedoch den Beginn der Therapie von einem vorherigen Familiengespräch bei uns abhängig gemacht. Während die Einzeltherapeutin die Entwicklung der Tochter sehr positiv beurteilte, konnte die Mutter die Abgrenzung der Tochter offensichtlich nur schwer verkraften. Eine Elterngruppe für Eltern mit eßgestörten Kindern half ihnen, wieder mehr Gemeinsamkeit zu entwickeln und mehr Außenkontakte aufzunehmen.

Trotz der anscheinend klaren Beziehungsverhältnisse in diesen Familientriaden schien sich gerade wegen des von außen an die Familie herangetragenen Entwicklungsdrucks und angesichts der zunehmenden Ambivalenzen in der Mutter-Tochter-Beziehung keiner mehr seiner Position in der Familie ganz sicher zu sein. Wir verzichten hier darauf, die Dilemmata aus der Position aller Familienmitglieder zu erläutern.

Die geringe Vernetzung mit der Außenwelt und die sich reduzierenden Beziehungen zu den Ursprungsfamilien tragen wohl dazu bei, daß die Angst vor Trennung und der Wunsch nach Veränderung sich gleichzeitig erhöhen. Trotz der engen Beziehungen von Mutter und Tochter halten beide aus unterschiedlichen Motivationen Kontakt mit dem Mann/Vater. Beide können sich auch nicht sicher sein, wen der Vater bevorzugen würde, wenn sie ihre nahe Beziehung öffneten. Das symptomatische Verhalten erhöht dann die Gefahr (oder: es eröffnet die Möglichkeit), daß die Triade sich auflöst, sorgt aber gleichzeitig für ihre Aufrechterhaltung. Jeder hofft und befürchtet, daß einer der beiden anderen vorangehen und Bewegung in die verstrickte Situation bringen könnte, ohne das prekäre Gleichgewicht zu gefährden. Einige der Töchter wirkten enttäuscht darüber, daß sich ihre Bemühungen als Beschützer und Ansprechpartnerinnen der Mütter zu wenig für sie auszahlten, daß ihre Versuche, die Mütter zu selbständigeren und von ihren Männern unabhängigeren Frauen zu «erziehen», zu wenig fruchteten. Parentifiziert und sich zur Loyalität verpflichtet fühlend, erlaubten sie sich nicht eine altersentsprechende Abgrenzung. Andererseits hatten sie meist die Kontakte zu Gleichaltrigen schon lange reduziert und auch dort Angst vor enttäuschenden Erfahrungen.

Zusammenfassende Überlegungen

Die obigen Fallskizzen dürften verdeutlichen, wie schwer sich Erfolg oder Mißerfolg einer Behandlung Magersüchtiger beurteilen lassen. Und das gilt gerade für die Gruppe junger Mädchen und Frauen, mit denen wir uns hier befaßt haben. Zum einen zeigt sich jeweils eine andere Ausgangssituation. Zum anderen fallen unsere Interventionen in eine Lebensperiode, in der bereits biologische wie psychosoziale Gegebenheiten in vieler und verschlungener Weise auf einen Wandel hinwirken. Schließlich bleiben die bereits angedeuteten methodischen Probleme. Sie wachsen in dem Maße, in dem wir sowohl der Komplexität der ineinandergreifenden Verursachungsprozesse als auch dem Zeitfaktor Rechnung zu tragen versuchen.

Dennoch fragten wir uns, ob sich nicht zum Schluß dieses Buches ein – nicht *zu* irreführendes – Gesamtbild der von uns überblickten Entwicklungen entwerfen lasse. Dabei müßte es sich um eine Art globaler Einschätzung der im Zeitraum zwischen Erstinterview und Nachbefragung erfolgten Veränderungen handeln.

Wir haben uns schließlich für eine solche Einschätzung ent-

Kategoriensumme	Zum Zeitpunkt des Erstinterviews		Zum Katamnesezeitpunkt		Veränderung zwischen Erstinterview und Katamnesezeitpunkt		
	abs.	%	abs.	%	Besserung	Verschlechterung	Konstant
0–5	0	0	22	52,38	0	0	0
6–10	3	7,14	11	26,19	2	1	0
11–15	14	33,33	5	11,91	13	0	1
16–21	25	59,52	4	9,52	21	0	4
Σ	42	100,00	42	100,00	36	1	5

schieden. Die Daten dafür entnahmen wir den Einstufungen der 42 untersuchten Familien in den sieben im Anhang (S. 259–263) ausführlich dargestellten Bereichen. Dabei berücksichtigten wir den der jeweiligen Kategorie zugewiesenen Zahlenwert (0 = eher funktional, 3 = eher dysfunktional). Wir addierten die Kategorienwerte über alle sieben Bereiche und vermochten so jeder Familie einen globalen Kategorienwert zuzuordnen.

Wir sind uns der methodischen Probleme einer solchen Vorgehensweise bewußt. Sie ergeben sich vor allem aus der nicht beweisbaren Annahme, daß sich die Intervalle zwischen den Kategorien 0–3 gleichmäßig skalieren lassen und alle sieben Beurteilungsbereiche im Hinblick auf den globalen Kategorienwert annähernd gleiches Gewicht haben.

Immerhin: der Leser konnte sich ja weiter oben ein eigenes Urteil über die einzelnen Beurteilungsbereiche und die jeweiligen Kategorien bilden. Somit erscheint es uns trotz der angedeuteten methodischen Probleme lohnend, in der beschriebenen Weise einen Überblick über Veränderungstendenzen der untersuchten Familien zu versuchen. Dies um so mehr, als in dem globalen Kategorienwert sowohl somatische als auch psychodynamische und familiendynamische Aspekte erfaßt werden.

Die Tabelle oben zeigt die so ermittelten Ergebnisse.

Gehen wir von einer vierstufigen Einteilung aus, worin die Summe der Beurteilungskategorien Werte zwischen 0 = sehr funktional und 21 = sehr dysfunktional einnehmen kann, dann zeigen sich zum Erstinterviewzeitpunkt 39 (= 92,86 %) im eher dysfunktionalen, davon sogar 25 (= 59,52 %) im sehr dysfunktionalen Bereich. Keine Familie findet sich im funktionalen Bereich. Gänzlich anders die Situation zum Katamnesezeitpunkt. Nunmehr befinden sich 33 Familien (= 78,57 %) im eher funktionalen Bereich, davon sogar 22 (= 52,38 %) im sehr funktionalen Bereich. Lediglich vier Familien (= 9,52 %) befinden sich weiterhin im sehr dysfunktionalen Bereich.

Die Bewegungen zwischen den Kategoriensummen im Beobachtungszeitraum zeigen somit an, daß es bei 36 Familien (= 85,71 %) zu Veränderungen in Richtung auf Funktionalität hin kam. Bei fünf Familien (= 11,9 %) zeigt sich ein gleichbleibender Zustand. Und lediglich in einem Falle (= 2,38 %) verschlechterte sich das Bild in Richtung größerer Dysfunktionalität.

Welche Lehren lassen sich also insgesamt aus unserer Katamnesestudie ziehen? Wir möchten die hauptsächlichen so zusammenfassen:

1. In einer Lebensphase wie der Adoleszenz und des jungen Erwachsenenalters, in der soviele Wandlungsmomente wirksam werden können, sind erstaunliche – positiv wie negativ bewertbare – Entwicklungen möglich.

2. Um (von uns) positiv bewertete Entwicklungen zu ermöglichen, bedarf es oft vergleichsweise geringer Anstöße. Das gilt insbesondere dann, wenn diese Anstöße zu einem günstigen Zeitpunkt erfolgen. Dies verdeutlichte sich uns immer wieder beim Betrachten der Daten und besonders beim Lesen der im Katamneseinterview gegebenen Kommentare.

3. Es bestätigte sich die allgemeine Tendenz: Je länger und starrer sich einengende Muster auf der Beziehungs- und Kör-

perebene etablieren, um so schwieriger und seltener sind diese zu verändern. Und doch zeigt gerade unsere Studie, daß selbst nach langjähriger Fixierung sich solche Muster überraschend, schnell und anhaltend ändern können.

Unsere Studie bestätigte auch, was schon aus der Literatur bekannt ist: Verschiedenste Therapieformen können Veränderungen bewirken. Daher sehen wir die Familientherapie keinesfalls als das in jedem Falle angezeigte Allheilmittel. Doch spricht in unseren Augen manches dafür, einer systemischen Therapie – die nicht notwendigerweise mit Familientherapie gleichzusetzen ist – in vielen Situationen vor anderen Therapien den Vorzug zu geben.

Das sind vor allem Situationen, in denen sich uns ein gebundenes oder verklammertes System zeigt. Das trifft natürlich in erster Linie auf Familiensysteme zu, bei denen die betroffenen Mädchen noch im Hause leben und die Bindungskräfte stark zur Wirkung kommen. Unsere Studie legt nahe, daß in solchen Systemen nicht nur die magersüchtigen Mädchen, sondern alle Mitglieder von einer Familientherapie profitieren: Im Verlaufe der von uns durchgeführten systemischen Therapie erkrankten keine anderen Familienmitglieder. Im Gegenteil besserte sich in vielen Fällen der Gesundheitszustand der übrigen nahen Angehörigen.

Diese Therapie hat – in unseren Augen ein weiterer entscheidender Vorteil – immer eine doppelte Stoßrichtung: Sie zielt zum einen darauf ab, Eigenmotivation – also vor allem Eigeninitiative und Eigenverantwortung – zu aktivieren. Zum anderen berücksichtigt sie die Systemfaktoren, die solche Eigenmotivation behindern könnten. Wir meinen, daß im günstigen Falle solch zweigleisiger Ansatz eine potenzierte Wirkung haben kann. Zu den Systemen, die wir berücksichtigen, rechnet aber nicht nur die Familie; es gehören dazu auch die professionellen Helfer, die Institutionen, die Schule, die Gleichaltrigen. Und es gehören dazu auch Ideensysteme (oder Ideologien), die etwa Schönheit, Schlankheit und Leistung um jeden Preis verklären. Werden solche oder andere Ideologieteile als unbezweifelbare und unverrückbare Grundannahmen verinnerlicht, sprechen wir von einer *harten Beziehungsrealität*. Wir meinen, sie ist bei einem Großteil unserer Magersuchtsfamilien anzutreffen. Der in diesem Buch vertretene «konstruktivistische» Ansatz scheint uns besonders geeignet, solche harte Realität in einer Weise zu «erweichen», die neue Freiheitsgrade zuläßt und neue Entwicklungsschritte ermöglicht.

Viele der vorliegenden katamnestischen Studien durchzieht ein resignativer Ton. Das gilt zumindest zum Teil auch für die erst kürzlich erschienenen Arbeiten von Yager et al. (1987) und von Hsu (1987). Sie setzen etwa die Möglichkeit einer vollständigen Heilung bei bis zu 40 Prozent der eßgestörten untersuchten Mädchen und jungen Frauen an. Wir meinen jedoch: Sowohl im Lichte unserer klinischen Erfahrung als auch der hier diskutierten Studie besteht für Resignation kein Anlaß. Im Gegenteil. Das ist die wichtigste Botschaft, die wir mit diesem Buch vermitteln möchten.

ANHANG A
Beschreibung der Einschätzungsskalen

I. Eßverhalten der identifizierten Patientinnen

0 = weitgehend unauffälliges Eßverhalten

1 = noch einige merkliche Auffälligkeiten im Eßverhalten wie: sehr ungewöhnliche Zusammenstellung von Speisen; Hemmungen, im Beisein anderer zu essen; andere bedrängen, mehr zu essen; deutliche kalorienbewußte Einstellung; seltenes Erbrechen (durchschnittlich höchstens einmal pro Monat). Das Eßverhalten erlangt aber keine wesentliche interaktionelle Bedeutung mehr.

2 = noch deutlich dysfunktionales Eßverhalten: häufigere und länger andauernde Fastenphasen mit merklichem Gewichtsverlust; Abwechseln von Fasten- und Freßphasen; noch Erbrechen z. B. in Spannungssituationen (durchschnittlich nicht häufiger als 1–2 mal pro Woche); starkes Sichbeschäftigen mit Essen; deutliche Gewichtsphobie; wiederholte Auseinandersetzungen mit Familienmitgliedern über das Eßverhalten.

3 = ausgeprägt gestörtes Eßverhalten; dauerhafte und ausgeprägte Einschränkung der Nahrungsaufnahme; häufigere Heißhungeranfälle mit anschließendem Erbrechen (durchschnittlich mehr als 2 mal pro Woche); fortwährendes Beschäftigtsein mit Nahrung; ausgeprägte Gewichtsphobie; häufige symmetrische Interaktionen mit Familienmitgliedern wegen des Eßverhaltens.

II. Gewicht der identifizierten Patientinnen

0 = Gewicht zwischen 15 Prozent unter Normalgewicht und 15 Prozent über Normalgewicht

1 = Gewicht bis 15 Prozent unter Idealgewicht

2 = Gewicht 15–25 Prozent unter Idealgewicht

3 = über 25 Prozent unter Idealgewicht

III. Monatsblutung der identifizierten Patientinnen

0 = weitgehend regelmäßige Monatsblutung oder altersentsprechende primäre Amenorrhoe (bis 15. Lebensjahr)

1 = unregelmäßige (Abstände bis 3 Monate) und/oder in ihrer Stärke stark schwankende Monatsblutungen

2 = längere amenorrhoische Zeiten (Intervalle über 3 Monate); gelegentliches Auftreten von sehr schwachen oder sehr starken Monatsblutungen; medikamentös in Gang gesetzte Periode, wenn nicht sicher ist, ob sie auch ohne medikamentöse Unterstützung weiter vorhanden wäre; Periode war vor Einnahme der Antibabypille spontan da, blieb aber nach deren Absetzung eine Zeitlang aus und wurde dann mit Hormonen angestoßen.

3 = nicht altersentsprechende primäre Amenorrhoe (nach dem 15. Lebensjahr); sekundäre Amenorrhoe.

IV. Stand der Individuation der identifizierten Patientinnen auf die Familie bezogen

0 = weitgehende altersentsprechende Individuation

1 = merklicher Entwicklungsrückstand, z. B. für das Alter eher ungewöhnlich vertraute Beziehung zu den Eltern oder einem Elternteil; über längere Zeit hinweg tägliche Telefongespräche mit den Eltern

nach einem Auszug; starke, für das Alter ungewöhnliche Orientierung auf die Herkunftsfamilie hin. Oder ist über längere Zeit altersinadäquat parentifiziert.

2 = offensichtlicher Entwicklungsrückstand, z. B. erscheint häufig angewiesen auf die Nähe eines Elternteils; wirbt häufig um die Anerkennung und Beachtung durch die Eltern; verhält sich einem wesentlich jüngeren Alter entsprechend. Oder viele Verhaltensweisen erscheinen pseudoautonom, z. B. zieht mehrmals überhastet und wenig vorausgeplant von zu Hause aus und landet schließlich wieder enttäuscht im Elternhaus.

3 = ausgeprägte Unterindividuation, z. B. ausgeprägte regressive oder symbiotische Verhaltensweisen; hängt z. B. am Schürzenzipfel der Mutter, kann nicht alleine bleiben; zeigt sehr kindliche Verhaltensweisen. Oder ausgeprägte Überindividuation, bricht die Beziehung zu den Familienmitgliedern weitgehend ab und zeigt sich unnahbar-autark.

V. Beziehungen zu Gleichaltrigen (Peers)

0 = weitgehend altersentsprechende und gute Beziehungen zu Gleichaltrigen

1 = hat eine emotional tragfähige Beziehung zu einem / einer Gleichaltrigen oder beginnt, sich aktiv Beziehungen aufzubauen.

2 = deutliche Kontaktschwierigkeiten, eher nur sporadische oder wenig tragfähige Beziehungen zu Gleichaltrigen.

3 = ausgeprägter Rückzug von Gleichaltrigen. Kontaktabbrüche, Abkapselung.

VI. Stand der Beziehungen in der Herkunftsfamilie

0 = weitgehend funktionale, der sozialen Schicht entsprechende und von den Familienmitgliedern überwiegend positiv bewertete Beziehungen in der Familie (bezüglich Grenzen, Austausch, Umgang mit Konflikten etc.)

1 = mild belastete oder öfter als problematisch erlebte Familienbeziehungen (z. B. stärkere zentripetale oder zentrifugale Tendenzen, dauerhaft bevorzugte Zweierbeziehungen); Abseitsposition eines Familienmitgliedes; wiederholte Spannungen oder längere Funkstille.

2 = stärker dysfunktionale und von den Familienmitgliedern über Monate hinweg als schwierig erlebte Familienbeziehungen (z. B. andauernde Spannungen, Spaltungsvorgänge, starke Verwischung von individuellen und Generationsgrenzen, geringer Austausch, Koalitionsbildungen).

3 = ausgeprägt dysfunktionale und als sehr belastend erlebte Familienbeziehungen, z. B. Gefühl extremer Einengung oder Entfremdung; starke und häufige symmetrische Interaktionen, Grabenkrieg oder extremes Konfliktvermeidungsverhalten; ausgeprägte Kommunikationsabweichungen oder sehr «harte» Realitätskonstruktionen; ausgeprägte zentripetale oder zentrifugale Tendenzen, dauerhafte Dilemmasituationen.

VII. Beschwerden, Symptomatiken oder Krankheiten bei anderen Familienmitgliedern zum Zeitpunkt des Interviews

(Alterskrankheiten und Krankheiten, die schon vor Beginn des magersüchtigen Verhaltens vorhanden waren und die keine direkte Bedeutung für dessen Auslösung zu haben scheinen, werden weniger stark bewertet. Berücksichtigt werden sollten besonders solche Symptome, die die Magersucht-Symptomatik substituiert haben könnten und die eine starke interaktionelle Bedeutung zu haben scheinen.

Gewertet werden nur die Mitglieder der Kernfamilie und diejenigen Verwandten ersten Grades, die in einem intensiven und regelmäßigen Austauschprozeß mit dieser Familie stehen.)

0 = alle Familienmitglieder fühlen sich weitgehend gesund.

1 = außer der I. P. zeigt ein anderes Familienmitglied mittelgradige Symptome (wie Bettnässen, Stottern, Migräne, Magenulcus, Phobien) oder mehrere Familienmitglieder zeigen leichte Beschwerden (wie z. B. Blähungen, Heuschnupfen, Rückenbeschwerden, Infektionsanfälligkeiten).

2 = außer der I. P. zeigt ein anderes Familienmitglied gravierende Symptome (wie z. B. zwangsneurotisches oder psychotisches Verhalten, Krebs, Suizid, MS, Colitis, starkes Asthma bronchiale), oder mehr als ein Familienmitglied zeigt mittelgradige Symptome.

3 = mehrere andere Familienmitglieder zeigen gravierende Symptome (z. B. Schlaganfall und Knochen-Tbc, Psychose und Asthma).

ANHANG B
Rating-System und Reliabilität

In der Literatur zur Familieninteraktionsforschung (Brunner, 1986, S. 99 und Pinsof, 1981, S. 732) wird als Minimalforderung zur Bestimmung der Güte eines Rating-Systems, das der Erfassung familiärer Interaktionen dient, die Berechnung der Reliabilität angeführt.

Bezüglich des in unserer Untersuchung verwendeten Kategorien-Systems sollen zwei verschiedene Reliabilitätskoeffizienten bezüglich der Messung der relevanten Variablen berechnet werden. Es soll die Intra- bzw. Inter-Rater-Reliabilität mit je einem Koeffizienten berechnet werden.

Nach einer Zweitcodierung durch den Erstrater sowie einer Codierung durch einen Zweitrater liegen von einer Zufall-Stichprobe von 10 Fällen aus dem Gesamtpool aller Katamnesefälle folgende Codierungen vor:

Erstcodierung durch den Erstrater
Zweitcodierung durch den Erstrater (6 Wochen später)
Codierung durch den Zweitrater

Rohdaten der Codierungen:

Bei der Überlegung zur Auswahl eines geeigneten statistischen Verfahrens zur Berechnung des Zusammenhangs der drei verschiedenen Daten bezüglich der in Frage kommenden 7 Variablen lassen sich keine Angaben über den Intervall-Charakter der Skalen machen, auf denen die interessierenden Variablen erscheinen. Es lassen sich darüber hinaus keine Angaben machen über die Linearität von Beziehungen und die bivariate Normalität der Verteilung von Daten aus je zwei der hier interessierenden Variablen, die an der gleichen Stichprobe gemessen werden.

In der einschlägigen Literatur (Fröhlich und Becker, 1965, S. 505;

1. Erstcodierung durch den Erstrater

NR	I	II	III	IV	V	VI	VII
1	0	1	0	0	0	0	0
2	0	1	1	0	0	0	3
3	3	3	0	2	3	3	2
4	1	2	2	0	0	1	2
5	0	0	2	0	1	1	0
6	0	1	0	0	0	1	1
7	1	1	0	0	0	0	0
8	2	2	0	1	2	2	0
9	2	2	0	1	1	1	1
10	0	0	0	0	0	0	1

2. Zweitcodierung durch den Erstrater

NR	I	II	III	IV	V	VI	VII
1	0	1	0	0	0	0	0
2	0	1	1	0	0	1	3
3	3	3	0	2	3	3	2
4	1	2	2	0	0	1	2
5	0	0	2	0	1	0	0
6	0	1	0	0	0	1	1
7	1	1	0	0	0	0	0
8	2	2	0	1	2	2	0
9	2	2	0	0	1	1	1
10	0	0	0	0	0	0	0

3. Codierung durch den Zweitrater

NR	I	II	III	IV	V	VI	VII
1	0	1	0	0	0	0	0
2	0	1	1	0	0	1	2
3	3	2	0	2	2	3	3
4	1	2	2	0	0	1	2
5	1	0	3	1	0	1	0
6	0	1	0	0	0	1	1
7	1	1	0	0	0	0	0
8	2	2	0	1	2	2	0
9	2	2	0	1	1	1	1
10	0	1	0	0	0	0	1

Bortz, 1985, S. 285) wird unter diesen Voraussetzungen der Kendall-Tau-Koeffizient als die beste Methode empfohlen, die es gestattet, eine Bestimmungsgröße für den Grad der monotonen Beziehung zwischen Rangplatzfolgen aus zwei Zufallsvariablen zu bestimmen. Darüber hinaus hat dieses Verfahren den Vorteil, daß der Kendall-Tau-Koeffizient sich auch schon bei kleinen Stichproben (N 10) unter der Nullhypothese normal verteilt, d. h. daß er verläßliche Aussagen über den Grad der Zufälligkeit eines berechneten Zusammenhangs zuläßt.

Mit Hilfe des Kendall-Tau-Koeffizienten werden nun zwei Reliabilitäts-Koeffizienten berechnet:

1. Intra-Rater-Reliabilität:

Bestimmung des Grades der Übereinstimmung bezüglich der interessierenden Kategorien zwischen den erhobenen Daten der Erstcodierung des Erstraters und der Zweitcodierung des Erstraters.

2. Inter-Rater-Reliabilität:

Bestimmung des Grades der Übereinstimmung bezüglich der interessierenden Kategorien zwischen den erhobenen Daten der Erstcodierung des Erstraters und der Codierung des Zweitraters.

Ergebnis der Reliabilitätsberechnungen des verwendeten Rating-Systems nach KENDALL-TAU:

		I	II	III	IV	V	VI	VII
Intra-Rater	r =	1,000	1,000	1,000	0,809	1,000	0,758	0,912
Reliabilität	p <	0,01	0,01	0,01	0,01	0,01	0,01	0,01
Inter-Rater	r =	0,941	0,753	0,979	0,843	0,834	0,862	0,914
Reliabilität	p <	0,01	0,01	0,01	0,01	0,01	0,01	0,01

DIE *Intra-Rater-Reliabilität* als der Grad des Zusammenhanges zwischen Erst- und Zweitcodierung des Erstraters bewegt sich zwischen roh = 0,758 für die Kategorie VI und roh = 1,000 für die Kategorien I, II, III und V. Der Grad des monotonen Zusammenhanges ist mit einer Irrtumswahrscheinlichkeit von $p<0{,}01$ für alle Kategorien hochsignifikant.

Die *Inter-Rater-Reliabilität* als der Grad des Zusammenhanges zwischen der Erstcodierung des Erstraters und der Codierung des Zweitraters bewegt sich zwischen roh = 0,753 für die Kategorie II und roh = 0,979 für die Kategorie III. Der Grad des monotonen Zusammenhangs ist mit einer Irrtumswahrscheinlichkeit von $p<0{,}01$ für alle Kategorien hochsignifikant.

Die hohen Reliabilitätskoeffizienten, sowohl in bezug auf die Intra- wie auch auf die Inter-Rater-Reliabilität, geben Hinweise auf die große zeitliche als auch untersucherunabhängige Stabilität der einzelnen, im Rating-Sytem kategorisierten Variablen.

Zusammenfassend erscheint das verwendete Rating-System in der Weise zuverlässig, daß die mit Hilfe dieses Rating-Systems gewonnenen Daten eine Qualität haben, die ihre Bearbeitung und schlußfolgernde Bewertung rechtfertigt.

Bibliographie

Al-Alami, M. S., P. J. V. Beumont, S. W. Touyz (1987): The further development of the concept of anorexia nervosa. In: Beumont, P. J., G. D. Burrows, R. C. Casper (Hrsg.): Handbook of Eating Disorders. Part. 1: Anorexia and bulimia nervosa. Amsterdam, New York, Oxford: Elsevier

American Psychiatric Association (1987): Diagnostic and Statistical Manual of Mental Disorders (DSM-III-R). Washington, D. C.: American Psychiatric Association

Anderson, H., H. Goolishian, L. Winderman (1986): Problem determined systems: towards transformation in family therapy. Journal of Strategic and Systemic Therapies 5, 1–13

Aponte, H., L. Hoffman (1973): The open door: a structural approach to a family with an anorectic child. Family Process 12, 1–44

Auerswald, E. H. (1971): Families, change, and the ecological perspective. Family Process 10, 263–280

Barrows, S. E. (1982): Interview mit Mara Selvini Palazzoli und Giuliana Prata. Familiendynamik 8 (1983), S. 265

Bateson, G. (1972): Form, Substanz und Differenz. In: Ökologie des Geistes, S. 576–597. Frankfurt: Suhrkamp

Bateson, G. (1979): Geist und Natur. Eine notwendige Einheit. Frankfurt: Suhrkamp (1982)

Beavers, W. (1982): Healthy, midrange and severely dysfunctional families. In: F. Walsh (Hrsg.): Normal Family Processes. New York, London Guilford Press

Beavers, W. R. (1985): Successful Marriage. A Systems Approach to Couples Therapy, 150–151. New York: W. W. Norton

Beavers, W. R., M. Voeller (1983): Comparing and contrasting the Olson Circumplex Model with the Beavers Systems Model. Family Process 22, 85–98

Beumont, P. J. V., M. S. Al-Alami, S. W. Tonuyz (1987): The evolution of anorexia nervosa. In: P. J. V. Beumont, G. D. Burrows, R. C. Casper (Hrsg.): Handbook of Eating Disorders and Bulimia Nervosa. Amsterdam, New York, Oxford: Elsevier

Blos, P. (1962): Adoleszenz. Stuttgart: Klett-Cotta (1973)

Bortz, J. (1985): Lehrbuch der Statistik, 2. Aufl. Berlin, Heidelberg, New York: Springer

Boscolo, L., G. Cecchin, L. Hoffman, P. Penn (1988): Familientherapie – Systemtherapie. Das Mailänder Modell. Theorie, Praxis und Konversationen. Dortmund: Modernes Lernen

Boscolo, L., G. Cecchin (1981) haben uns in Gesprächen auf diese Dynamik aufmerksam gemacht

Boskind-Lodahl, M. (1976): Cinderella's stepsisters: a feminist perspective on anorexia nervosa and bulimia. Signs 2 (1), 120–146, erneut veröffentlicht in: Williams, J. H. (Hrsg.): Psychology of Women: Selected Readings (S. 436–448), New York: W. W. Norton (1979)

Boszormenyi-Nagy, I., G. Spark (1973): Unsichtbare Bindungen. Die Dynamik familiärer Systeme. Stuttgart: Klett-Cotta (1981)

Boszormenyi-Nagy, I., Krasner, B. (1986): Between Give and Take. New York: Brunner / Mazel

Bruch, H. (1978): Der goldene Käfig. Das Rätsel der Magersucht. Frankfurt: Fischer Taschenbuch Verlag (1982)

Bruch, H. (1973): Eating Disorders: Obesity, Anorexia Nervosa and the person within. New York: Basic Books

Bruch, H. (1982): Anorexia nervosa: therapy and theory. American Journal of Psychiatry, 139, 1531–1538

Bruch, H. (1985): Four decades of eating disorders. In D. M. Garner, P. F. Garfinkel (Hrsg.): Handbook of psychotherapy for anorexia nervosa and bulimia, S. 7–18. New York, London: Guilford Press

Brunner, E. J. (1986): Grundfragen der Familientherapie. Berlin, Heidelberg, New York: Springer

Caplan, G. & S. Lebovici (Hrsg.) (1969): Adolescence / Psychosocial Perspectives. New York: Basic Books

Casper, R. C., Eckert, E. D., Halmi, K. A., Goldberg, S. C., & Davis, J. M. (1980): Bulimia. Its incidence and clinical importance in patients with anorexia nervosa. Archives of General Psychiatry, 37, 1030–1035

Cecchin, G. (1988): Zum gegenwärtigen Stand von Hypothetisieren,

Zirkularität und Neutralität: Eine Einladung zur Neugier. Familiendynamik 13, 190–203
Deissler, K. (1985): Zirkuläres Befragen als rekursive Informationsschöpfung. Marburg, In Fa M
Feighner, J. P., Robins, E., Guze, S. B., Wooduff, R. A., Winokur, G., & Munoz, R. (1972). Diagnostic criteria for use in psychiatric research. Archives of General Psychiatry, 26, 57–63
Fichter, M. M. (1988): Das eßgestörte Mädchen. Münchener Medizinische Wochenschrift 130, S. 469
Fisch, R., Weakland, J. H., Segal, L. (1982): Strategien der Veränderung. Stuttgart, Klett-Cotta (1987)
Foerster, H. v. (1985): Sicht und Einsicht. Braunschweig: Vieweg, S. 67
Foerster, H. v. (1979): Das Konstruieren einer Wirklichkeit. In: P. Watzlawick (Hrsg.): Die erfundene Wirklichkeit, S. 39–60. München: Piper, Neuausgabe (1984)
Fröhlich, W. D., Becker, J. (1971): Forschungsstatistik. Bonn: Bouvier.
Garfinkel, P. E., Moldofsky, H., & Garner, D. M. (1980): The heterogeneity of anorexia nervosa. Archives of General Psychiatry, 37, 1036–1040
Garfinkel, P. E., & Garner, D. M. (1982): Anorexia nervosa. A multidimensional perspective. New York: Brunner / Mazel
Graf, A. (1985): Die Suppenkasperin. Geschichte einer Magersucht. Frankfurt: Fischer Taschenbuch Verlag
Gull, W. W. (1873): Anorexia nervosa (apepsia hysterica). British Medical Journal 2, 527–528
Habermas, T., M. Müller (1986): Das Bulimie-Syndrom: Krankheitsbild, Dynamik und Therapie. Nervenarzt 57, 322–331
Haley, J. (1963): Gemeinsamer Nenner Interaktion. Strategien der Psychotherapie. München: Pfeiffer (1978)
Haley, J. (1967): Ansätze zu einer Theorie pathologischer Systeme. In: Watzlawick, P., J. H. Weakland (Hrsg.): Interaktion, S. 81–83. Bern: Huber (1980)
Haley, J. (1976): Direktive Familientherapie. Strategien für die Lösung von Problemen. München: Pfeiffer (1977)
Haley, J. (Hrsg.) (1985): Conversations with Milton H. Erickson. Vol. 1, Changing Individuals, S. 275. New York: Triangle Press
Hall, A., E. Slim, F. Hawker et al. (1984): Anorexia nervosa: Longterm outcome in 50 female patients. British Journal of Psychiatry 145, 407–413

Hall, A., J. Leibrich, F. H. Walkey, G. Welch (1986): Investigation of weight pathology of 58 mothers of anorexia nervosa patients and 204 mothers of school girls. Psychol. Med. 16, 71–76

Hall, A. (1987): The Patient and the Family. In: P. J. V. Beumont, G. D. Burrows, R. C. Casper (Eds.): Handbook of Eating Disorders. Part 1: Anorexia nervosa and Bulimia nervosa, S. 189–199. Amsterdam, New York, Oxford: Elsevier

Hellinger, B. (1987): Persönliche Mitteilung

Hsu, L. K. G., E. S. Meltzer, A. H. Crisp (1981): Schizophrenia and anorexia nervosa. The Journal of Nervous and Mental Disease 169, 273–276

Hsu, L. K. G. (1980): Outcome of anorexia nervosa. A review of the literature (1954 to 1978). Arch. Gen. Psychiatry 37, 1041–1046

Hsu, L. K. G. (1987): Outcome and Treatment Effects. In: P. J. V. Beumont, G. D. Burrows, R. C. Casper (Eds.): Handbook of Eating Disorders. Part 1: Anorexia nervosa and Bulimia nervosa, S. 371–377. Amsterdam, New York, Oxford: Elsevier

Imber-Black, E. (1987): Idiosyncratic Life Cycle Transitions and Therapeutic Rituals. In: B. Carter, M. McGoldrick (Eds.): The Family Life Cycle: A Framework for Family Therapy. New York: Gardner Press, 2. Aufl.

Johnson, C., A. Flach (1985): Family characteristics of 105 patients with bulimia. American Journal of Psychiatry 142, 1321–1324

Karpel, M. (1976): Individuation. Von der Verschmelzung zum Dialog in der Partnerbeziehung. Familiendynamik 2, 50–69

Keeney, B. P. (1983): Aesthetics of Change. New York: Guilford Press (erscheint demnächst in deutscher Übersetzung)

Kelsey-Smith, M., W. R. Beavers (1981): Family assessment: centripetal and centrifugal family systems. American Journal of Family Therapy 9, 3–12

Lasègue, C. H. (1873): De l'anorexie hysterique. Arch. Gen. Med. 1, 385

Liebman, R., S. Minuchin, L. Baker (1974): An integrated treatment program for anorexia nervosa. American Journal of Psychiatry 131, 432–436

Lorand, S., & Schneer, H. J. (Hrsg.) (1961): Adolescents: psychoanalytic approach to problems and therapy. New York: Paul B. Hoeber

Lowenkopf, E. L. (1983): Bulimia: concept and therapy. Comprehensive Psychiatry, 24, 546–554

MacLeod, S. (1981): Hungern, meine einzige Waffe. München: Kösel (1983)

Madanes, C. (1981): Beschützen, Paradox und So-tun-als-ob. Familiendynamik 6, 208–224

Madanes, C. (1983): Behind the one-way mirror: advances in the practice of strategic therapy. San Francisco, Jossey-Bass

Madelung, E. (1985): Trotz. Zwischen Selbstzerstörung und Kreativität. Menschliches Verhalten im Widerspruch. München: Kösel

Margolis, K. (1985): Die Knochen zeigen. Über die Sucht zu hungern. Berlin: Rotbuch

Maturana, H., F. Varela (1987): Der Baum der Erkenntnis. München: Scherz

Minuchin, S., L. Rosman, L. Baker (1978): Psychosomatische Krankheiten in der Familie. Stuttgart: Klett-Cotta (1983)

Minuchin, S. & H. C. Fishman (1981): Family Therapy Techniques. Cambridge: Harvard University Press

Moley, V. A. (1983): Interactional treatment of eating disorders. Journal of Strategic and Systemic Therapies 2, 10–29

Morgan, H. G., G. F. M. Russell (1975): Value of family background and clinical features as prediction of long-term outcome in anorexia nervosa. Psychol. Med. 5, 355–371

Orbach, S. (1978): Das Anti-Diät-Buch. Über eine Psychologie der Dickleibigkeit, die Ursachen von Eßsucht. München: Frauenoffensive (1984). Original: Fat is a feminist issue. New York: Paddington Press (1978)

Orbach, S. (1984): Accepting the symptom. A feminist psychoanalytic treatment of anorexia nervosa. In: D. M. Garner, P. E. Garfinkel (Eds.): Handbook of Psychotherapy for Anorexia nervosa and Bulimia. New York: Guilford Press

Orbach, S. (1986): Hunger Strike – The Anorectic's Struggle as a Metaphor for Our Age. New York, London: W. W. Norton

Paul, N. L. (1967): The role of mourning and empathy in conjoint family therapy. In: Zuk, C. H. & I. Boszormenyi-Nagy (Hrsg.): Family Therapy and Disturbed Families, S. 186–205. Palo Alto: Science and Behavior Books

Paul, N. L. (1987): Die paradoxe Natur der Trauererfahrung. In: Stierlin, H., F. B. Simon, G. Schmidt (Hrsg.): Familiäre Wirklichkeiten, S. 107–125. Stuttgart: Klett-Cotta

Penn, P. (1982): Zirkuläres Fragen. Familiendynamik 8, 198–220 (1983)

Petzold, E. (1979): Familienkonfrontationstherapie bei Anorexia nervosa. Göttingen: Vandenhoeck & Ruprecht

Piaget, J. (1950): The Psychology of Intelligence. New York: Harcourt, Brace

Pinsof, N. M. (1981): Family therapy process research. In: A. S. Gurman, D. P. Kniskern (Hrsg.): Handbook of Family Therapy. New York: Brunner / Mazel

Rosman, B., S. Minuchin, R. Liebman (1975): Der «Familien-Lunch». Eine Möglichkeit zur Einleitung einer Familientherapie bei Magersucht. Familiendynamik 1, 334–347 (1976)

Rosman, B. L., S. Minuchin, L. Baker, R. Liebman (1977): A family approach to anorexia nervosa: study, treatment and outcome. In: R. A. Vigersky (Hrsg.): Anorexia Nervosa, S. 341–348. New York: Raven Press

Schwartz, R. C., M. J. Berrett, G. Saba (1985): Family therapy for bulimia. In: D. M. Garner, P. E. Garfinkel (Hrsg.): Anorexia Nervosa and Bulimia, S. 280–307 New York, London: Guilford Press

Schwartz, D. M., M. G. Thompson (1981): Do anorectics get well? Current research and future needs. American Journal of Psychiatry 138, 319–323

Segal, L. (1988): Das 18. Kamel oder die Welt als Erfindung. Zum Konstruktivismus Heinz von Foersters. München: Piper

Selvini Palazzoli, M. (1978): Magersucht. Stuttgart: Klett (1982)

Selvini Palazzoli, M., L. Boscolo, G. Cecchin, G. Prata (1977): Die erste Sitzung einer systemischen Familientherapie. Familiendynamik 2, 197–207

Selvini Palazzoli, M., L. Boscolo, G. Cecchin, G. Prata (1978): Paradox und Gegenparadox. Stuttgart: Klett-Cotta (1981)

Selvini Palazzoli, M., L. Boscolo, G. Cecchin, G. Prata (1980): Hypothetisieren, Zirkularität, Neutralität: drei Richtlinien für den Leiter der Sitzung. Familiendynamik 6, 123–139 (1981)

Selvini Palazzoli, M., L. Boscolo, G. Cecchin, G. Prata (1980b): Das Problem des Zuweisenden. Z. f. System. Therapie 1, 11–20 (1983)

Selvini Palazzoli, M., L. Boscolo, G. Cecchin, G. Prata (1980c): Die Notwendigkeit langer Abstände zwischen den Sitzungen. Zeitschrift für Systemische Therapie 1, 49–56 (1984)

Selvini Palazzoli, M., & G. Prata (1982): Snares in family therapy. Journal of Marital and Family Therapy 8, 443–450

Shazer, S. de (1985): Keys to Solution in Brief Therapy. New York: W. W. Norton (erscheint demnächst in deutscher Sprache)

Simon, F. B. (1984): Der Prozeß der Individuation. Über den Zusammenhang von Vernunft und Gefühlen. Göttingen: Vandenhoeck & Ruprecht
Simon, F. B. (1985): Die Grundlagen der systemischen Familientherapie. Nervenarzt 56, 455–464
Simon, F. B. (1988): Unterschiede, die einen Unterschied machen. Heidelberg, Berlin, New York: Springer
Simon, F. B., H. Stierlin (1984): Die Sprache der Familientherapie. Ein Vokabular. Stuttgart: Klett-Cotta
Simon, F. B., H. Stierlin (1987): Schizophrenie und Familie. Spektrum der Wissenschaft, Heft 5, 38–48
Simon, F. B., G. Weber (1987): It is more fun to compete. Über den Umgang mit hochsymmetrischen Beziehungen. Familiendynamik 12, 176–181
Simon, F. B., G. Weber (1987): Vom Navigieren beim Driften – Die Bedeutung des Kontextes der Therapie. Familiendynamik 12, 355–362
Simon, F. B., G. Weber (1988): Das Ding an sich. Wie man «Krankheit» erweicht, verflüssigt, entdinglicht... Familiendynamik 13, 57–68
Sperling, E., A. Massing (1970): Der familiäre Hintergrund der Anorexia nervosa und die sich daraus ergebenden therapeutischen Schwierigkeiten. Z. Psychosom. Med. Psychoanal. 16, 130–141
Sperling, E., A. Massing (1972): Besonderheit in der Behandlung der Magersuchtsfamilie. Psyche 25, 357–369
Sperling, E., A. Massing, G. Reich, G. Georgi, E. Wöbbe-Mönks (1982): Die Mehrgenerationen-Familientherapie. Göttingen: Vandenhoeck & Ruprecht
Stierlin, H. (1975): Eltern und Kinder. Frankfurt: Suhrkamp. 4. erw. Auflage 1980
Stierlin, H. (1978): Delegation und Familie. Frankfurt: Suhrkamp
Stierlin, H. (1980): Vorwort zu Bruch. H.: Der goldene Käfig. In: H. Bruch (1978): Der goldene Käfig. Frankfurt: S. Fischer
Stierlin, H. (1984): «Psychosomatische» und «schizopräsente» Familien: Wechselfälle der bezogenen Individuation. Familiendynamik 9, 278–294
Stierlin, H. (1987): Ko-Evolution und Ko-Individuation. In: H. Stierlin, F. B. Simon, G. Schmidt (Hrsg.): Familiäre Wirklichkeiten, S. 126–138. Stuttgart: Klett-Cotta
Stierlin, H., L. Levi, R. Savard (1973): Zentrifugale und zentripetale

Ablösung in der Adoleszenz: Zwei Modi und einige ihrer Implikationen. In: R. Döbert, J. Habermas, G. Winner-Winkler (Hrsg.): Entwicklung des Ichs. Meisenheim: Anton Hain

Stierlin, H., I. Rücker-Embden-Jonasch, N. Wetzel, M. Wirsching (1977): Das erste Familiengespräch. Stuttgart: Klett-Cotta, 2. erw. Aufl. 1980

Stierlin, H. (1981a): Die Beziehungsrealität Schizophrener. Psyche 35, 49–65

Stierlin, H. (1983): Family dynamics in psychotic and severe psychosomatic disorders: A comparison. Family Systems Medicine 1, 41–50

Stierlin, H., G. Weber (1987): Anorexia nervosa: Family dynamics and family therapy. In P. J. V. Beumont, G. D. Burrows & R. C. Casper (Hrsg.): Handbook of Eating Disorders. Part 1: Anorexia and Bulimia nervosa. Amsterdam, New York, Oxford: Elsevier

Theander, S. (1970): Anorexia nervosa: a psychiatric investigation of 94 female patients. Acta Psychiatrica Scandinavia 2/4 (Suppl.): 1–194

Theander, S. (1983): Research on outcome and prognosis of anorexia nervosa and some results from a Swedish long-term study. Intern. J. of Eating Disorders 2, 167–174

Thomae, H. (1961): Anorexia nervosa, S. 11–30. Bern: Hans Huber, Stuttgart: Ernst Klett

Toman, G. (1976): Family Constellations: Its Effects on Personality and Social Behavior, 3. Aufl.

Tomm, K. (1988a): Das systematische Interview als Intervention: Teil I. Strategisches Vorgehen als vierte Richtlinie für den Therapeuten, System Familie 1, S. 145–159

Tomm, K. (1988b): Das systematische Interview als Intervention. Teil II: Reflexive Fragen als Mittel zur Selbstheilung, System Familie 1, S. 220–243

Valère, V. (1978): Das Haus der verrückten Kinder. Ein Bericht. Frankfurt: Fischer Taschenbuch Verlag (1982)

Vandereycken, W., R. A. Pierloot (1983): The significance of subclassification in anorexia nervosa. A comparative study of clinical features in 141 patients. Psychological Medicine 13 (3), 543–549

Watzlawick, P., J. H. Beavin, D. D. Jackson (1967): Menschliche Kommunikation. Bern: Huber (1969)

Watzlawick, P., J. H. Weakland, R. Fisch (1974): Lösungen. Zur Theorie und Praxis menschlichen Wandels. Bern: Huber

Weber, M. (1913): Über einige Kategorien der verstehenden Soziologie. In: M. Weber: Gesammelte Aufsätze zur Wissenschaftslehre. Tübingen: Mohr

Weizsäcker, E. v. (1974): Erstmaligkeit und Bestätigung als Komponenten der pragmatischen Information. In: Weizsäcker, E. v.: Offene Systeme. Stuttgart: Ernst Klett

Weizsäcker, V. v. (1987): Der Arzt und der Kranke. Stücke einer medizinischen Anthropologie. In: Gesammelte Schriften, Band 5. Frankfurt: Suhrkamp

White, M. (1983): Anorexia nervosa: a transgenerational systems perspective. Family Process 22, 255–273

Willi, J. (1985): Koevolution. Die Kunst des gemeinsamen Wachsens. Reinbek: Rowohlt

Willi, J., R. Hagemann (1976): Langzeitverläufe der Anorexia nervosa. Schweiz. med. Wschr. 106, 1459–1465

Wirsching, M., H. Stierlin (1982): Krankheit und Familie. Stuttgart: Klett-Cotta

Wynne, L. C., A. R. Wynne (1987): Das Streben nach Intimität. In: H. Stierlin, F. B. Simon, G. Schmidt (Hrsg.): Familiäre Wirklichkeiten, S. 78–101. Stuttgart: Klett-Cotta

Yager, J., J. Landsverk, C. K. Edelstein (1987): A 20-month follow-up study of 628 women with eating disorders, I: course and severity. American Journal of Psychiatry 144, 1172–1177

Ziolko, H. V. (1985): Bulimie. Zeitschrift für psychosomatische Medizin 31, 235–246

Register

Erstellt von Alexander Gieselbusch. Die im Text passim notierten Verweise auf eigene frühere Arbeiten der Autoren sind im folgenden Register nicht eigens aufgeführt. Man vergleiche die Angaben in der Bibliographie.

Über die Autoren

Gunthard Weber

Geboren am 22. 10. 1940 in Arolsen / Hessen. Studium der Medizin in Frankfurt, Freiburg, Kiel und Heidelberg.

1972 Tätigkeit als Arzt an einem Missionshospital in Süd-Afrika. 1973–1978 Assistent in einem Psychiatrischen Landeskrankenhaus und anschließend Weiterbildung zum Arzt für Psychiatrie-Psychotherapie in verschiedenen Kliniken der Universität Heidelberg. 1978–1983 Mitarbeit in der Abteilung für Psychoanalytische Grundlagenforschung und Familientherapie der Psychosomatischen Universitätsklinik Heidelberg.

Seit 1983 Niedergelassener Familientherapeut und Koleiter des Instituts für systemische Therapie und Transaktionsanalyse in Wiesloch. Mitbegründer und zur Zeit 1. Vorsitzender der Internationalen Gesellschaft für systemische Therapie.

Seit 1971 verheiratet mit Dr. med. Cornelia Weber-Jensen, eine 14 Jahre alte Tochter Leonie.

Helm Stierlin

Geboren 12. 3. 1926 in Mannheim. Besuch der König-Wilhelm-Oberschule in Stettin. Studium der Medizin und Philosophie in Heidelberg, Zürich und Freiburg. 1951 Promotion zum Dr. phil. (Philosophie) in Heidelberg. 1955 Promotion zum Dr. med in München.

Von 1955 bis 1974 Arbeit an verschiedenen psychiatrischen Kliniken und Forschungsinstituten, vor allem in den USA.

Dort Ausbildung zum Psychoanalytiker. Dazwischen Professuren und Gastdozenturen an verschiedenen amerikanischen Universitäten sowie in Neuseeland und Australien.

Ab Juli 1974 Ärztlicher Direktor der Abteilung für Psychoanalytische Grundlagenforschung und Familientherapie an der Universität Heidelberg.

Herausgeber: «Texte zur Familiendynamik». Gründer und Herausgeber (mit Josef Duss-von Werdt) der Zeitschrift «Familiendynamik». Ca. 200 wissenschaftliche Arbeiten und vierzehn Bücher mit Übersetzungen in zehn Sprachen.

1985 Distinguished Professional Contribution to Family Therapy Award der American Association for Marriage and Family Therapy.

Verheiratet mit Dr. Satuila Stierlin, die ebenfalls als Paar- und Familientherapeutin arbeitet.

Zwei Töchter: Larissa und Saskia.

SALVADOR MINUCHIN

Familienkaleidoskop

Bilder von Gewalt und Heilung

Deutsch von Hainer Kober

336 Seiten. Broschiert

Salvador Minuchin ist einer der Gründerväter der Familientherapie. Seit Jahrzehnten gehören die Arbeiten des New Yorker Professors zum Kanon der meistzitierten Klassiker auf diesem rasch expandierenden Forschungsgebiet. «Familienkaleidoskop» ist sein jüngstes Buch: frisch, locker, voller Wärme und Witz – ein Lektüre-Erlebnis.

«Mit dem vorliegenden Buch versuche ich, eine neue Sichtweise einzuführen, die nicht unbedingt besser, aber eben anders ist. Wir sind wie die Glasstückchen in einem Kaleidoskop: stets Teile von Mustern, die mehr sind als wir selbst und überhaupt mehr sind als die Summe ihrer Teile. Unsere gewohnte, auf das Individuum zentrierte Epistemologie macht uns blind für dieses kaleidoskopisch zu sehende Ich. Und das bringt Nachteile, denn wenn wir die Menschen so, im Verbund mit anderen sehen, dann gewinnen wir plötzlich ganz neue Möglichkeiten, ihr Verhalten zu beobachten und ihr Leiden zu lindern.»